The
Young Economists
Book Series

青年经济学者文库

"种养加"型生态工业园的发展

著

刘 勇

U0646407

厦门大学出版社
XIAMEN UNIVERSITY PRESS

国家一级出版社
全国百佳图书出版单位

图书在版编目(CIP)数据

"种养加"型生态工业园的发展/刘勇著. —厦门:厦门大学出版社,2016.11
(青年经济学者文库)
ISBN 978-7-5615-6328-1

Ⅰ.①种…　Ⅱ.①刘…　Ⅲ.①工业园区-经济发展-研究-中国　Ⅳ.①F424

中国版本图书馆 CIP 数据核字(2016)第 287748 号

出 版 人	蒋东明
责任编辑	许红兵
装帧设计	季凯闻
电脑制作	张雨秋
责任印制	许克华

出版发行　厦门大学出版社

社　　　址	厦门市软件园二期望海路 39 号
邮政编码	361008
总 编 办	0592-2182177　0592-2181406(传真)
营销中心	0592-2184458　0592-2181365
网　　　址	http://www.xmupress.com
邮　　　箱	xmupress@126.com
印　　　刷	厦门市万美兴印刷设计有限公司

开本	720mm×1000mm　1/16
印张	15
插页	1
字数	264 千字
版次	2016 年 11 月第 1 版
印次	2016 年 11 月第 1 次印刷
定价	52.00 元

厦门大学出版社
微信二维码

厦门大学出版社
微博二维码

本书如有印装质量问题请直接寄承印厂调换

前 言

虽然农村已成为我国水环境的主要污染源,但是相比于工业水环境污染治理,对农村水环境污染的治理却显得滞后。在污染方面,依据可得统计资料,2011年,农业对水环境污染的贡献率超过工业,当年农业COD、氨氮排放量分别是工业的3.34倍和2.94倍(《中国环境统计年鉴》,2012)。其后,至2014年,这两组数据分别增长为3.54倍和3.26倍(《中国环境统计年鉴》,2015)。在污染整治方面,对农村水污染整治的效率只有工业的一半:2011年至2014年,工业COD、氨氮量减排率年平均为4.25%、6.26%,而对农业的只有2.41%、2.95%——农业污染减排率是工业的51.1%(由《中国环境统计年鉴》数据处理,2012—2015)。

农村土壤是我国重金属、农用薄膜、高毒和高农残、难降解有机物(污水灌溉所致)等污染物汇集的重灾区(《国务院办公厅关于印发近期土壤环境保护和综合治理工作安排的通知》,2013),土壤污染已成为全面建成小康社会的突出短板之一。形势虽然严峻,但对农村土壤污染的整治却才刚刚开始。国务院于2016年5月印发"土十条",即《土壤污染防治行动计划》,要求在2018年底前查明农用地土壤污染的面积、分布及其对农产品质量的影响。当前整治措施主要是对农用地实施分类管理,对重度污染的耕地依法划定特定农产品禁止生产区域。

农村是我国公共环境质量管理最为薄弱的区域。至2011年,全国近2万个建制镇仅有不到2000座污水处理厂,近14000个乡仅有120多座污水处理厂[①];至2014年,生活垃圾、秸秆等造成环境质量"较差"和"差"的县域数比

---

① 陈健鹏,李佐军.新世纪以来中国环境污染治理回顾与未来形势展望[J].环境与可持续发展,2013(2):7-11.

例升至 30.3%。

除了制污,农村同时是传统的受污区。1958 年,政府鼓励社队发展"五小工业",我国农村出现了局部环境污染;[①]1979 年改革开放后,污染随着乡镇企业的发展在农村蔓延;[②]1998 年中央十五届三中全会提出要改善农业生态环境,[③]农村环境污染整治正式被政府担责[④],乡镇企业的污染势头得到了遏制。然而,随着 2001 年成功恢复为世贸组织成员,我国投资驱动型经济高速发展,95% 以上的乡镇实际上又没有环保机构[⑤],农村企业特别是农产品加工企业对农村环境所造成的直接和间接污染还远没有被根除。

可见,农村环境污染的成因众多,有农业生产环节的,有村民生活方面的,也有企业生产过程的,还有公共服务范畴的,更有工业、农业、经济、法律、社会等管理领域的。如果单就每个原因去寻找解决污染问题的对策,历史已经证明,其结果只能是"头痛医头,脚痛医脚",很难从根本上整治好农村环境污染。这也是中央在 2015 年一号文件中专门强调要加强农业生态治理的原因。生态治理的核心是利益相关者各自承担共同但有区别的环境保护责任。本研究将农村环境保护责任聚焦于农产品加工企业。这倒不是说农产品加工企业是农村污染的"罪魁祸首",而是说,如果农产品加工企业能朝着"种养加"型生态工业园方向发展,它就能带动或至少推动农村环境污染整治的开展,从而成为污染整治的一个"动力极"。沿着这个思路,除了加工企业这个农产品中间消费者之外,政府、农业生产者、农产品终端消费者、社会组织等都可以成为农村环境污染整治的"动力极"。若真如此,众多"动力极"和谐运作之时,正是我国农村环境污染整治由政府担责转化为市场分责之日。

我国国家级生态工业园建设起步于 2001 年,其标志性事件是当年 8 月 14 日,涉及大宗农业的生态工业园——"贵港国家生态工业示范园区"由国家环保总局正式批准立项建设。15 年来,生态工业园建设在我国取得了显著成

① 曲格平.中国环境保护四十年回顾及思考——在香港中文大学"中国环境保护四十年"学术论坛上的演讲[J].中国环境管理干部学院学报,2013,23(3):1-5;23(4):1-5.

② 苏现一.加强环境管理发展乡镇企业[J].河南财经学院学报,1989(3):54-56,+40.

③ 李桂林.农村环境污染现状成因与防治对策[J].环境科学动态,1999(1):9-12.

④ 李桂林.我国农村环境污染现状成因与防治[J].黑龙江环境通报.2000,24(4):82-84,+67;张雪绸,我国农村环境污染的现状及其保护对策[J].农村经济,2004(9):86-88.

⑤ 陈锡文.环境问题与中国农村发展[J].管理世界,2002(1):5-8;苏杨,马宙宙.我国农村现代化进程中的环境污染问题及对策研究[J].中国人口、资源与环境,2006,16(2):2-7.

绩：一是在全国生态文明建设、构建和谐社会中起到了积极的窗口、示范、辐射和带动作用；二是对我国的循环经济建设起到了积极的引导和推动作用；三是对解决农村区域结构性污染，实现区域节能减排、建设资源节约和环境友好型社会起到了积极的促进作用；四是对全国各类各级开发区、工业园区的生态化改造，起到了引导和示范作用；五是对"政府推动与市场导向"相结合的生态经济发展模式做出了贡献。据国家环境保护部网站最近数据显示，截止到 2016年 1 月，包括已经通过验收批准命名的和得到批复建设的国家级生态工业示范区在我国共有 94 个。2015 年前，我国工业园被划分为综合类、行业类和静脉产业类。2015 年 12 月，为促进清洁生产和循环经济发展，我国环境保护部发布了国家环保标准《国家生态工业示范园区标准》，不再对生态工业园种类做划分。

农业种植、养殖和农产品加工共生即"种养加"型生态工业园也得到了建设。我国建设的第一个国家级生态工业园——贵港国家生态工业（糖业）示范园是按照"种加"型运行而设计的生态工业园；曾准备于 2003 年建设的"新疆石河子国家生态工业（造纸）示范园"，也进行了典型的"种养加"型设计；日照经济开发区的国家生态工业示范园区也实施了农业生产和园区工业加工共生的产业链建设。在美国首批生态工业园即 EIP 建设项目中，佛蒙特州在城市环境中兴建了"农业生态工业园区"（AEIP），它将绿色农作物、水果和蔬菜的生产同销售它们的知名超市连接成为一个整体来建设。印度建设了世界上最大的生态工业园——纳罗达工业园，其重要的组成部分是甘蔗种植业。

生态工业园是新型的产业组织形式，其演进路径主要有两种：一是市场拉动型，二是政府推动型。我国在建设生态工业园过程中，更多的是基于一种自上而下的思路，即以政府推动为主、市场导向为辅。无论何种路径，生态工业园的发展都要经历形成—成长期、成熟期和更迭期三个阶段。我国生态工业园建设正处于第二阶段初期，其特征是：①在顶层设计上，政府从资金、技术、税收、园区建设等多方面给予支持；②在具体经营过程中，政府从加强对生态工业园区的分类指导转变为综合指导，并加强对园区建设的环境绩效评估；③市场导向在这一阶段的关键作用开始逐渐显现，政府正通过拉动绿色消费、刺激和引导绿色投资，来提升园区内企业创收绿色利润的能力。

本书由引论和八章组成。引论部分，介绍本课题的研究背景与意义、采用的研究方法以及本书的结构安排。第一章，阐述生态工业园发展的理论基础，即生态效率理论、竞争优势理论和产业集群理论。依据生态效率理论将生态工业园定位为大区域范围生态效率型组织；依据竞争优势理论指出"种养加"

型生态工业园具有市场、效益、竞争力和政策导向等方面的发展优势;依据产业集群理论分析了绿色农产品产业集群的结构和功能。最后,本章对三种理论在发展"种养加"型生态工业园中的不同作用和地位进行了评价。第二章,阐述我国"种养加"生态工业园理论演进与实践发展,重点介绍我国的生态企业理论与实践,我国"种养加"型生态工业园实践历程。在论证"种养加"型生态工业园促进农村环境污染整治的特征时,以新疆为例,对循环经济发展现状、存在的问题进行分析,指出众多农产品加工企业,尤其是大型企业,已经将清洁生产引向深化,工农融合经营生态工业园是一种趋势,并形成了依托"种养加"型生态工业园促进农村环境污染整治的特征。第三章,阐述"种养加"型生态工业园区建设的指导思想、原则和绿色运行机制,提出建设"种养加"型生态工业园区有五大目标,即促进新型工业化建设、促进产业结构升级、促进"三农"问题解决、有利于构筑我国绿色贸易制度、提升园区产业绿色竞争力。同时还指出"种养加"型生态工业园的绿色运行动力是四力综合作用的结果,它们是:一大拉力——生态需求拉力,三大推力——环境保护法规推力、行政政策和规制推力、绿色技术创新推力。第四章,在对"种养加"型生态工业园运行机制进行分析的基础上,提出建设"种养加"型生态工业园所需的政策建构,包括划分农业功能区,建立和完善区域环境管理体系,形成绿色技术创新管理体系,以及强化消费政策中的市场准入制度,等。第五章,以新疆园区经济发展为例,论证如何建设"种养加"型工业园生态产业链,主要包括特色行业类"种养加"型生态工业园产业链建设、综合类"种养加"型生态工业园产业链建设、城镇型"种养加"型生态工业园的生态链建设和大区域"种养加"行业生态链建设。第六章,探讨"种养加"型生态工业园生态价值链建设。在论证生态环境价值是园区产业系统价值的基础之上,分析"种养加"型生态工业园绿色价值链要素构成,指出要通过壮大农民专业合作组织来稳定园区绿色价值链。第七章,从管理学角度探讨"种养加"型生态工业园区评价指标与监测体系建设。从分析生态效率评价指标意义入手,提出可以通过完善环境影响评价法来推行环境成本核算,其后以环境成本核算为核心内容建立园区管理生态考核标准。第八章,对"种养加"型生态工业园经济如何循环又低碳地和谐运行进行量化分析。

目 录

引　论

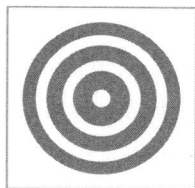

第一节　研究背景与意义

　　依据我国 2015 年《环境保护法》及其他相关研究,农村环境污染是指农业生产、农村生活、农村企业等产生和排放的物质对经济社会产生的威胁与损害,主要包括不当施用农药造成土壤被重金属污染、农产品中农药残留和生物多样性削减,化肥流失、畜禽粪便溢流造成水体营养物质富集,农用薄膜残留造成土壤结构破坏,生活垃圾、废弃秸秆等造成水质和土质污染,工厂"三废"造成农田、村庄污染等。

一、实践背景与问题提出

　　背景一:我国将实施农业生态治理。

　　2015 年中央一号文件提出要加强农业生态治理,这在本质上是农村环境污染整治的具体落实。农业部于同年 4 月发布了《关于打好农业面源污染防治攻坚战的实施意见》(以下简称《意见》),该《意见》就防治农业面源污染提出了"一控两减三基本"目标:"一控"即严格控制农业用水总量,大力发展节水农业;"两减"即减少化肥和农药使用量,实施化肥、农药零增长行动;"三基本"指畜禽粪便、农作物秸秆、农膜基本资源化利用。

　　问题提出一:农村环境污染整治可否同农产品加工企业的生态效率建设联动?

　　背景二:生态工业园在世界各地包括我国蓬勃发展。

20世纪60年代,丹麦卡伦堡镇(Kalundborg)衍生出一种企业之间相互利用对方或第三方的"副产物"而共生的区域生产模式,其目的是降低企业制造成本,使企业排污达到环境保护法规的要求。经过几十年的发展,这一模式已演变为一个各产业耦合利用能源、水、副产物等物质的,由6家大型企业(包括中心企业Asnaesvaerket发电厂、Statol炼油厂、Novo Nordisk生物工程公司、Cyproc石膏材料公司等)和10余家小型企业组成的,产品包括电、油、发酵制品、塑料板、硫酸、水泥、动植物、花卉、热力等的城镇工业共生系统,做到了区域内经济与生态环境的和谐发展。在理论层面,1989年,罗伯特·福罗什(Robert Frosch)和尼古拉·加劳布劳斯(Nicolas Gallopoulos)提出了工业生态学思想;1992—1993年间,美国康奈尔大学和靛青顾问公司(INDIGO)成立的发展小组首次提出了生态工业的概念;苏伦·埃尔克曼(Suren Erkman)第一个将卡伦堡工业园命名为卡伦堡生态工业园,简称EIP(Eco-industrial park)。较早对EIP进行系统研究和实践的是美国。1991年美国国家科学院召开了第一届生态工业研讨会,1992年美国Colorado-based University Corporation主办了生态工业领域研讨会,1994年美国环境保护署(EPA)授权有关研究单位对EIP的概念作深入探讨并进行个案研究,同时美国可持续发展总统委员会(PCSD)还组建了生态工业园区特别工作组。1996年10月,PCSD提出了两个颇受关注的生态工业园定义,其中之一是:EIP是为了高效地分享信息、物资、水、能源、基础设施和自然居留地等,彼此合作且与地方社区合作的产业共同体,这一共同体在客观上引导经济增长、环境质量改善,使产业与地方社区的资源公平增加。

在EPA和PCSD的支持下,美国于1994年在马里兰州的巴尔的摩、弗吉尼亚的查尔斯角、得克萨斯的布朗斯维尔、田纳西的查塔努加建设了世界上最早的四个生态工业园。至今,美国的EIP已有二十几个。由于EIP不仅能大大减少工业体系对环境的干扰,而且在降低工业园区整体建设和运行成本、提高园区内企业效益方面也大有优势,因而加拿大、法国、日本、泰国、印度尼西亚、菲律宾、纳米比亚、南非等国家在21世纪初迅速兴建EIP。目前,EIP已成为世界工业园发展的主题,是生态工业的实践形式之一。当前,比较一致的观点的,EIP是一个区域系统,其中的生产或服务单位在各自实行清洁生产、减少废弃物产生的基础上,组织生产和消费过程中所产生的副产品的交换,以此提高废物减量化水平和资源利用效率。

在我国,截止到2016年1月,已经通过验收批准命名的和得到批复建设的生态工业园共有 87 个。① 我国生态工业园建设思想可以追溯到污染防治工程基本要求中的"分散治理与区域防治相结合"原则的设立。该原则指出，小型生产与服务组织的污染防治应当社会化，大中型单位应当以内治为主，而有些污染物如 BOD、酚、氰等的治理则需要从区域污染的整体防治规划。在区域污染综合防治中，集中处理不能代替分散处理，要以各生产或服务单位分散防治为基础。这种不同生产与服务单位因经济地防治污染而形成的合理经济体，更强调区域内企业联合治理污染。

我国建设得比较成功的种植与加工相结合即"种加"型生态工业园是广西的贵港生态工业园，它不仅使贵糖的甘蔗、水、各种副产物均得到充分利用，"三废"排放完全符合国标，更重要的是，通过废物共生利用，实现了酒精废液等"三废"的零排放。

问题提出二："种养加"型生态工业园建设可否促进农村环境污染整治？

二、理论背景

经济社会与资源环境相互关联。不同程度上，每一项经济活动都会对资源环境产生影响，而每一次资源环境变化都会对经济有所作用。经济社会可以指所有个人、由他们组成的机构、人与机构发生关联的场所，资源环境指地球生态。

经济社会与资源环境的联系可以如图 0-1 所示。经济被简化为生产和消费两个部门，其间进行的是商品、服务和生产要素的交换。地球生态的服务功能包括：提供能源和材料 E_1、接收废物 E_2、提供宜人的环境 E_3 和支持全球生命 E_4。R_1 和 R_2 分别代表生产和消费部门内部的资源再循环。这样，资源环境就充当着物质资源的供给者、废弃物的接收器（对人类生产和生活的废物部分地进行再循环）、性情陶冶物和全球生命支持者四种角色。②

具体而言，资源环境能够满足人及在其生产服务过程产生的众多根本性和长久性需求。第一，资源为经济活动提供原生性劳动对象和劳动资料。第二，环境接纳经济活动的废弃物，集中体现为使"三废"有了"立身"之处。第三，资源环境是科学实验的载体和场所。第四，资源环境是人力资本形成、完

① 中华人民共和国环境保护部网站.http：//websearch.mep.gov.cn/was40/outline?page＝1&channelid＝36279&searchword＝％E7.
② 刘伟，魏杰主编，姚志勇等编著.环境经济学[M].北京：中国发展出版社，2002：2.

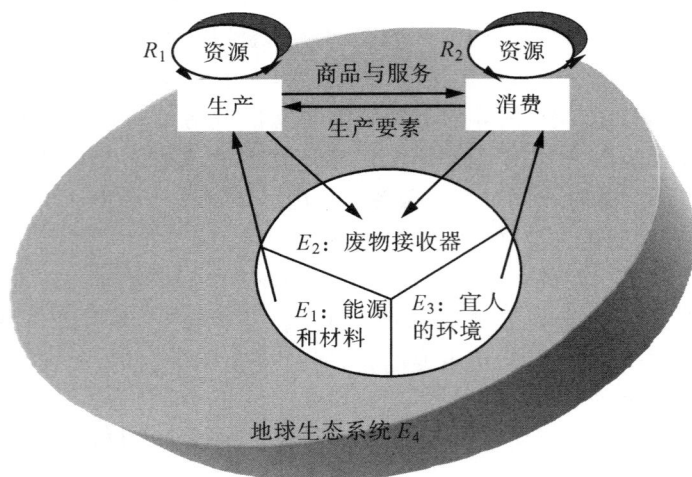

图 0-1　经济与资源—环境系统的关系

善和提高的必需条件。第五,资源环境对人类社会制度的初始安排有较强的制约作用。第六,资源环境的使用价值中,还包括选择价值和存在价值。选择价值主要指资源环境未来的使用价值,即潜在价值。存在价值是指资源环境对整个生态系统正常运转所起到的作用,它很难用经济价值度量。

(一)马克思、恩格斯资源环境理论

土地集水、森林、草原、动植物、矿藏等于一体,既是自然资源,又是环境要素,支撑着人类的衣食住行,是人类社会进步、经济增长的基础。基于此,马克思、恩格斯非常重视土地在经济社会发展中所起的作用,他们关于生产与土地关系的描述,体现了经济与资源环境之间依附与被依附的关系。

1.劳动过程三要素作用的发挥有赖于资源环境为其提供服务

马克思把自然条件看作是劳动生产率提高的五大要素之一。在具体阐述时,自然条件被主要具体化为土地,甚至有时直接指出土地即自然。[①]

第一,人力劳动离不开自然力的参与。马克思指出:"上衣、麻布等等使用价值,简言之,种种商品体,是自然物质和劳动这两种要素的组合。如果把上衣、麻布等等包含的各种不同的有用劳动的总和除外,总还剩有一种不借助人

---

① 马克思恩格斯选集(第二卷)[M].北京:人民出版社,1995:577.

力而天然存在的物质基质。人在生产中……只能改变物质的形态。不仅如此,他在这种改变形态的劳动中还要经常依靠自然力的帮助。因此,劳动并不是它所生产的使用价值即物质财富的唯一源泉。正像威廉·配第所说,劳动是财富之父,土地是财富之母。"①"……整个社会,一个民族,以至一切同时存在的社会加在一起,都不是土地所有者。他们只是土地占有者,土地利用者,并且他们必须像好家长那样,把土地改良后传给后代。"②

人的劳动力实际上也是自然力。马克思指出,"自然界和劳动一样也是使用价值(而财富本来就是由使用价值构成的!)的源泉,劳动本身不过是一种自然力的表现,即人的劳动力的表现","只有一个人事先就以所有者的身份来对待自然界这个一切劳动资料和劳动对象的第一源泉,把自然界当作隶属于他的东西来处置,他的劳动才能成为使用价值的源泉,因而也成为财富的源泉"。③ 显然,马克思认为,资源环境的服务功能对人类社会的作用是原生性的。

第二,劳动对象和劳动工具在劳动过程中作用的发挥,以资源环境提供的服务为基础。在论述价值和劳动时,马克思指出:"……劳动生产力主要应当取决于:首先,劳动的自然条件,如土地的肥沃程度、矿山的丰富程度等等……"④马克思在分析劳动过程的简单要素时说:"土地(在经济学上也包括水)最初以食物,现成的生活资料供给人类,它未经人的协助,就作为人类劳动的一般对象而存在。"对于劳动者,此时"土地是他的原始食物仓,也是他的原始的劳动资料库",他只能"采集果实之类的现成的生活资料,在这种场合,劳动者身上的器官是唯一的劳动资料"。"……劳动过程的进行所需要的一切物质条件都算作劳动劳动过程的资料。没有它们,劳动过程就不能进行,或者只能不完全进行。"土地"给劳动者提供立足之地,给他的过程提供活动场所"。⑤

恩格斯直接把耕地和水视作生产工具,"这里出现了自然产生的生产工具和由文明创造的生产工具之间的差异。耕地(水等等)可以看作是自然产生的生产工具"。资源环境提供的服务过去和现在都极其重要,因为"劳动过程最初只是发生在人和未经人的协助就已经存在的土地之间。不过现在劳动过程

---

① 马克思恩格斯选集(第二卷)[M].北京:人民出版社,1995:120-121.
② 马克思恩格斯选集(第二卷)[M].北京:人民出版社,1995:574-575.
③ 马克思恩格斯选集(第三卷)[M].北京:人民出版社,1966:84.
④ 马克思恩格斯选集(第二卷)[M].北京.人民出版社,1995:71.
⑤ 马克思恩格斯选集(第二卷)[M].北京.人民出版社,1995:177-180.

中也仍然有这样的生产资料,它们是天然存在的"。①

2.资源环境限制剩余劳动的产生,又是剩余价值产生的前提

马克思指出:"资本主义生产一旦成为前提,在其他条件不变且工作日保持一定长度的情况下,剩余劳动量随劳动的自然条件,特别是随土地的肥力而变化……不是土壤的绝对肥力,而是它的差异性和它的自然产品的多样性,形成社会分工的自然基础,并且通过人所处的自然环境的变化,促使他们自己的需要、能力、劳动资料和劳动方式趋于多样化。社会地控制自然力以便经济地加以利用,用人力兴建大规模的工程以便占有或驯服自然力,——这种必要性在产业史上起着最有决定性的作用。"关于不同资源环境提供的服务不同,限制剩余劳动产生,马克思指出:"良好的自然条件始终只提供剩余劳动的可能性,从而只提供剩余价值或剩余产品的可能性,而绝不能提供它的现实性……这些自然条件只作为自然界限对剩余劳动发生影响。"②

关于不同资源环境提供的服务是剩余价值产生的前提,马克思指出:"剩余劳动和剩余价值的可能性要以一定的劳动生产率为条件……这个生产率,这个作为出发前提的生产率阶段,必定首先存在于农业劳动中,因而表现为自然的赐予,自然的生产力……在农业中,自然力的协助——通过运用和开发自动发生作用的自然力来提高人的劳动力,从一开始就具有广大的规模。在工业中,自然力的这种大规模利用是随着大工业的发展才出现的。"③在论及生产部门的劳动生产率提高的原因时,马克思指出,"要么由于取得奢侈品原料的自然仓库如矿山、土地等等生产率提高了,或者发现较富饶的这类自然仓库;要么由于采用分工,或者特别是使用机器(以及改进的工具)和自然力(工具的改进和工具的分化一样属于分工)(化学过程也不应当忘记)"。④ 绝对剩余价值和相对剩余价值的产生都以劳动生产率一定程度的发展为前提,"这个前提,是以财富的自然源泉(土地和水)的天然富饶程度为基础的,而这种天然富饶程度在不同的国家等等是不同的……绝对剩余价值的基础,即它赖以存在的现实条件,是土地(即自然)的天然富饶程度……"⑤。

现实当中,优质资源环境正是因提供优质服务、为剩余价值的实现提供优

① 马克思恩格斯全集(第3卷)[M].北京.人民出版社,1960:73.
② 马克思恩格斯选集(第二卷)[M].北京.人民出版社,1995:219-220.
③ 马克思恩格斯全集(第26卷)(Ⅰ)[M].北京.人民出版社,1972:22-23.
④ 马克思恩格斯全集(第26卷)(Ⅱ)[M].北京.人民出版社,1965:385.
⑤ 马克思恩格斯全集(第26卷)(Ⅲ)[M].北京.人民出版社,1965:394.

质条件而被掠夺性开发的。马克思指出:"资本主义农业的任何进步,都不仅是掠夺劳动者的技巧的进步,而且是掠夺土地的技巧的进步,在一定时期内提高土地肥力的任何进步,同时也是破坏土地肥力持久源泉的进步。"马克思还指出:"资本主义生产使它汇集在各大中心的城市人口越来越占优势,这样一来,它一方面聚集着社会的历史动力,另一方面由破坏着人和土地之间的物质变换,也就是使人以衣食形式消费掉的土地组成部分不能回到土地,从而破坏土地持久肥力的永恒的自然条件。"①在这里,我们不得不佩服马克思的远见卓识:持续不断的追求剩余价值的工业化生产与服务过程,200多年来实实在在地分批掠夺着优质等级渐次降低,但在时间维提供的总是最优的资源环境服务功能,造成了地球自然条件的整体恶化,迫使全人类发出了可持续发展的呼声。

3.改变现有的生产方式,开辟人类同自然的和解以及人类本身的和解之路

恩格斯指出,为了获得多倍收获,人们开拓荒野,"把原有的植物和家畜从一个国家带到另一个国家,这样把全世界的动植物都改变了"。"动物仅仅利用外部自然界,单纯地以自己的存在来使自然界改变;而人则通过他所作出的改变来使自然界为自己的目的服务,来支配自然界。"然而,"我们不要过分陶醉于我们人类对自然界的胜利。对于每一次这样的胜利,自然界都对我们进行报复。每一次胜利,起初确实取得了我们预期的结果,但是往后和再往后却发生完全不同的、出乎预料的影响,常常把最初的结果又消除了"。②通过列举美索不达米亚、希腊、小亚细亚和阿尔卑斯山上的意大利人的经济活动对自然界所造成的预想不到的破坏,恩格斯告诉我们:造成自然界被破坏的一个重要原因,是人们没有能正确和准确估计"生产行动的比较远的自然影响"和"社会影响"。

恩格斯进一步指出,要对生产和服务过程的"自然影响"和"社会影响"实行调节,"单是依靠认识是不够的。这还需要对我们现有的生产方式,以及和这种生产方式连在一起的我们今天的整个社会制度实行完全的变革"。他指出,蒸汽机的第一需要和大工业中差不多一切生产部门的主要需要,都是比较纯洁的水。但是工厂城市把一切水都变成臭气冲天的污水……在金属加工工业地区也有类似的情形,这是因为,"蒸汽力绝不是必然地带有城市的性质。只有它的资本主义的应用才使它主要地集中于城市,并把工厂乡村转变为工

---

① 马克思恩格斯全集(第26卷)(Ⅲ)[M].北京.人民出版社,1975:552-553.
② 马克思恩格斯全集(第20卷)[M].北京.人民出版社,1965:516-520.

厂城市"。"要消灭这种新的恶性循环,要消灭这个不断重新产生的现代工业的矛盾,又只有消灭工业的资本主义性质才有可能。只有按照统一的总计划协调地安排自己的生产力的那种社会,才能允许工业按照最适合于它自己的发展和其他生产要素的保持或发展的原则分布于全国。"[①]只有进行根本性的制度变革,才能"替我们这个世纪面临的大变革,即人类同自然的和解以及人类本身的和解开辟道路"[②]。今天来看,恩格斯的这些论述体现了何等的大智慧!

(二)西方环境经济学理论

1.古典经济学

早期经济学家的一个显著观点是,把土地的多少与其品质好坏视为制约财富增长的一个重要因素。威廉·配第认为,劳动和土地是创造财富的两个要素,"劳动是财富之父,土地是财富之母"。威廉·配第及这一时期其他人的经济研究,共同显示了以自然资源(环境)为基础的经济增长观。

在重农学派中,坎蒂隆强调土地是一切财富的本源或实质。魁奈认为,只有土地产品是最原始、最纯粹和经常在更新的财富,是一种"纯产品",是"自然的赐予"。杜尔阁干脆认为土地是,而且永远是一切财富首要和唯一的来源;但他最重要的思想是:同一块土地为人类提供服务的能力,相对于等量投入资本,在时间维上是边际递减的。这蕴含了资源环境的服务功能具有稀缺性,并且只能在生态阈值内提供的思想。

马尔萨斯对资源环境的绝对稀缺性进行了最早概括。他认为,土地数量是静态的,人口数量是动态且呈几何级数增长,人口增长需要越来越多的食物供给,因而越来越多的劳动力被投入土地;但土地的食物产出存在极限,土地报酬呈现出递减趋势,最终导致土地的绝对稀缺。

李嘉图不认为土地绝对稀缺,而是认为土地只具有相对稀缺性,因为土地报酬递减规律只是由于土地级差引起的,只有肥力较高的土地数量相对稀缺,而品位较低的土地可以源源不断地被纳入新开发使用之列。在这里,李嘉图强调生产率的提高、贸易的开展可以缓解土地等资源环境危机。

约翰·穆勒对马尔萨斯和李嘉图的土地稀缺观点又进行了综合,他提出了"稳态经济理论":由土地数量和它的生产力所决定的生产极限——土地绝

---

① 马克思恩格斯全集(第 20 卷)[M].北京.人民出版社,1965:320.

② 马克思恩格斯全集(第 1 卷)[M].北京.人民出版社,1956:603.

对稀缺是存在的,但社会进步与技术革新有可能延迟这一极限的到来,这就要将资源环境、人口和财富三者增长的速度保持在一个静止的稳定状态,它必须远离资源环境的绝对极限。约翰·穆勒最早指出要保护荒野、野生动植物,因为自然的广博有助于给人们提供良好的情绪,而且也有助于子孙后代生存。这些思想现在看来是非常非常珍贵的,是最早的环境保护思想和可持续发展思想,也是不十分全面却比较明确的生态效率思想。

2.新古典经济学

新古典经济学的创始人马歇尔质疑马尔萨斯的土地绝对稀缺理论,认为该理论存在如下局限:第一,没有估计到社会与技术的进步可以使一国能够以比较低的费用,得到同原来一样多的土地产出,或者获得世界上最肥沃土地上的产品;第二,没有考虑市场价格的力量,它可以使昂贵的资源环境得到替代;第三,没有考虑到人口增加所创造的财富,可以弥补因人口增加而造成的环境拥挤、资源环境品质下降给人所带来的不快。可见,马歇尔的资源环境服务功能替代论包括三个内容:一是资源环境提供服务的能力可以被技术替代,二是特定资源环境提供的服务可以被其他资源环境(甚至人工产品)替代,三是自然生态功能也能被物质财富替代。

3.现代与当代经济学

现代经济增长理论中,较为重要的哈罗德—多马经济增长模型没有考虑资源环境所提供的服务的作用。这不是因为没有意识到,而是哈罗德认为土地的影响在数量上对经济增长无足轻重。舒尔茨认为人力资源已有效地替代了土地,劳动可以替代大部分自然资源,土地对国民经济的贡献小到可以忽略——单块土地的生态功能无法计价,具有非经济属性。西蒙干脆认为,经济增长中不存在无法应对的自然资源限制。

然而,在资源环境的服务功能遭到漠视之后不久,经济学界就开始了对这种漠视的反思,代表事件就是众所周知的罗马俱乐部于 1972 年出版《增长的极限》。15 年后,国际社会充分认识到了资源环境对经济社会的发展所具有的须臾不可离的重要意义,强调人类必须走与自然和谐的发展道路,其标志性事件是在《我们共同的未来》中,可持续发展观被正式而系统地提出。

(三)环境经济学理论

生产与服务过程生态效率化,是指不断减少经济活动对资源环境所造成的负面影响,减少资源环境外部成本。

1.资源使用的外部成本

资源使用的外部成本主要包括以下几个方面。

第一,资源开发和利用的代际外部成本。在生产与服务的最开始,在竞争规律作用下,绝对勘探采掘成本低、品质优良的资源总是最先得到利用。随着生产服务的进行,一方面人们的需求趋于多样化,另一方面勘探采掘成本次低、品质次优的资源又陆续成为最优资源,这都促使人们大范围、大量地开发已用和未用资源,留给后人的是搜寻、开发和开采成本比现在高的"最优"资源。

市场经济的特征之一,是产品的供求波动。当产品的供给大于需求时,会有相当一部分产品成为报废品。另外,设计不合理、生产不稳定、运输不及时等也会产生报废品。所有的报废品都造成资源浪费,对后代人来说,资源的机会成本增大。

第二,资源利用技术的代际外部成本。技术是一把双刃剑。许多现今被广泛使用的技术,如塑料、农药、化肥制造技术、基因技术等,都潜在地威胁后代人的发展能力甚至生存能力,[①]后代人的生存、发展成本由此可能很高。

第三,资源配置的代际外部成本。市场机制对资源进行配置时,对零交易成本的配置对象——只要相应的产品存在市场需求——总是过度配置的,因此而形成的、从资源角度看是扭曲的经济结构、产业布局和产业组织,无时无刻不在浪费着资源。对这种由结构性浪费而消耗掉资源的现象,后代人的解决办法,只能是对其进行经济结构调整,调整的成本就是资源配置的代际成本。

2.环境影响的外部成本

环境影响的外部成本是指经济体无法通过市场或某种交易制度为其获得的外部收益付费,也无法因为带给别人外部成本而向此人支付补偿金。[②]

对于环境质量,外部性既有"负面外部性",也有"正面外部性"。无论是正面还是负面影响,其外部作用都不是很直接的。通过"回荡效应",一个影响生态系统某一方面的行为能够传递到整个生态系统,继而以某种出人意料的方式影响到另一个组织或个人。生产中的环境影响外部性,可能源于主观,也可

---

① 诸大建,朱远.从生态效率的角度深入认识循环经济[A].∥冯之浚主编.中国循环经济高端论坛[C].北京:人民出版社,2005:181-191.

② 岳媛媛,苏敬勤.生态效率:国外的实践与我国的对策[J].科学学研究,2004,22(2):170-173.

能是客观因素所造就。环境外部性还可以划分为金钱外部性和非金钱外部性。金钱外部性产生于当外在性的影响是通过更高的价格发生作用,如某水泥厂的搬迁使原先厂区周边的房产价格上升,使得租赁房屋的人额外多付房款,对他们来说,环境质量的提高是一种外在不经济,这种不经济因房屋价格的提高而形成。非金钱外部性中,环境质量变化的影响不通过价格传递。

环境影响外部成本的产生源于以下两个原因:

第一,环境质量的占有具有非排他性。环境是一种共同财产,在法律上人们都有权享用特定的环境质量,这意味着个人往往无权阻止他人对同一环境资产的使用;或者,我们可以阻止,但成本高昂。实际上,环境质量属于开放产权的资源。"公共性"是对环境资产而言的,"公共产权资源"或"共有资源"是一种产权安排,它实际上允许某些集体排斥其他人使用某项资产,从而保证这项资产在未来产生的收益全部流入本集体内。但其开放的使用权使资产并不具有真正意义的产权。由于非排他性,历史上众人对某一环境资产的使用采取博弈方式,结果就是纳什均衡:要么各方合作,要么各方都选择不合作,这些行为都无严格的产权界定,也没有政府的介入。

第二,环境质量的占有具有非竞争性(或不可分性)。除了非排他性,若对一项环境资产的消费还具有非竞争性,那么该环境资产就是纯公共物品:所有人都可以获得它所带来的好处,而且一个人对它的消费不会减少另一个人的消费。整个生态系统的基本功能是维持生命,这是通过森林涵养水流、保持水土,通过湿地调节水位波动,通过大气、洋流使水分循环、温度均衡等实现的,在此基础上才有人类的各种经济活动。因此,环境质量的一项基本功能即缓冲经济受到自然冲击的影响,决定了环境质量是一项重要的公共品。如果环境质量恶化,比如污染增加、噪声增多等,随着环境带给其中的人的损害变成一种普遍现象,缺乏质量的环境就成为"公害品"。

3.通过产权界定资源环境外部成本能够得到控制

产权(property rights)是对具有使用价值的物品的拥有权,一般表现为财产权。德姆塞茨认为,"所谓产权,意指使自己或他人收益或受损失的权利","交易一旦在市场上达成,两组产权就发生了交换。虽然一组产权常附着于一项物品或劳务,但交换产品或劳务的价值却是由产权的价值决定的"。菲吕博顿和配杰威齐认为,"产权不是人与物之间的关系,而是只有由物的存在和使用引起的人们之间一些被认可的行为性关系"。[①] "在经济学领域使用

---

①　马中主编.环境与资源经济学概论[M].北京:高等教育出版社,2013:60-64.

'rights'或'property rights'概念的奠基者是马克思和恩格斯"①,他们认为,财产关系是生产关系的法律用语,产权是生产关系的法律表现,而所有权是所有制的法律形态。可见,比较一致的观念是:产权同经济制度连为一体。我国采用的是以公有制为主体、多种经济成分共存的社会主义市场经济,世界其他国家普遍实行私有制下的市场经济。这就是说,市场经济是普遍的经济运行机制,市场在各国都存在。

市场是从事商品买卖的交易场所或接洽点,既可有形也可无形,其本质是物品交易双方相互作用以决定买卖价格和数量的组织形式或制度安排。市场的目标是要实现资源在各个经济主体之间的有效配置,这一目标的实现要求市场应当是完全的——必须有足够的市场覆盖所有可能情况下的物品或服务交易,这就意味着交易者必须是界定明确的产权主体。界定明确的产权主体产生于界定明确的产权体系,该体系的特征是:(1)产权具有完全覆盖性,所有资源或资产分属个人或集体;(2)产权引致的收益和成本具有排他性;(3)产权能够自愿地转让和被转让;(4)强制性,即产权受到法律的强制保护,未经授意取得的财产权无效。② 针对环境问题,市场失灵是指资源环境所有权没有清晰界定给确定的个人或集体。

当前,资源环境通常为国家所有、部分人共有,或者不归任何人所有。国家拥有和管理,是当前世界各国对诸如河流、湖泊、公园、森林等环境资源采取的普遍做法。共有财产制中环境资源共有而不私有,这种共有或者受相关法律的保护,或者授权于传统或习俗。如在阿尔卑斯草地上放牧的权利由草地使用者协会授权,已经延续了好几个世纪的被授权放牧的家族是固定的。无主财产制是建立在"先到先得"的机制上,即谁都无权限制其他人对环境资源的占有,这是一种开放式财产所有权。

通常认为,由于产权不明确,生产服务活动产生资源环境外部成本。针对这一问题,科斯于1960年设计了零交易成本或交易成本很小的产权赋予制,目的在于:通过明确资源环境的产权,使生产与服务过程的资源环境外部影响效率化,即如果受污方存在因遭受污染而获得的收益,并且足够大,污染就是有效率的。科斯指出:"如果将生产要素视为权利,就更容易理解了,做产生有害效果的事的权利(如排放烟尘、噪声、气味等)也是生产要素。正如我们可以

---

① 冯之浚主编.循环经济导论[M].北京:人民出版社,2004:104-110.
② 侯赟慧.逆向物流在企业建立生态化机制中的作用.现代管理科学[J],2004(5):108-109.

将一块土地用作防止他人穿越、停汽车、造房子一样,我们也可将它用作破坏他人的视野、安逸或新鲜空气。行使一种权利(使用一种生产要素)的成本,正是该权利的行使使别人所蒙受的损失——不能穿越、停车、盖房、观赏风景、享受安谧和呼吸新鲜空气。显然,只有得大于失的行为才是人们所追求的。……在设计和选择社会格局时,我们应考虑总的效果。"①

产权界定法追求的,既不是资源环境外部成本的消除,也不是这一成本的最小化,而是扣除这一成本后的正的经济收益,这可以通过以下的分析来说明。

与一般商品生产或服务不同,资源环境服务的供给若由生产或服务组织承担时,其边际成本往往有极大值。这种情况在组织对不断加深的、来自于外部的生态失衡、环境污染进行处理,以维持自己的产品或服务的质量时发生。为了贴近实际情况,假定受污组织有不受污染的权利。对于遭受损失者来说,边际成本一开始自然是随着污染程度的加深而上升。当污染上升到一定程度后,情况可能会发生变化:遭受污染损失者的情况已经糟糕到极点,再加重"污染"也不会带来更多的成本,这样边际成本就开始下降,并且有可能下降到零。这可以用一句俗语来概括:虱子多了不怕咬,如图 0-2 所示。② 环境质量边际成本的"非凸性"意味着:社会利益可能在较高的污染水平下达到最优(当污染

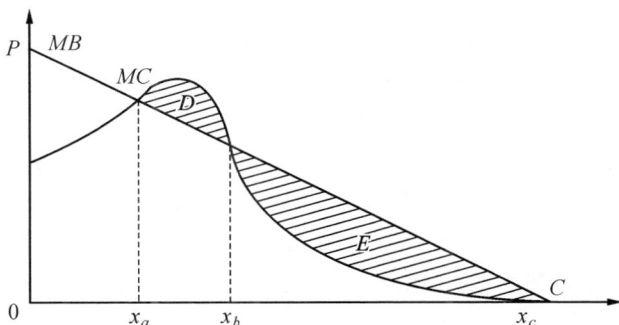

图 0-2　边际成本曲线非凸条件下的污染

① 肖玲.中国城市生活垃圾管理模式探讨[J].干旱区资源与环境,2003,17(3):65-69.

② 孙佑海.循环经济与立法研究[A].// 冯之浚主编.中国循环经济高端论坛[C].北京:人民出版社,2005:136.

的边际成本为零时,社会的边际收益也达到零)。粗实线 MB 表示受污者的边际收益;曲线 MC 表示边际治污成本,它是单峰的(实际情况是也可能多峰);区域 D 表示了受污程度由低点 x_a 到高点 x_b 变化时,受污者的净边际成本;区域 E 表示了受污程度由低点 x_b 到高点 x_c 变化时,受污者的净边际收益。

此图中,x_c 表示了价格导向下的社会最优污染,它受到市场保护。市场在处理环境污染时,由于环境成本边际递减规律的存在,市场价格所传递的信号将使受污者选择一个综合经济收益最大的资源环境影响。以这种方式,不具备污染环境权的制污方的环境外部成本受到"最优"控制。

(四)环境质量与生态需求理论

在我国,对资源环境服务功能直接需求的研究开端于 20 世纪 80 年代,以文章《论生态经济需求》为代表;近 20 年后,该文作者的学生出版了《生态需要的经济学研究》。总起来看,这些论著主要从哲学层面强调"在一定范围内,生态需要的减少可以被物质需要或精神需要的增加所抵消,不过这种替代是有一定限度的,超过这个限度,再多的物质需要增加都难以抵消生态需要下降所造成的福利损失"。生态需要被定义为:"人类为了获得包括维持可持续生存、满足发展需要等方面内容在内的最大福利而产生的需要。"①

无论是对环境质量的需求,还是对生态的需求,本质上都是对自然环境与资源所提供的直接服务功能的需求。对资源环境的服务需求既是最基础的需求,又是人类较高级的需求;人的生物性决定了人离不开对它的需求,人的社会性又决定了对它的需求是可以被替代的。

环境库兹涅茨曲线(EKC)实际上反映了对资源环境服务的直接需求与实物产品需求互动变化的内在规律:人们对资源环境服务的需求是其已获产品服务量的函数,在某临界产品服务量之前,实物产品服务功能对资源环境服务功能的替代率是递增的,而在此之后,它是递减的,并且一直减小到零。60 年代,西蒙·库兹涅茨观察到:经济发展过程中,某些衡量生活质量的指标先是随着经济增长而恶化,随后逐步好转。一批环境经济工作者将这一观察方法应用于生态环境退化与经济增长的关系研究,结果发现:在一国或地区的发展过程中,存在着如图 0-3 所示的环境库兹涅茨曲线:经济发展过程中生态环境先是恶化,然后得到改善。图中 l_1 为生态安全警戒线,l_2 为生态承载阈值。一般认为,环境库兹涅茨曲线是人们在经济建设中忽视生态保护的结果,但对

① 柳杨青.生态需要的经济学研究[M].北京:中国财政经济出版社,2004:6-8.

人们为什么会这样做则疏于讨论，尤其是缺少基于经济学需求理论的探讨。

　　消费者对资源环境服务的需求有两种：一是直接需求，二是间接需求。这两种需求本质上都是对资源环境所提供的服务的需求，因而资源环境与产品在向个人提供服务方面是同质的。这是对资源环境需求的缺失和出现进行分析的基础。

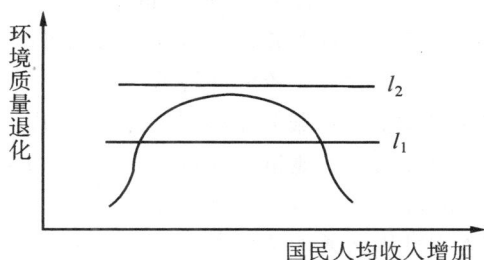

（图：纵轴"环境质量退化"，横轴"国民人均收入增加"，两条水平线 l_2（上）和 l_1（下））

图 0-3　环境库兹涅茨曲线（EKC）

　　资源环境提供的直接服务能够被替代。个人对诸如居住地的洁净空气、树草花鸟等的需求，是对资源环境服务的直接需求。在这里，资源环境之所以被需要，是因为它能够为个人带来生理和心理上"好的感觉"。所以，资源环境能够为个体带来感觉是它被直接需求的条件。相同的资源环境往往带给人相同的体验，但相同的环境体验并不需要由相同的环境给予。这就是说，变化了的资源环境，在一定程度内可能觉察不到。比如，在短时间内，几乎没有人能辨别出有放射性的天然大理石环境与无放射性的普通石材环境的差别。在这种情况下，除非借助特殊的仪器，生态环境的变化不会影响到个人对它的需求行为。实际上，即使个人感觉到资源环境发生了变化，假如是恶化，如地球臭氧层出现空洞，虽然其意愿中产生了对环境质量的需求，他的这种需求也难以具体转化为对环境质量的消费，如购买一个没有臭氧空洞的天空。因为资源环境大多为公共物品，无法买卖。但是即便如此，对于个人来说，因资源环境变化——无论这种变化是否可被察觉——而产生的消费变化总是存在的。针对环境恶化所形成的对个人身心的损害，个人收入中的一部分货币会成为预防、避免或补偿支出；而随着环境质量的提高，原先的环境支出总额会减少。前者意味着个人福利随着环境质量的下降而降低，后者则表明个人效用会随环境质量的改善而提高。如随着大气中臭氧层空洞的出现，人们暴露于外的皮肤所受的紫外线辐射强度将增大，由此引起的皮肤病病例增多会使人们在出门时更多地涂抹防晒霜，或更多地乘汽车，而以为没事却被烈日灼伤皮肤的海滩游客则需要一笔额外的医疗费以治伤。相反,当臭氧层空洞减少时,以上的环境花销会减少,至少补偿于看病的费用会下降。基于上述理由,当个人购买某项商品或服务时,决定商品或服务的数量 x_i 的因素,除了所有商品的价格向量 P、消费者的收入预算 M 外,还应当包括环境质量 q(式中,环境质量之所以是一个给定的值 q,而不是向量 Q,是因为环境通常是一个综合的概念,消费者是处于"一个"环境中),这样就得到 x_i 的需求函数: $x_i = f(P, M, q)$。该式表明:一定条件下,消费者对资源环境服务的需求可以转化为对具体的某项商品或服务的需求。实际上,正是资源环境服务同商品或劳务在个人消费上的价值联系,使得资源环境的直接服务能够在社会生产和服务过程中得到供给。

但资源环境直接服务功能不能也不会被无限替代。EKC 表明,物质产品提供的服务替代资源环境服务的替换率是逐渐减小的,这可以被认为是产品与劳务相对于资源环境直接服务的边际替代率递减规律。在实践当中,人们一旦认识到生态承载力存在极限,就会采取措施,在减少对资源环境直接服务功能替代的前提下进行实物生产与服务,最终促成生态环境质量下降的停止。例如,罗马俱乐部就曾主张采取停止增长,即零经济增长的方式来恢复生态平衡。实际情况是,30 年来,在经济持续增长情况下,工业化和后工业化国家的生态环境也持续好转,这意味着环境质量下降的停止并不一定需要停止经济增长。实际上,从 EKC 来看,只需要减少单位生产服务所取代的资源环境服务功能。另一方面,最重要的是对资源环境服务需求的增大,从根本上促进了资源环境服务功能的恢复和提升。

随着收入水平的不断提高,当今工业化与后工业化国家和地区的人们,从实物产品和人力服务中获得的边际效益,已低于环境质量提高的边际效益。保护并追求现实最大利益的一个重要方面,就是要加强生态环境保护。当生态环境保护意识上升为国家法律制度时,对资源环境直接服务功能的需求就被强化,即资源环境的直接服务功能不能再被实物产品与劳务替代,此时它对其他任一商品与服务的边际替代能力为无穷大,这在 EKC 中显示为一条上升的曲线。以上论述可用图 0-4 表示。

图中,q 为资源环境的服务功能,x 为任一产品或服务。L_1 表示资源环境的直接服务功能被完全替代型生产,L_2 表示资源环境服务功能被部分替代即末端治理型生产,x' 后的 L_3(横坐标 x' 以右)表示工业化和后工业化国家的生产——随着生产的进行,资源环境服务得到持续提供。(q', x') 为产品服务对资源环境服务替代的最大值点:任何单位产品的服务,替代资源环境服务的比率趋于无穷大。如果资源环境的直接服务功能被完全替代,即 L_1 变为现

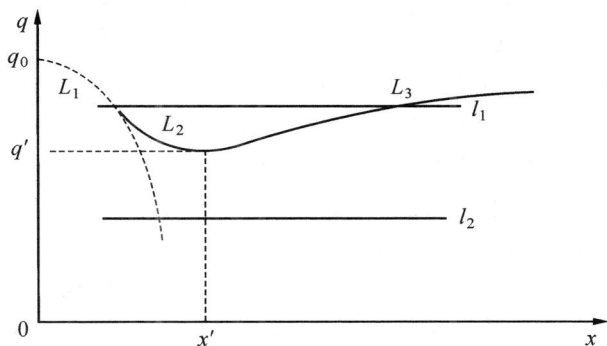

图 0-4　完全环境损害型、末端治理型、环境友好型组织环境质量与生产关系示意图

实,则会导致社会经济发展的崩溃。如玛雅人、苏美尔人不是没有出现对资源环境服务渐增的需求(对于生物的人来说,这种可能性很小),就是没有采取措施满足这种对资源环境直接服务需求,或者采取措施时已为时已晚,最终导致他们的生态系统崩溃,文明消失。类似的,在我国有西域历史上高昌、交河、敦煌等文明的湮灭。

(五)资源环境法理论

对于资源环境问题的社会格局,在设计和选择时对其产权进行完全清晰的界定有较大的难度。第一,资源环境是生物的人生存的基础,不仅是当代和一国人所有,它更可能归人类各代和各国所共有。第二,仅就当代人中的未成年人来说,他们不属于有行为能力的人,即不属于当事人,因而他们的权益很难得到准确和完全的表达。所以,即使当代的资源环境全被所有当事人协商地解决了,其格局也是不全面的——由此产生的代际分配或多或少地缺少后代人的资源环境权。第三,资源环境的整体性、不可分割性决定了:只要出现了外部性,它就不可能局部地、一时地、孤立地被解决,内部化的外部成本最终还是要回到社会上,或者被均摊,或者被隐性转移。第四,资源环境问题的信息不完全性,加上无法确切知晓后代的需求,我们永远无法知道资源枯竭、环境污染所造成的价值损失有多大。即便是在当代,不同个人对所遭受的资源环境损失的估价也不一样。当一个污染方同众多受污方行使排污产权交易时,他就需要同所有受污方进行单个交易。这里,一要确定受污方到底是多少——这需要确切地了解污染的性质,二要对资源环境价值损失进行计量、谈判,这已导致成本高昂而使交易本身无法进行。实际上,Pearse 和 Turmer 指出,经济学将控制而不是消除污染作为自己的目标。① 因此,在持续降低经济活动的资源环境负面影响方面,单纯的市场力量作用有限。此时,资源环境公有权的强化与完善,就起到了十分重要的作用。

公有权与公有制是相连的。公有制是与私有制相对立的产权领域的另一个极端。在公有制下,一个成员只有在得到其他成员或其代理人的授权下,才能将他的权利转让给他人。之所以要对利益进行转让,是要保证让所有成员所获的利益最大,这就提供了可持续发展首要原则——公平性原则的实现基础。资源环境权公有制的强化,是指通过法律的形式强调以下内容:第一,资源环境是公有的,每一个人都有权享受洁净的空气、水,以及宜人的气候等;第二,任何个人和组织都无权破坏生态环境,在实际当中表现为个人和组织不能无代价地排污或过度使用资源。

资源环境公有制的强化是比较容易实施的。一方面,个人有权享受环境质量只是将事实法律化;另一方面,任何组织或个人无权破坏生态环境,如果要破坏,则是有条件的。资源环境公有制的强化也是符合人性的。资源环境公有而不私有或集体有,即承认资源环境的享用无须通过竞争而获得,获得后也允许其他个体享用,是一种承认人类个体都有生存权和发展权的做法。

1.我国古代着眼于资源保护的共有制②

从先秦算起,我国历史上的生态环境状况经历了良好、第一次恶化(秦—西汉)、相对恢复(东汉—隋)、第二次恶化(唐—元)、严重恶化(明清—)五个发展阶段。每一次生态环境恶化基本上以水土流失、荒漠化、河道决堤、湖泊湮废等形式表现出来,其主要原因是农业生产造成森林、植被被大面积破坏。因此,从发展农业生产的同时要避免生态环境恶化的角度来说,我国的生态环境共有制似乎并没有从整体上很好地维持生态环境质量。其实,我国古代对资源环境共有制的强化并不着眼于环境保护,而主要是强调必须在自然界中维持一定的动物数量,换言之,就强化的主要方向和内容来看,我国古代实行的资源环境共有制是成功的。

《逸周书·大聚篇》记载:"禹之禁,春三月山林不登斧,以成草木之长;入夏三月川泽不网罟,以成鱼鳖之长。"周代强化了生物资源的繁衍再生。《睡虎地秦墓竹简》的《田律》规定:春天二月不准到山林中砍伐林木,不准堵塞水道;

---

① 王长征,刘毅.经济与环境协调研究综述[J].中国人口、资源与环境,2002,12(3):32-36.

② 曲格平主编.环境与资源法律读本[M].北京:解放军出版社,2002:14-39.

不到夏季，不准烧草作肥料，不准采集刚发芽的植物，或捉取幼兽、鸟卵和幼鸟，不准毒杀鱼鳖，不准设置捕捉鸟兽的陷阱和网罟，到七月解除禁令。这部《田律》以及《厩苑律》、《仓律》、《工律》、《金布律》等，规定要按照季节合理开发、利用和保护森林、土地、水流、野生动植物等自然资源。中国最为完备的封建法典《唐律》专设"杂律"一章，对破坏自然资源与环境质量者给予严惩，如："诸不修堤防，及修而失时者，主司杖七十。毁害人家，漂失财物者，坐赃论，减五等。""其穿垣出秽者杖六十；出水者勿论；主司不禁与同罪。""诸弃毁官私器物及毁伐树木、稼穑者准盗论。"

2.近代西方国家对资源环境共有制的强化

在西方，资源与环境保护法一般被统称为环境法。18 世纪 60 年代至 20 世纪初，英国在 1821 年制定的关于蒸汽机和火车头的法律包含了防止污染的规定。美国 1864 年的《煤烟法》、1899 年的《河流和港口法》与《废物法》，对向环境排放污染物规定了限制措施；1891 年的《森林保护法》则授权总统可以将林地划拨为国家公园或水资源保护区。这些工业革命后早期的环境法，大多针对当时的环境污染而立，防治范围狭窄，较少涉及国家对环境的管理。换言之，此时的西方环境法并没有突出资源环境的共有性。

由于没有强化资源环境的共有性，进入 21 世纪后，西方工业化国家公害开始泛滥，如伦敦烟雾事件、洛杉矶光化学烟雾事件、日本水俣病事件等。大量公害事件的发生，引发了大规模的反公害的群众运动。公害严重的国家，如美国、英国、联邦德国等，不得不通过制定法律、法规和标准，并结合各种行政干预措施和其他经济、技术措施，对破坏生态坏环境的活动加以限制，即政府对有害于资源损害、环境破坏的市场行为的管制，成为西方强化资源环境共有制的主要渊源和基本特征。西方比较典型的生态环境共有制强化法律主要有：(1)日本的《公害对策基本法》，以其为基础而设的《大气污染防治法》、《水污染防治法》、《自然环境保护法》等，用了不到 10 年的时间，它们基本改变了日本"公害列岛"的形象。(2)德国的早期环境保护法——《废弃物处置法》、《联邦水管理法》、《大气污染控制法》等，随后的《能源节约法》、《化学品法》、《原子能控制法》、《废水收费法》、《洗涤剂和清洁剂法》等。(3)法国的《法国环境法典》——在世界上较早提出污染预防和清洁生产的概念，强调共有资源环境的获得成本要尽可能低。(4)英国 1956 年的《空气净化法》、1974 年的《英国污染控制法》，突出强调空气质量保护——能源燃料的环保品质必须达到国家法律要求。(5)美国于 1969 年制定了《国家环境政策法》——一部具有划时代意义的法律，创立了环境影响评价制度，又在 70 年代及其后出台了《环境质量改进法》等 12 部法律。

进入 20 世纪 70 年代后,西方国家普遍实行了更加全面、严格的资源环境管理,其环境立法趋向完备,逐渐形成了独立的法律部门。

总体来看,西方资源环境法经历了不突出资源环境共有、强调共有和强化共有三个阶段。从实践效果来看,强化资源环境共有的资源环境法一定程度上控制了污染,保护了资源,改善了环境质量。需要指出的是,西方资源环境法并不以公有制为基础,而仅仅是在资源环境方面实行有限共有。这种有限的、不彻底的、有阶级性的共有,不可能彻底解决本应当公有的资源环境的问题。

3.国际资源环境法的出现

随着全球经济型发展的加剧,资源环境影响也加速呈现出全球化特征。生态环境国际共有制的强化是从 20 世纪 60 年代以后开始的,其直接的强化者是联合国,是联合国大会批准设立的联合国环境规划署。资源环境国际共有制的强化,最先从一些具体而突出的问题入手的,如最先是制定了关于海洋、淡水、空气和野生生物等保护的法律文件。

1987 年,联合国发表的《我们共同的未来》(通称《布伦特兰报告》),标志着资源环境共有概念开始得到广泛认识。1992 年,里约热内卢联合国环境与发展大会通过的三个文件——《里约环境与发展宣言》、《21 世纪议程》、《关于森林问题的原则声明》和两个公约——《气候变化框架公约》、《生物多样性公约》,则使资源环境共有开始具体化,有力地推动了国际资源环境法的发展。

近 20 年来,国际社会更侧重于将保护环境与发展经济并重,强调在生产与服务的同时保护资源、提高环境质量,制定了《保护臭氧层维也纳公约》等多个国际环境公约。这些公约通过强调"人类共同利益原则"、"各国环境主权和不损害管辖范围以外环境的责任原则"等原则,从全球高度强化资源环境共有制,努力使生产与服务过程不破坏环境质量。

这方面的典型案例就是《保护臭氧层维也纳公约》的制定和实施。1977年,联合国规划署成立了臭氧层问题协调委员会,专门解决臭氧层逐渐稀薄的问题。然而臭氧层问题不是一个容易解决的问题:消除或减少损耗臭氧的物质,意味着停止或减缓经济增长速度。在尊重各国尤其是发展中国家利益的,发展中国家因解决臭氧层问题而面临的经济与技术问题的解决要得到发达国家的经济或技术援助的前提下,1985 年 3 月,《保护臭氧层维也纳公约》在联合国会议上通过。目前,发达国家已按照议定书的规定基本上消除了损耗臭氧层的物质释放,发展中国家则在多边基金的支持下,正在逐步淘汰耗损臭氧层的物质及其生产工艺。这意味着,采取必要的协调措施后,资源环境共有制可以在更大范围内得到强化,也因此在更大范围内可以实现经济活动朝着资源节约、环境友好的方向发展。

4.我国现代资源环境公有制的强化与完善

1954年,我国通过的第一部《宪法》规定:"矿藏、水流,由法律规定为国有的森林、荒地和其他资源,都属于全民所有。"这就在我国以公有制为基础确立了资源环境全民所有制形式。

1982年《宪法》第26条规定:"国家保护和改善生活环境和生态环境,防止污染和其他公害。"它表明,环境保护是国家的一项基本职责。

同样,保护资源也是国家的权利和义务:第9条第1、2款规定,"矿藏、水流、森林、山岭、草原、荒地、滩涂等自然资源,都属于国家所有,即全民所有;由法律规定属于集体所有的森林和山岭、草原、荒地、滩涂除外";"国家保障自然资源的合理利用,保护珍贵的动物和植物。禁止任何组织或者个人用任何手段侵占或者破坏自然资源"。第10条第1、2款规定,"城市的土地属于国家所有","农村和城市郊区的土地,除由法律规定属于国家所有的以外,属于集体所有"。第22条第2款规定,"国家保护名胜古迹、珍贵文物和其他重要历史文化遗产"。第26条第2款规定,"国家组织和鼓励植树造林,保护林木"。

强化与完善资源环境公有制,还体现在对破坏资源环境保护犯罪的刑事责任规定上。1979年的《刑法》虽没有专门规定危害环境罪,但是它把破坏环境与资源的犯罪规定在"危害公共安全罪"和"破坏社会主义经济秩序罪"的有关条款中。1997年修订的《刑法》就特别设立了"破坏环境资源保护罪",将污染环境、破坏资源的行为视为犯罪,并规定了相应的刑事责任。

在以宪法的形式强化与完善资源环境公有制的基础上,我国对资源环境保护进行了立法。1949—1973年,我国颁布了《矿业暂行条例》(1951年,我国第一部矿产资源保护法)等五部条例、纲要、规程等,其目的首先是对自然资源实行保护,其次是防止环境破坏,再次是处理环境污染,初步形成了资源环境保护的概念。1973—1978年,国务院拟订、颁布了如《关于保护和改善环境的若干规定》等规定、《工业三废排放试行标准》等标准,这标志着我国开始构建资源环境保护法。

从20世纪70年代开始,我国开始注意用政策和法规手段推动资源节约和环境保护型生产——清洁生产。1985年,国务院批转了原国家经济委员会起草的《关于加强资源综合利用的若干规定》,对企业开展资源综合利用规定了一系列优惠政策和措施。1996年,国务院发布《关于环境保护若干问题的决定》,规定所有新、扩、改建的技改项目,都要采用能耗小、污染少的清洁生产工艺。1997 年,国家环保总局制定并发布《关于推行清洁生产的若干意见》,要求地方环境保护主管部门将清洁生产纳入已有的环境管理政策,以便更有效地促进清洁生产。1998 年,国务院发布《建设项目环境保护管理条例》,规定工业建设项目应当采用清洁生产工艺。十五届四中全会在其《关于国有企业改革若干问题的重大决定》中,明确鼓励企业采用清洁生产工艺。2002 年 6 月 29 日,《中华人民共和国清洁生产促进法》获得通过,于 2003 年 1 月 1 日起施行。这是以资源环境公有制为基础,实施资源节约、环境友好型生产与服务的开端,是可持续发展在我国历史性的进步与创新。

三、研究意义

本研究认为,经过适当的路径选择,"种养加"型生态工业园建设能够促进农村环境污染整治。围绕着污染整治与农村生产、农村生活共赢发展,"种养加"型生态工业园建设的意义体现在以下四个方面。

(一)有利于建设具有农村特色的环境污染整治结构单元

我国整体上已经进入工业化中期或中后期发展阶段,在此阶段环境污染会达到顶峰。事实上,我国的农业及其加工业的发展正使农村遭受着严重的生态环境问题:土地荒芜,土壤沙化面积增加,草场退化,耕地有机质逐年下降并呈中毒状,农业生产过程"去绿色化"程度严峻;农产品加工企业所需的原料品质、数量可控性差,导致产品品质不稳定,工业产品市场尤其是国际市场的绿色竞争力差;涉农加工企业如造纸、发酵、精炼浓缩等过程所排放的污水占到我国所有企业污水总量的 60% 以上。

按照环境库兹涅茨原理,当一国进入工业化中期或中后期阶段,其环境污染可能会出现拐点,即环境质量会逐渐好转。但是,这一拐点绝对不会自己出现,它需要在污染整治的基础上出现。具体到广大农村,就是要将种植、养殖和农产品加工进行有效整合,大力提倡和推行农村循环经济。发展农村循环经济是落实科学发展观的需要。改革开放近 40 年来,我国自然资源尤其是农村水土被大量开发利用,绝大部分乡村承载经济社会发展的资源环境容量已达到极限;实际上,由于粗放掠夺式的开发利用,自然资源被大量破坏,生态严重恶化,农村极有可能陷入"贫困的恶性循环"。为防患于未然,我们必须立足于生态环境的保护与改善,统筹农业、工业及服务业的发展,探索建设具有农村特色的循环经济结构单元。

(二)有利于促进"三农"建设

我国传统的农业生产模式是追求数量的增长,农产品种类尤其是质量往往不能紧跟市场需求的变化,实际结果是高质量、高档次的产品供不应求,大量质次的产品却难卖。解决问题的办法是,实施农产品供给侧改革,积极推进农业结构调整,将农业资源从低生产率领域转移到高生产率领域,提高区域总体产业劳动生产率水平。发展"种养加"型生态工业园是农业结构调整的突破口。生态工业园以提供绿色生态产品为目标,势必要求供应绿色优质的农产品,要求从第一车间即种植、养殖直至货架形成绿色产业链,这实际上形成了农业各业产业化的综合经营,并且是使农业生产朝着绿色优质的方向调整。具体来说,我国农业生产结构必须要由产业各自为战,转向农、林、牧、副、渔业全面综合发展,提高各业之间的多层次综合利用水平,即种植业为畜牧业和渔业提供饲料,畜牧业则以肥料、蓄力支持种植业和林业的发展,生态工业园龙头企业则为农产品实施深加工。在此过程中,生产生活污染物转化为宝贵的肥料,这些有机肥料直接使农业减少对化肥、农药的依赖,从而大大减少农村、农业的面源污染。

"种养加"型生态工业园的建设有利于农民增收。从 2009 年开始,农村民生问题在我国受到高度重视,连年的国务院 1 号文件都是事关"三农"发展和农民增收的。实际上,在我国进入工业化中后期之后,农民生计有了切实保障,如何持续增加农村有效劳动力的收入,则成为各级政府要解决的问题中的重中之重。大力发展"种养加"型生态工业园,能够通过稳定工业生产来稳定农业生产,工农相辅相成,良性互动。各地农村的特色农产品生产及其加工业,最缺的实际上就是"稳定"二字,果品业、渔业、林业、肉制品业、制糖业、番茄加工业、乳品业、酒业等,莫不如此。"种养加"型生态工业园的产业之所以稳定,是因为产业所获得的利润中有绿色利润,它来自区域外、国外的绿色消费市场。有了从广阔市场获取绿色利润的能力,各产业追求产品数量扩张的压力会逐渐减轻,处于各产业链最前端的农业之间的"争地"矛盾随之缓解,相应的,农民的生产将会专一而持久。从事绿色农产品生产的农民虽然要投入较多的劳动力,但可以从较高的产品价格、较多的农业产品和较低的现金投入等方面获得收益。

(三)有利于开拓国内外绿色市场,提升绿色竞争力

1.绿色生产和制造有利于开拓国内外市场

随着经济的发展,生态环境问题日益突出,农产品加工企业受到越来越严

厉的环境监管;而随着人民生活水平的不断提高,国内居民对绿色农产品及其加工品的需求已由潜在变为现实。北京、上海、广州、深圳等我国大城市已经制定了有关农产品的安全性规定。各地特色涉农产业应当抓住机遇,农工联手扩大市场供应,促进乡村绿色农业经济快速发展。在农产品及其加工品的出口方面,各地更应当积极地应对所谓的"绿色贸易壁垒",化害为利,以生态化、绿色化生产来赢得自身的可持续发展和国际市场。

2.有利于提升竞争力

当前,农产品及其加工品的市场竞争力主要表现在三个方面:一是生产成本低廉的优势,二是产品质量(它很大程度上取决于产品的绿色化程度)的优势,三是产品品种和品牌的优势。实践表明,单靠农业或者加工业,农产品及其加工品都无法获取以上三方面的优势,即使暂时获得了,也无法长久维持。以往我国的"公司＋基地"模式若脱离了"绿色",即使规模再大,产业也是夕阳产业。只有建设以"公司＋农民专业合作组织＋农户"即订单农业生产模式为基础的生态工业园区,才能做到从原料生产到产品加工、包装、运输都绿色化,做到副产品在产业间综合利用,废水废渣等循环利用,才能极大地降低资源、能源消耗,从而降低生产成本,从根本上对污染实施整治。留存农产品的天然属性,而增强产品及其加工品的质量,依靠绿色质量优势获取利润,必定能增加品种、创建品牌,从而提升产业综合竞争力。

(四)有利于绿色生产、加工、销售组织的发展

1.有利于加速克服大市场及其绿色化和小生产及其非绿色化的矛盾

通过多年的发展,国内外市场的巨大需求及其绿色化与我国农户小生产及其去绿色化之间的矛盾,正在逐步得到克服。但是,要想加速摆脱这种困境,发展生态经济,则发展涉农生态工业园是一个很好的选择,这其中的"种养加"型生态工业园以一个龙头企业为核心,通过生态经济(农业为养殖业提供饲料同时为企业提供原料、企业为牧业提供水等关键生产资源、牧业为农业提供肥料)而形成一个利益共生体。龙头企业一般具有一定的规模和知名度,向上连接原料生产基地和农户,向下连接国内外市场,形成贸工农、产加销型的产业链。龙头企业具有市场开拓能力,掌握市场对农产品的种类、规格、标准和数量需求信息,以此指导农业生产,同时通过提供水、饲料等生产要素支撑牧业生产。农户和养殖户按照购销合同和专业分工进行生产,农户将原料产品提供给企业,养殖户则向农户提供粪肥。龙头企业不仅是生态工业园的加工中心、营运中心、服务中心和信息中心,更重要的,它还是"绿色化"中

心——因企业要提供绿色产品、实行清洁生产，引导了"种养加"和"产加销"绿色化。

2.有利于促使农民提高生产的生态效率，消除环境污染

涉农生态工业园中的企业实行清洁生产并出售了绿色产品之后，它会获得绿色利润。为了稳定这种状况，企业除了会对农牧业提供环境友好型副产物之外，更会对所收购的原料提出绿色标准，符合这类标准的原料会得到较高的价格。对于农户来说，原料收购价格的升高，会促使他提供绿色原料。相应的，原料种养殖过程的化肥、农药、激素等污染物的使用量就会有下降的动力，这样，牧业或者企业提供的有机肥、生物杀虫剂等环境友好型农用物资的需求量也就会上升。如果政府再适时、循序渐进地制定节水政策、护地政策，农户生产的生态效率就会逐渐提高，农村面源环境污染就能得到消除。

3.有利于实现大企业集团引领区域生态经济建设

"种养加"型生态工业园实行的是大企业集团"内部产业系列化"，即企业横跨众多产业领域，一方面有效降低产业兴衰交替所带来的风险，另一方面起到调整区域产业结构使其趋于合理的作用。实际上，大企业集团在国家宏观和区域经济调整的政策落实方面起着枢纽作用，它一旦体会到生态化发展所带来的可持续发展的收益，就势必进一步紧跟政府政策调整自身内部产业结构，使其不断优化，继而引发全社会农业经济产业结构的生态化调整。

第二节　研究方法、结构安排和创新 ●●➡

一、研究方法

(一)理论与实证分析相结合

(1)主体功能区建设与涉农生态工业园区发展，要同时解决农业产业化和生态环境保护问题，必须发展循环经济。本研究运用生态经济理论、竞争优势理论和产业集群理论对农村经济发展与环境污染整治的共赢问题进行分析。

(2)三种理论的地位。生态效率理论是基础，竞争优势理论是生态效率理论的发展，产业集群理论进一步充实竞争优势理论，它们构成涉农生态工业园发展与建设的理论基石。

(3)理论对实际问题的解释。运用这三种理论能够解释当前涉农生态工业园发展和建设中存在的问题,并提供解决问题的方法。当前农村经济发展存在生态约束,必须运用三种理论,就涉农生态工业园的比较优势和竞争优势做一研究,以提高农村区域经济和环境竞争力。

(二)系统分析方法

系统分析方法是指根据系统论的基本原理,采用系统分析技术进行分析和评估。运用系统分析法,重在整体分析。本研究将"种养加"生态工业园作为一个整体来研究,以生态效率型组织理论分析为基础,从产业链、价值链、管理体系、政策建构等系统架构维度探讨"种养加"型生态工业园区建设进路。

(三)模型建构、定量和定性分析相结合、案例分析法

本研究在剖析基础理论问题,如分析资源环境间接服务功能只能被有限削弱、园区经济循环与低碳的冲突等问题时,建立利润增量、实物型投入产出等模型进行研究。在分析影响涉农生态工业园发展建设的各种因素时,主要运用案例分析法进行研究。在分析涉农生态工业园的发展原则、建设进路和保障措施时,采用定量和定性综合分析法进行研究。

二、研究框架和主要内容

本研究在"种养加"型生态工业园区如何建设才能有利于农村环境污染整治的框架内展开,属于区域生态经济研究范畴。进行这种安排的原因在于,我国农村种养殖及其产品加工业在国民经济中占有相当大的比重,它在吸纳劳动力就业方面也起着很重要的作用,必须持续大力发展;同时,也必须注意到,种养殖及其产品的加工业正在持续毒化土地、退化草场、耗竭水资源、污染环境和提供不安全的去绿色化农产品及其加工品,必须尽快采取行动加以扭转。进行这种安排的必然性在于,"种养加"型生态工业园区采取"种养加"共生、贸工农联动的方式实行清洁生产,提供绿色产品,在市场中具有比较优势和竞争优势;发展建设"种养加"型生态工业园是我国克服绿色壁垒的有力武器,是在当前国际贸易环境下提高我国农产品质量安全的必然选择。

(一)逻辑结构

本研究逻辑结构如图 0-5 所示。

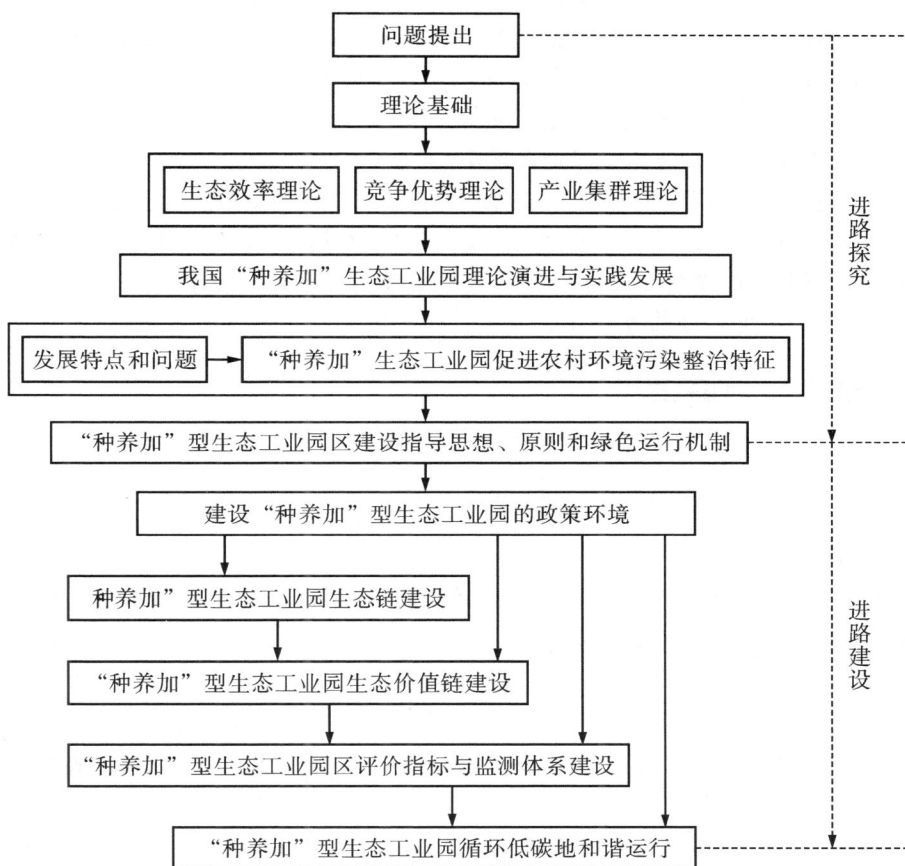

图 0-5　本研究逻辑结构

(二)主要内容

1."种养加"生态工业园建设的理论基础

本研究依据生态效率理论将生态工业园定位为大区域范围生态效率型组织,依据竞争优势理论指出"种养加"型生态工业园具有市场、效益、竞争力和政策导向等方面的发展优势,依据产业集群理论分析绿色农产品产业集群的结构和功能。生态效率理论居于主导地位。

2."种养加"型生态工业园促进农村环境污染的特征

本研究通过典型案例分析,阐述农产品加工企业、企业集团、企业所在镇可分别建设行业类、综合类和城镇型"种养加"型生态工业园区,以获得经济建设与环境保护的双赢。"种养加"型生态工业园的绿色运动力是四力综合作用的结果,政府需要在培育生态需求、强化环境保护法规、细化行政政策和规定、鼓励绿色技术创新方面制定综合政策。

3."种养加"型生态工业园建设进路

本研究认为,应当在构筑"种养加"型生态工业园的政策环境的基础上,建设"种养加"型生态工业园生态产业链,建设"种养加"型生态工业园生态价值链,建设"种养加"型生态工业园区评价指标与监测体系,积极使园区经济朝着循环与低碳和谐发展的方向转变。

三、可能的创新点

(一)理论和研究方法的创新

1.理论

本研究丰富了生态工业园研究领域的相关理论,从生态效率型组织建设的视角创新生态工业园理论体系,为农村区域环境污染整治、生态经济社会建设提供有力的理论支撑。

(1)本研究将生态工业园定位为生态效率型组织中的一种,并将"种养加"型生态工业园的建设视为区域经济社会发展的有机构成部分,是一种概念突破和研究理论的创新。

(2)"种养加"型生态工业园建设除了预防和消除环境污染外,对农业产业化发展具有引导作用,对农民稳定增收具有保障作用。本研究从生态工业园建设角度寻求解决农村污染、农业发展、农民生计问题的办法,是"三农"问题研究的新理论。

2.研究方法

本研究将环境成本价值化。在建设生态工业园的保障措施方面,将环境成本分解为补偿成本、恢复成本和避免成本,建立价值型的区域绩效考核生态效率指标。

(二)可能的创新观点和结论

通过"种养加"型生态工业园的建设来促进农村环境污染整治,是必要的,也是完全可行的。

小结

除提出问题、介绍实践背景、研究意义、研究方法、结构安排和可能创新之外,本章还重点梳理了本研究的理论背景。

发展资源节约、环境友好型生产与服务具有必要性,因为资源环境支撑人类经济活动。马克思、恩格斯指出:第一,劳动过程三要素作用的发挥有赖于资源环境为其提供服务;第二,资源环境限制剩余劳动的产生,又是剩余价值产生的前提;第三,必须改变现有的生产方式,开辟人类同自然的和解以及人类本身的和解之路。西方经济理论中,古典经济学家如威廉·配第、坎蒂隆、马尔萨斯、李嘉图、约翰·穆勒等认为资源环境是稀缺资源,是制约经济增长的一个重要因素;新古典经济学家以马歇尔为代表,认为资源环境只能对经济增长形成有限制约。现代经济增长理论中,较为重要的哈罗德—多马经济增长模型没有考虑资源环境所提供的服务的作用,舒尔茨认为土地对国民经济的贡献小到可以忽略,西蒙认为经济增长中不存在无法应对的自然资源限制。进入 20 世纪下半叶后,西方经济学界开始对这种漠视进行反思。罗马俱乐部于 1972 年出版了《增长的极限》,而 1987 年联合国发表的《我们共同的未来》强调人类必须走与自然和谐相处的发展道路。

资源环境的直接服务功能只能被人力产品或劳务有限替代,资源环境的间接服务功能只能被有限削弱。

生产与服务过程生态效率化发展具有可行性。第一,根据资源环境外部性理论,外部资源环境成本的产生与大小是能够被调控的。第二,资源环境公有制的强化与完善,能够持续减少组织的资源环境负面影响。

第一章
基础理论与启示

第一节　生态效率理论与启示 ●●➡

　　循环经济实施单元包括进行清洁生产的单个企业、进行物质闭合循环型生产的生态工业园、从事废旧物资与垃圾资源化利用的垃圾处理者，以及大区域的生态行业、生态产业等，它们可被统称为生态效率型组织。

一、生态效率及其内涵演变

　　在学术界，生态效率的概念最早由德国学者 Schaltegger 和 Sturm 于1990 年提出。1992 年，世界可持续发展工商理事会（WBCSD）将生态效率作为一种商业概念加以阐述，并于 1999 年将生态效率定义为：在提供满足社会需要，或提供能提高生活质量的竞争性定价商品与服务的同时，企业将产品与服务在其全生命周期中对生态的不利影响和对资源的使用强度逐渐降低，最终至少降低到与地球的估计承载能力相一致。世界经济合作与发展组织（OECD）将生态效率的概念扩大到政府、工业企业以及其他组织。生态效率直观的表达式为：生态效率＝产品或服务的价值/生态环境影响。
　　生态效率的基本内涵是，产品或服务价值的增加以环境影响最小化为条件，经济社会因生产服务单位生态效率化而可持续发展。WBCSD 提出的实施生态效率的七个基本原则是：(1)降低产品与服务的原料消耗率；(2)降低产品与服务的能量消耗率；(3)减少毒性物质的排放；(4)提高原料的可回收性；(5)最大限度地持续利用可再生资源；(6)提高产品的耐用性；(7)提高商品服务强度。[①]

世界可持续发展商业委员会制定了一个提高生态效率的经济战略,它包括:第一,制定指标和目标;第二,通过技术、组织模式和思考方法的创新达到目标;第三,在线监测指标并随时修改战略。这一战略实际上是使经济组织生态效率化的建设原则,它已被一些国家的政府、社区组织、个人、企业主等采用。生态效率的实施需要在两个层面上同时展开:政府需要在法律、行政、税收、金融等方面制定政策,一方面激励经济单位改善其资源环境绩效,另一方面约束污染和破坏生态环境的行为;经济单位则要在政策激励和约束下,建立起包含资源环境管理制度在内的新型管理经营模式,具体执行时可采用 PD-CA(计划—执行—检查—行动)程序。

我国有学者用实物消耗量的高低来衡量生产与服务对环境损害的大小,由此将生态效率定义为:生态效率是经济社会发展的价值量(即 GDP 总量)和资源环境消耗的实物量比值,即:生态效率=经济社会发展(价值量)/资源环境消耗(实物量)。它表示的是经济增长与环境压力的分离关系,是一国绿色竞争力的重要体现。这一定义较最初的定义而言,第一,强调生态效率的适用主体可以是国家,第二,强调环境影响或损害可以用实物与价值混合指标来衡量。

根据这一思想,可将生态效率重新定义为:它是生态环境满足人类需要的效率,这种效率仍可用投入产出的大小来衡量——产出可以是个人、家庭、企业、行业、产业乃至整个经济系统各种经济体所提供的产品与服务的价值,而投入则是其各自的环境损害。其内涵有如下三个关键内容:第一,生态效率强调以较少环境影响的投入创造较高的产品产值,将生产与服务的经济绩效和环境绩效融为一体,代表了经济与环境的双赢状态;第二,生产与服务的持续进行,以其对环境的影响持续减小为条件,由此,生产与服务成为发展与可持续发展的有力支撑者;第三,生态效率强调从产品与服务的全过程,即生命周期角度来衡量自身对环境质量所造成的影响,因而是在彻底的环保基础上的生产与服务。

宏观的生态效率可以通过双增双减来实现:增加经济增长与人类福利,减少资源消耗与污染排放。由此可以将生态效率分成四种类型[②],如图 1-1。第

---

① 岳媛媛,苏敬勤.生态效率:国外的实践与我国的对策[J].科学学研究,2004,22(2):170-173.

② 诸大建,朱远.从生态效率的角度深入认识循环经济[A].//冯之浚主编.中国循环经济高端论坛[C].北京:人民出版社,2005:181-191.

一种类型即Ⅰ型,经济增长与环境压力同步进行——传统经济增长模式;第二种类型即Ⅱ型,经济增长较快、环境压力增长较慢——当前提倡并正实施的资源节约、环境友好型经济增长模式;第三种类型即Ⅲ型,经济增长但环境压力零增长——资源节约、环境友好型经济增长模式的第一个目标;第四种类型即Ⅳ型,经济增长但环境压力负增长——资源节约、环境友好型经济增长模式的第二个目标。

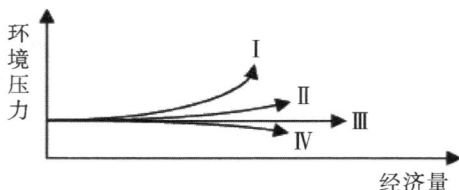

图1-1 生态效率四种类型

在减少资源消耗、缓和环境质量恶化方面,生态效率的提高将起到越来越重要的作用:第一,经济增长以环境质量提高、资源减耗为前提,经济增长与资源环境效益得到统一;第二,微观、中观与宏观资源环境经济通过生态效率得到统一;第三,提高生态效率是实施可持续发展战略的出发点和最终目标。在实践当中,较早实施生态效率行为的经济和社会组织有:(1)德国大众汽车。1999年大众汽车公司对原有某车型所有部件(除车轮之外)进行重新设计,使整个车身的材料可以循环使用,减少了车辆的废弃物和污染物,支持车辆使用到限时的简易拆卸和循环使用过程处理。这种车就是生态效率型Lupo汽车,它省油、尾气量少、价格便宜。(2)克罗地亚的Lura集团。该集团有意识地实施生态效率战略,将制奶过程产生的废水进行闭环纯化,得到的淤泥连同未成熟的肥料、树皮和锯屑等一道被加工成一种混合肥料而出售。这种生态效率战略扩大了公司业务范围,为公司带来了新的收益,为社会提供了新的就业岗位。(3)葡萄牙的Parmalat等十个公司。生产各种牛奶和果汁的全球著名企业Parmalat公司参加了WBCSD在欧洲的一个生态效率计划,和另外9家公司一同分析了水管理系统、废水减量、原材料和能源损失等方面存在的生态潜效率后,识别出80多个清洁生产、环境质量控制与维持机会,由这些机会转换成的58个具体的生态效率措施的成本收益比为1:3。(4)2004年2月,联合国贸发会议出台了衡量企业生态效率的指标体系。

生态效率同时考虑经济效益和环境效益,生态效率指标是将可持续发展的宏观目标融入中观(区域)和微观(企业)发展规划,并对区域和企业实施环境管理的有效工具。

二、生态效率型组织

生态效率组织是实施生态效率的生产和服务组织,它与传统经济组织的区别在于,该种组织能够满足居民和消费者的生态需求,满足途径是以减少资源环境影响为前提组织生产和服务,在赚取货币利润的同时不断削减其生产或服务对资源环境造成的影响。

生态效率组织具有以下几方面的内涵:第一,生态效率组织仍以获取价值利润为经营目标,但其利润构成中已扣除了部分或全部生态环境成本,利润本身不仅代表了组织与资源环境的双赢发展态势,而且其大小还表征着这种发展态势的强弱程度。第二,生态效率组织向社会提供产品或服务,只有当这些产品或服务转化为有效需求之后,组织本身的利润才有可能实现,生态效率型组织的成长与发展状况反映着一个社会的经济社会发展阶段与程度。第三,生态效率组织是以更低的环境成本换取更多、关键是更符合社会需求的产品与服务。这就意味着,虽然实现了最低资源环境影响,但如果非环境成本不够低,或者产品与服务的市场需求不够,组织不一定能赢利。换言之,组织的生态效率化不保证其经济效益的必然获得。第四,有形的主产品与无形的连产品(生态服务功能)的需求是两种需求,对它们的同时满足是保证组织赢利的必要条件。第五,由于强调生产与服务过程对资源环境影响的不断减小,生态效率组织的结构改变、规模扩张的依据,就同传统组织有所不同,其中最显著的是,组织之间的关系除了受竞争规律的支配外,还会受到共生规律的影响。

三、生态效率组织类别

(一)以农户养地节水为核心的农业生态效率组织

农户和农业生产管理者以节约资源、保护环境的方式进行生产而构成生态效率型组织。农户在生产的同时减少环境损害,主要是指:在生产中,第一,逐渐减少对化学合成的除虫剂、除草剂的使用量;第二,逐渐减少对易溶的化学肥料的使用量;第三,逐渐增加有机腐殖质的使用量;第四,采用轮作或间作等方式种植。这样做的结果,是借助自然物质循环、能量流动、生物制造和信息传递,各种农业生产所必需的自然环境因子自行调节其容量和质量,不断提高综合环境质量,包括提高支持全球人类活动的耕地质量,提高昆虫种类及数量,提高地下水、河流、湖泊、海洋等的水质、水量等。

农户在生产的同时减少环境损害的核心思想,就是不断提升土地等的土壤自净、大气稀释和水体自净能力。第一,土壤有团粒结构,并且是微生物的"大本营",当污水、有机固体废弃物进入土壤时,它们立即被土壤颗粒吸附,随即被微生物及小动物部分或全部降解,使土壤会恢复到先前状态。基于此,生活污水和易被微生物降解的工业废水可直接用于农田灌溉。第二,所有种类的气体都可以融入大气中,包括硫黄氧化物、二氧化碳和氮氧化物等。这些气体的浓度如果能够被大气稀释到足够低的程度,它们的排放就不会对环境质量造成影响。第三,水体具有自净力,其关键原因是因为水体中含有水生生物。污染物被排到天然或人工水体环境中以后,在物理、化学和水生物等因素的共同作用下,它们被分解,其中的大部分可以成为生物的食物而被同化,水质因此而得到恢复。

少用或不用化肥的农户与其管理者构成生态效率组织。环境自净力对污染物有容量要求,它对环境质量的供给不能在生态阈值(生态系统对来自自然界或人类施加的干扰的最大限度的调节能力)外进行。例如,如果污水灌溉量过大,超过了土壤自净力,污水就有可能渗入地下水和流入河流、湖泊,造成水体污染。同样的道理,化肥及其分解物对于土壤、河流与空气来说,是一种危害它们自净力的物质,化肥的不用或少用就是提高土壤、河流与空气的自净力,有助于提高环境质量。

以节水、护地等方式从事节约生产,农户及其管理者又可构成资源节约型生态效率组织。这种组织对保护水土等自然资源进而维护和建设生态环境,尤其是水生态环境而言,有着极其重要的作用。

(二)逆向物流型生态效率组织[①]

"拾破烂者"或"拾荒族"较少受到学界和理论界的关注,但是他们广泛地生活在世界各地,广泛地活动在城市和乡村。在我国,拾破烂者首先使垃圾得到资源化再利用。生活垃圾在我国大多数家庭中并没有被分类,但它们在被混合投入垃圾箱或垃圾堆之前,一些物品如啤酒瓶、包装纸板箱、饮料瓶、废旧

---

① 侯赟慧.逆向物流在企业建立生态化机制中的作用.现代管理科学[J].2004(5):108-109.

书报、废铜烂铁等,会被拾破烂者分类购买。其后,被环卫部门运去填埋、堆肥或焚烧之前,垃圾箱或垃圾堆中的"值钱"垃圾会被拾破烂者再次分类搜集。再之后,被集中到垃圾站、垃圾临时堆放点、转运站或填埋场后,出于"规模经济"效应,有用垃圾会受到拾破烂者的最后一次分拣。三次分类搜集①后,拾破烂者将已有的垃圾品分类出售给需要这些物品的企事业单位或组织。这样,通过将废弃物资源化回收,拾破烂者在得到经济利益的同时,有效地减少了最终流向自然的垃圾,保护了环境质量。

通过重新放置废弃物,拾破烂者延长了某些产品的使用寿命,提高了产品的服务强度。垃圾中存在大件垃圾,如旧家具、旧冰箱、旧电视、旧电脑甚至旧汽车等。这其中尚有使用价值的大件由固定或流动的个体旧货收购者先行购买,然后再出售,经过若干流通环节,这些"值钱"的大件最终被出售给需要它们的家庭、个人——主要是居住地区远离城市、生活水平相对较低者。尽管城乡之间生活水平的差异在逐渐缩小,但家庭之间生活水平的差异始终存在——如刚结婚的年轻人家庭与中年人家庭的差别始终是较大的,这决定了旧货市场将长期存在。

拾破烂者与废旧物品收购站实际上构成了一种组织——尽管他们之间的关系很松散也不稳定,它是"静脉产业"②的"静脉组织"。对这种组织加强管理,使之体系化、产业化,这种组织就是生态效率型组织中不可或缺的逆向物流型生态效率组织。

(三)基于"食物链"的企业共生型生态效率组织

基于"食物链"的企业共生体的典型是生态工业园,简称 EIP(Eco-industrial park)。首先对 EIP 进行系统研究和实践的是美国。1991 年,美国国家科学院召开了第一届生态工业研讨会;1992 年,美国 Colorado-based University Corporation 主办了生态工业领域的研讨会③;随后,康奈尔(Cornel University)大学的一些学者提出了生态工业园的概念;1994 年,美国环境保护署(EPA)授权有关研究单位对 EIP 的概念作深入探讨,并进行个案研究;同时,

---

① 肖玲.中国城市生活垃圾管理模式探讨[J].干旱区资源与环境,2003,17(3):65-69.

② 孙佑海.循环经济与立法研究[A].//冯之浚主编.中国循环经济高端论坛[C].北京:人民出版社,2005:136.

③ 李有润,沈静株,胡山鹰等.生态工业及生态工业园区的研究进展[J].化工学报,2001,52(3):189-192.

美国可持续发展总统委员会(PCSD)还组建了生态工业园区特别工作组。1996年10月,PCSD提出了两个颇受关注的生态工业园定义,其中之一是:EIP是为了高效地分享信息、物资、水、能源、基础设施和自然居留地等,彼此合作且与地方社区合作的产业共同体,这一共同体在客观上促使经济增长、环境质量改善、用于产业与地方社区的资源公平增加。一般认为:EIP是生态工业的实践形式之一,是一个区域系统,其中的生产或服务单位在各自实行清洁生产、减少废弃物产生的基础上,组织生产和消费过程中产生的副产品的交换,提高废物的减量化水平和资源利用效率。

在美国EPA和PCSD的支持下,在20世纪90年代,最早的一批EIP在美国出现,如表1-1所示。如今,EIP已经在全球扩展。

表1-1 世界早期EIP简介①

EIP 项目	内容、特点、涉及的行业、技术
查尔斯港口 EIP	可持续技术,自然的海岸特色
费尔菲德	现有工业区的转型,共生、废物再利用、环境技术
布朗斯维尔	废物交换和营销的区域、实际方法或虚拟生态工业园
河岸 EIP	城市和环境中的农业工业园区,生物能源、废物处理
查塔诺加	内城和原有军工制造设施的再开发,环境技术,绿色区域
绿色协会 EIP	内城,小规模绿色产业孵化器,废物再利用
普拉兹堡	大型军事基础的再开发,资源和废物管理,国际快邮服务
东海岸 EIP	以资源再生为基础,自然美化,提高能源效率
伦敦德里	小规模以社区为基础
特灵顿	现有工业区的再开发,清洁工业
Civano	商贸、住区型的新开发,环境产业,自然特色
富兰克林	可更新能源和环境技术的商贸联合体
雷蒙	幼树森林内的新园区,固体和液体废物的循环
遮荫边(shady side)	现有设施革新,小规模环境和技术产业
Skagit 县	有着支持体系和中心的新园区,环境产业
巴尔的摩	石油和有机化学品生产中的碳循环

---

① 杨咏.生态工业园区述评[J].经济地理,2000,20(4):31-35.

　　生态工业园可分为全新规划型（园区内生产与服务组织从无到有地建设）、现有组织改造型、虚拟型（基于物料远距离运输）三种类型。按照企业集中度划分，EIP 又可分为综合类、行业类等。

第二节　竞争优势理论与启示 ●●➡

一、基本内容

　　哈佛大学商学院教授迈克尔·波特（Michael Porter）于 1980 年、1985 年、1990 年先后发表了《竞争战略》（*Competitive Strategy*）、《竞争优势》（*Competitive Advantage*）、《国家竞争优势》（*The Competitive Advantage of Nations*）三部著作，从企业、产业和国家三个层面，系统地论述国家竞争优势和竞争战略，并在 20 世纪 90 年代以后，逐步完善了竞争优势理论。波特在《竞争战略》一书中主要谈的是产业结构以及产业间如何选择最有力的竞争地位，提出了企业获取竞争优势的三种战略，即成本领先战略、差别化战略、目标积聚战略。在《竞争优势》中，波特提出并系统阐述了价值链理论，提出了一个可以了解企业竞争优势来源的架构（价值链），并讨论如何提升企业的竞争优势。在《国家竞争优势》中，波特主要阐述了一国的经济环境、组织、结构与政策在产业竞争中所扮演的角色，找出一个国家可以维持产业竞争优势的因素，并根据对 10 个国家、上百种产业的历史研究，归纳出"钻石理论"，以分析国家如何在特定领域建立竞争优势和在一些产业中发挥竞争优势。波特认为，一个国家的竞争优势就是企业、行业的竞争优势，也就是生产力发展水平上的优势。

　　竞争优势被波特表述为：企业要在国际竞技场中获胜，它的竞争优势不外是以较低的生产成本或与众不同的产品特性来取得最终价格。企业要想持续这种竞争优势，就必须日复一日地提高产品的质量或服务，或提高生产效率，这些努力都直接转换成生产力的成长。由此可见，竞争优势分为两种：一种是同质商品的生产商由低成本带来的价格竞争优势；另一种是由商品差异性所带来的竞争优势。这一理论弥补了比较竞争优势的不足，成为当代国际贸易理论的核心。波特认为，竞争优势形成的关键在于能否使主导产业具有优势，优势产业的建立在于提高生产效率，在于企业是否具有创新机制和充分的创新能力。国家或某一产业整体竞争优势的获得取决于四个基本因素和两个辅佐因素（政府的作用和机遇）的相互作用和相互依赖，每个要素都会强化或改变其他要素的表现。

（一）生产要素

生产要素即一个国家在特定产业竞争中有关生产方面的变现。波特认为，生产要素包括自然资源、人力资源、基础设施、资本资源和知识资源。这些要素可以进一步分为基本要素和高级要素（推进要素）。前者是指一国先天拥有或不需要花费多少代价就能得到的要素，如非熟练劳动力、自然资源及地理位置等。后者是指需要通过长期投资和培育才能创造出来的要素，如高科技、熟练劳动力等。对于国家或产业竞争优势的形成来说，推进要素更为重要。

（二）需求条件

需求条件即本国市场对该项产业所提供产品或服务的需求如何。波特认为，国内需求对一国竞争优势的形成具有相当重要的作用。如果某种产品的国内需求较大，就会促进国内竞争，产生规模经济；如果国内消费者需求层次高，善于挑剔，品位较高，就会有利于企业不断努力，以提高产品的质量、档次和服务水平，使之在世界市场上具有很强的竞争力；如果国内需求具有超前性，那么为它服务的国内厂商也就相应地走在了世界其他厂商的前面。

（三）相关产业和支撑产业的表现

相关产业和支撑产业的表现即这些主导产业的相关产业和上游产业是否具有国际竞争力。波特认为，相关产业与支撑产业的价值不仅在于它们能以最低价格为主导产业提供投入品，更重要的是，它们与主导产业在地域范围上的临近，将使得企业相互之间频繁迅速地传递产品信息、交流创新思路成为可能，从而极大地促进企业的技术升级，形成良性互动的"地方化经济"。

（四）企业的战略、结构与竞争对手

企业的战略、结构与竞争对手是指企业在一个国家的基础、组织和管理形态，以及国内市场竞争对手的表现。波特强调，不存在一种普遍适用的企业管理体制，良好的企业管理体制的选择，不仅与企业的内部条件和所处的产业性质有关，而且取决于企业所面临的外部环境。强大的国内竞争是企业竞争优势产生并得以长久保持的最强有力的刺激。他反对传统理论关于"国内竞争是一种浪费"的认识,提出必须摒弃由政府对国内少数几个企业提供优惠以扶持其成长的政策,政府应该为社会创造一个公平的竞争环境。国内激烈的竞争可以促进企业取得持久的、独特的优势地位,也有利于推动企业向外部扩张,占领国际市场。

(五)政府的作用和机遇

政府的作用和机遇即政府通过政策影响前面提到的其他四个基本要素,从而创造竞争优势。机遇包括基础科技的发明创新、传统技术出现断层、生产成本突然提高、全球金融市场或汇率的重大变化、全球区域市场需求剧增、外国政府的重大决策以及战争。这些要素相互影响、相互加强,共同构成一个动态的有利于创新的竞争环境,由此产生出具有国际竞争力的产业和企业。

以上六类因素相互影响、相互作用,任何一个要素的变动都会对国家整体竞争力产生影响。但是,这种稳定是一种动态的稳定,随着需求状况和投入要素状况的改变,企业以及相关支持性产业会调整自身发展战略,以期和变化的需求状况和要素投入状况进行匹配。同时,政府的政策取向和发展机遇也会对要素的框架结构产生作用,在变化中推动关键要素走向新的稳定和平衡。

二、理论启示:"种养加"型生态工业园具有满足生态需求的竞争优势

"种养加"型生态工业园提供绿色农产品及其加工品。绿色农产品产业是一个涉及面广大的工程,自然资源条件、产品的竞争力、企业的实力以及政府政策的好坏,都直接对该产业的发展起作用。这就要求在分析绿色农产品产业时,不能局限于某一要素,而是要将这些因素有机统一起来综合考虑。波特的竞争理论有效地解决了要素组合的综合竞争力问题,是可借鉴的工具。

(一)市场优势

马斯洛的需求层次理论向我们展示了人的需求是从低层次开始的,并且,只有当低层次需求被满足后,才会向高层次的需求发展。我国的绿色农产品消费需求也基本是这样。对于大多数城乡居民而言,与当前收入或消费水平相适应的需求是对绿色农产品的需求,它的竞争优势明显。例如,就有机农产品市场而言,据调查显示,其消费量在近 20 年保持了 20% 的增长率。世界粮农组织的文件指出,截止到 2006 年,世界有机农产品市场规模已经达到 400

亿美元。预计到 2010 年,全球有机食品的消费市场将达到 1000 亿美元。有机农产品已经成为发达国家的消费主流。[①]

(二)竞争力优势

(1)安全质量标准优势。一般情况下,绿色农产品比传统农产品的安全质量保障要高,即使价格高一些,消费者也愿意接受。一个反面的例证是,一段时间,新疆米泉大米的市场销售量急剧下降,其原因是大米生产种植环境恶劣,产品质量没有保证。

(2)环保优势。指绿色农产品具有的保护环境因素决定的环保优势。随着公众环境意识的增强,可持续发展已经成为世界的共识,消费者在购买产品时,不仅重视产品的价格、质量、服务,也十分关注产品对环境的影响。发达国家对进口产品不断制定与环境有关的新规定,限制或禁止不利于环境保护的产品进口,已成为产品竞争力的重要内容。绿色农产品环境竞争力将随着人们环境意识的提高而越发显现。

(3)消费者接受程度的优势。在收入水平一定的前提下,绿色农产品占同类产品的比重变化代表消费者的接受程度及绿色农产品的竞争力。例如新疆天康公司使用绿色饲料作为猪饲料,其猪肉价格虽比普通猪肉高出 1/4～1/5,但天康肉是乌市购买猪肉的多数家庭的首选。

(三)政策导向优势

(1)国家政策支持。国务院关于促进农民增收的原则是:各级财政要安排支持农业产业化发展的专项资金,较大幅度地增加对龙头企业的投入。对符合条件的龙头企业的技改贷款可给予财政贴息,对龙头企业为农户提供培训、营销服务以及研发引进新品种新技术、开展基地建设和污染治理等,给予财政补助。在讲到扩大优势农产品出口时提出:要进一步完善促进我国优势农产品出口的政策措施。外贸发展基金要向促进农产品出口倾斜,主要用于支持企业研发新产品新技术、开拓国际市场、参与国际认证等,扶持出口生产基地建设。鼓励和引导农产品出口加工企业进入出口加工贸易区,为我国农产品出口创造有利环境。

(2)各地区政策支持。与国家的政策相配套,各地区也相继制定了加速发

---

① 许海清,杨丽华.对扩大我国有机农产品生产和出口的思考[J].经济论坛,2009
(3):20-21.

展的扶植政策。例如新疆,早在其"国民经济和社会发展第十个五年计划"中,就提出要在三方面加强环境污染整治。"生态建设与环境保护重点专项规划"指出:要将农业开发的重点放在内涵发展上,综合治理盐碱,改造中低产田,把有机农业和无机农业结合起来,走生态农业的发展道路。"有效防治农业环境污染"指出:要减少化肥污染的关键在于科学合理地使用化肥,要进一步开展测土配方施肥,增施有机肥料,改良土壤,培肥地力,保证食品供给的环境安全,发展有机食品和绿色食品;在农药污染的防治方面,一是加强农药安全评估,推广高效、低毒和低残留化学农药,支持使用生物农药,做到农药的合理调配;二是制定一些安全用药的规章制度,并严格执行;三是要综合防治病虫害,采取深耕细作,合理施肥,合理密植,选用抗病虫害的作物品种,加强田间管理,以及开展生物防治等有效措施,减少农药使用。要引导乡镇企业向城镇集中,通过建立工业园区,实行工业污染集中控制。[①]

第三节　产业集群理论与启示 ●●➡

一、产业集群研究的基本思想

(一)产业集群概念的提出

关于集群的研究,最早可以追溯到马歇尔。阿尔弗雷德·马歇尔(Alfred Marshall)曾在《经济学原理》一书中讨论过特定产业地点的外部条件问题,运用"外部经济"的观点对集群问题进行了探讨。马歇尔发现,一些主要依赖工匠技能的特定产业部门在特定地区积聚,有利于提高生产效率。他将这种产业积聚区域称之为"产业区",并把这种特定产业对特定地区的依赖称之为产业的"本地化"。区域经济学家韦伯(A.weber)最早提出聚集经济的概念,他在分析单个产业的区位分布时首次使用聚集因素(agglomerative factors),他在1909年出版的《工业区位论》一书中把区位因素分为区域因素(regional factor)和积聚因素(agglomeration factor)。在高级积聚阶段,各个企业通过

---

① 龚奕丹,覃志彬.新疆确定环境保护和生态发展目标任务[EB/OL].http://www.xjdaily.com.cn/news/xinjiang/313434.shtml.

相互联系而形成的地方工业化的组织就是企业集群。他认为,企业集群式发展之所以成功,主要取决于四个因素:一是集群强化了技术设备专业化的整体功能;二是集群强化了劳动力市场的优化配置和使用效率;三是集群大大地提高了批量购买和出售的规模,得到更为低廉的信用,甚至消灭中间人,降低了交易费用;四是集群发展可以做到基础设施共享,减少经常性开支成本。在早期的产业集群研究中,学者大多把研究重点放在对经济地理现象的关注上,揭示的是企业在地里空间上的积聚这种集群的外在表现形象,而对产业集群作用机理、政府政策的关注以及实证研究还有所欠缺。

(二)理论内涵

美国学者迈克·波特(Michael Porter)在《国家竞争优势》一书中,认为产业集群(industrial cluster)是指在某特定领域中,一群在地理上邻近、有交互关联性的企业和相关法人机构,以彼此的共通性和互补性相联结而形成的共同体。大量产业在某一特定领域或地区积聚(通常以一主导产业为主),借此可形成强劲、持续的竞争优势。他是通过对国家竞争优势的考察发现,绝大多数国家,其成功的产业都是由产业集群组成的,而非孤立的个体。在企业集群内,企业的合作与适度竞争是该集群内单个企业与整个企业集群保持活力与竞争优势的决定性因素。国家和地区通过产业政策推动产业集群的发展,是为了加强和巩固国家在某一领域或产业的竞争力;企业加入产业集群,是为了获取外部的溢出效应。

产业集群有以下几个含义:产业集群是指集中于一定区域内、众多具有分工合作关系的企业与各种相关机构、组织等行为主体,通过合作竞争关系联系在一起的经济现象;产业集群是某一产业产、加、销各种相关行为主体的经济系统;产业集群存在和发展的核心是特定的具有地方特色和优势的产业;一个国家或地区的优势产业集群是有限的;产业集群的形成对一个地区的经济发展起到较大的推进作用。

二、产业集群产生的条件和分类

(一)产业集群产生的条件

1.特殊的资源禀赋条件

独特的地理位置或自然资源条件是产业集群产生的资源要素条件,也是早期自发形成的产业集群的根本依托。如早期中国的景德镇、英国的斯塔福德郡形成陶瓷产业集群,得益于本地特有的优良黏土;在我国第一个崛起的甜菜糖业集群——东北甜菜糖业,得益于黑龙江、吉林得天独厚的水土光照条件。

2.市场需求

市场需求是产业集群产生的根本推动力。我国居民家庭对食用番茄酱算不上有太大热情,但欧、美、日及中亚居民生活对番茄酱有极高的依赖度,正是这种依赖所形成的旺盛市场需求催生了我国番茄酱加工业,其贸易量已经达到世界总量的1/3强。[①]

3.供应商及其他相关产业的催化

相关产业的支持和推动是产业集群产生的催化剂。例如,对一个农产品加工企业而言,其相关产业离不开高校、研究所等服务业。我国当前的农产品加工业正处于农业产业链深化和延长阶段,各加工企业正在同高校、农科院等单位展开深入合作,研发内容已经从早期的生产工艺设计、设备选择,转向分子生物学、基因工程等高技术领域。这些科技产业的融入,将有力地提升农产品的附加值,有利于贸工农的联合共赢,从而促进区域产业集群的形成。

4.政策导向和竞争战略的需要

国家的宏观环境与制度,以及有目的的规划与培育,可以影响集群的产生和成长。市场国际化下,地方政府的作用日益加强,培育和加强区域产业发展优势是各国普遍的做法和经验。例如,经过近 10 年的知识产权战略推广,我国初步完成了粮、棉、果、畜基地布局建设,大大增强了各地"种养加"产业集群发展的持续力和竞争力。

(二)产业集群的分类

按照产业集群产生的内在动力,可将产业集群划分为政府推进型、市场需求型、核心企业型和资源依托型。

(1)政府推进型。这种产业集群是依靠政府导向和政策推动而形成的产业集群。目前很多国家和地方政府越来越重视政府在产业集群的形成和发展中的促进作用。例如新疆各地区的工业园都是在政府的规划部署下,依据当地自然、经济和社会条件,为实施优势资源转化战略而兴建的。企业大都受

---

① 司明泊.新疆红色产业之——番茄产业发展分析[J].农产品加工业,2009(1):30-31.

"厂房租金减免、税收优惠"等政策的吸引而入园,逐渐形成产业集群。

（2）市场需求型。源于市场经济内在发展需要,产业集群由生产商自发建设而成。如吐鲁番地区并不适合种植酿酒葡萄,当地政府也无意发展葡萄酒产业,但该地区汇集了驼铃酒业、新葡王酒业、楼兰酒业等一批企业,形成了葡萄酒产业集群。究其原因,是因为"吐鲁番"这三个字世界知名,酒企看重这一无形品牌,在该处生产的葡萄酒比别处的更显历史感和正宗性,便于营销。

（3）核心企业型。当某地因某种原因出现了一家关键性企业,就会产生"第一粒种子"效应:没有人能准确预测出第一粒树种何时会落于何地,但只要该树种入土,它就有可能长成一片森林。当某地因某种原因出现了一家关键企业,该企业因某种原因衍生出相同或生产相关产品的企业,或因产业联系而吸引供应商向该地积聚,并达到了最初的关键多数时,就意味着形成了某种产业集群的雏形,而该关键性企业则是这一产业集群诞生的标志。

（4）资源依托型。这种产业集群的形成是依赖特殊的自然资源条件,形成当地的特色产业集群。如新疆库尔勒地区的北四县地处开都河、孔雀河流域,适合番茄、辣椒、向日葵、甜菜、白菜等农作物生长,该区域也就相应地汇集了番茄酱厂、辣椒厂、制糖厂等一批大中型企业。

三、产业集群的作用

（一）一般产业集群的作用

产业集群在提升群内企业竞争力上具有重要作用,这种作用主要体现在三个方面。第一,集群内企业通过相互学习和创新,降低创业门槛,同时获得知识外溢的效应;第二,集群的产生对负面效应有很好的规避作用;第三,集群内企业通过合作竞争,使资源得到整合,获得组织效应。

（1）学习与创新。外界向集群输入劳动力、信息、原材料、资金,集群内的企业则通过学习与创新来分享市场、技术、劳动力与信息等资源,并通过群体学习和知识外溢,降低创新风险。例如,新疆昌吉地区的昌通食品公司其实是糖厂、番茄酱厂以及酒精厂的复合体,制糖为酒精生产提供原料、为酱厂提供动力,它们的产品都为"昌通"牌。在原料种植期,糖厂和酱厂则共同协商同农户签订收购合同。因三厂共用技术中心,技术人员信息沟通频繁,技术不断创新,如酱厂的闪蒸提浓就源于糖厂的蒸发工段生产经验。

（2）规避负面效应。在规避低质量产品驱逐高质量产品方面,产业集群可起到自律组织的作用。无论是集群内的企业还是集群外的企业,只要以本地区名义实施以次充好的市场欺诈行为,损害的都将是整个地方特定产业集群的利益,任何集群内的企业都会对此做出积极的规避措施。

(3)集群内企业的竞争与合作。集群内的企业可以在合作的基础上,自主选择合作模式、合作项目进行品牌等资源整合,协调运作,从而提高产业竞争力。

(4)企业对集群效应的评价与反馈。集群内的企业通过评价企业的绩效、合作竞争的效果,对集群的利弊进行评价和反馈,感受集群内的放大效应,巩固企业集群的自主行为。如中粮集团在新疆的主业是制糖和番茄加工,并在焉耆和昌吉这两个地区形成了地方产业集群,具有较强的社会影响力。当地政府都将中粮集团视为地方的创收大户,集团因而在每年甜菜和番茄播种事宜方面,如播种面积、原料收购价格上有较大的话语权。[①]

(二)对"种养加"产业集群建设的启示

1.绿色农产品加工产业集群的动力机制

绿色农产品产业集群的优势来自产业链上纵向分工的优势整合。第一层次为生产环节,包括原材料供应企业(生产基地)和初级加工企业;第二层次为以龙头企业为核心的深加工环节,包括提供服务的厂商、机械设备以及金融机构和相关产业的厂商;第三层次为流通环节,包括营销网络和现代物流的供应商;第四个层次为政府及相关组织机构及其他提供专业化训练、教育、信息、研究和技术支援的机构。因此,产业链的要素及政府提供的制度安排等都是影响绿色农产品竞争力的要素条件。

2.绿色农产品加工产业集群综合竞争力的表现及构成要素

绿色农产品加工由于其自身的安全、营养,反映人与自然和谐相处等特性,在管理体制、技术创新、产品质量及市场开拓能力方面表现出比其他同类农产品更高的竞争力,包括以下四个方面:(1)政策扶持与管理体制保障竞争力。例如,自2000年开始,我国环保部门加强了对企业清洁生产的要求,并于2003年正式实施清洁生产促进法,并针对制糖生产规定了"制糖企业不对生产酒精的废液进行有效治理而排放,酒精生产就必须停止"。目前能够生产酒精、能够利用废蜜盈利的糖厂数量有限,它们都下大力气建造了污水治理车

---

①　新疆维吾尔自治区发展和改革委员会.昌吉州召开加工番茄、甜菜产业对接会.ht-tp://www.drc.gov.cn.2010.5.28.

间,而余下的糖厂只能变卖废蜜,相对来说损失就较大。(2)技术创新与产品质量竞争力。例如番茄加工业,虽然企业数目庞大,但能够将番茄"吃干榨尽"获利颇丰的是中粮集团,原因在于,通过发明番茄红素提取技术,中粮集团能够最大限度地利用生产过程中的副产物变"废"为宝;相应地,中粮的番茄酱产业就具有了因多种经营而获得的价格竞争优势。(3)分工协作与生产链整合竞争力。电厂往往能成为产业集群的关键结构单元,如某县工业园区中的电厂为其周边的农产品加工企业提供生产用气,在为别的企业减少锅炉建设投资的同时,也很好地解决了自身废气的再利用问题,提高了区域产业的竞争力。(4)国际国内市场营销竞争力。"种养加"型产业集群有利于孕育绿色农产品生产、加工和销售链,有利于克服绿色贸易壁垒,有利于产品在国际国内高端市场营销。如我国啤酒中的许多绿色品牌已经统一归丹麦嘉士伯集团经营,大大提高了原品牌相对于其他品牌在所在区域的市场竞争力。

第四节　三种理论在涉农生态工业园发展中的地位 ●●➤

一、三种理论在演进上互为条件

(一)生态效率理论可追溯到土地与自然力差异对农业产业影响的分析

生态效率思想的发展脉络是,从认为生态环境决定、影响、限制经济活动,演变到认为生态环境同经济发展要双赢。

18世纪魁奈认为,因为只有农业部门才能提供纯产品,所以只有农业部门是生产部门,社会财富的真正源泉是农业,是土地和自然力综合作用的结果;马尔萨斯认为,人口增长之所以成为问题,是因为农业生产率的增长跟不上人口增长的步伐。在资源环境差异对经济活动的影响方面,被马克思冠以"政治经济学之父"的威廉·配第,最早将地租概念引入经济学分析;其后的亚当·斯密认为土地的功用是"无代价"的;萨伊提出生产的三要素是劳动、资本和土地;马克思认为地租是以某些人对某些地块的所有权为前提的;后来的地租或有关地租理论将"资源环境要素对生产的贡献命题",转换成了经济单位对土地产权的排他性占有命题,这一命题最终在 20 世纪被庇古、科斯等人发展成为"关于交易成本和产权的学说"并被用于资源环境产权配置,以期使经济活动的外部成本内部化。

20 世纪 60 年代,西蒙·库兹涅茨在研究现代经济增长理论时,发现经济增长与评价生活质量水平的指标呈倒 U 形;也就是在这一时期,标志着资源环境问题被广泛体会和认识的经典作品《寂静的春天》面世。罗马俱乐部首次系统研究了经济增长与资源环境问题,于 1972 年出版了《增长的极限》,认为要解决环境资源问题,经济就只能"零增长"。

也是在 1972 年,联合国在斯德哥尔摩召开了人类环境会议。随后,联合国在其教科文的自然科学政策研究部门开始研究构建一种自然资源、生态与环境可以支撑的社会持续发展模式。1980 年 3 月 5 日,联合国向全世界呼吁,"必须研究自然的、生态的、社会的、经济的,以及在利用自然资源过程中的基本关系,确保全球持续发展";同年,世界自然保护联盟发表了《世界自然保护战略》,首次提出了可持续发展的概念。

1987 年,以挪威首相布伦特兰(G.H.Brundland)夫人为主席的世界环境与发展委员会(WEDC),向联合国提交了《我们共同的未来》,正式提出了可持续发展的设想,其中包括"经济、社会、环境与生态协调发展原则"、"现代生态型生产原则",以及这两个原则的具体实现途径:一是"高产低耗的工业生产策略",二是"通过提高能效和节能,把一次能源浪费减少到最低限度,同时防治污染"。这些内容既表达了经济与生态环境可以相容发展的宏观思想,也指出二者可以在微观具体生产组织中并行不悖。

1992 年 6 月,在巴西里约热内卢召开了联合国环境与发展会议(UNCED),会议通过了《里约热内卢宣言》、《21 世纪议程》等,标志着可持续发展思想获得全球共识。世界可持续发展委员会在这次大会上递交了《改变过程》,正式提出"生态效率(eco-efficiency)"概念:在生产和服务过程中,资源利用、工业投资、科技发展力争做到工业附加值最大而资源耗费、环境污染最小。

(二)竞争优势和产业集群理论需要绿色发展条件

自亚当·斯密提出绝对优势理论以来,围绕着如何促进产业发展的研究从来没有停止。绝对优势理论论证了有利的自然禀赋会通过自由贸易引起国际分工,从而提高劳动生产率;比较优势理论补充解释了资源技术落后的国家也能参与国际贸易并且从中获利;赫尔谢尔—俄林理论将资源的范围扩展到资本、技术等企业内生资源,指出不同要素投入形成不同的产业特征;"二战"

后的新贸易理论流派众多,尽管侧重点不同,但各理论都将考虑问题的基点放在要素的竞争力上,包括要素的生产率、价格和差异性等。这些研究都是假设要素使用质量相同时的产品竞争力分析,更确切地说,是在要素之上对产品竞争力的一种更完全的描述。进一步的研究发现,关联产品也会对某一产品的竞争力形成影响,从而使替代产品或互补产品的研究成为必要,并进而发展为产业集群理论,它突破了将研究对象局限于某一产品的思想,将研究范围扩大到了整个产业。在此基础上,波特提出了竞争优势理论,他将前者的要素、需求条件及产业集群予以综合,引入了企业的经营战略等概念,并认为是政府将这四者有机地结合起来,从而使整个产业的竞争力得以提升。

波特将政府作用引入经济学研究中,实际上也就将保护环境、促进经济与生态协调发展的理论引入竞争优势理论中。因为加强对公共物品尤其是对生态环境的保护,大力发展循环经济,提高可持续发展能力,已成为各国政府的基本职责。

二、三种理论在研究内容上各有侧重,相互融合

(一)要素研究方面

要素理论是最早引起经济学家注意的一个研究领域。早期研究将产品同质化,认为产品出口优势来源于劳动率提高导致的产品实际成本低(绝对优势),或因产品的机会成本低(比较优势),或因要素富足引起的要素价格低进而导致产品成本低(要素禀赋论),资源由此成为国家发展的关键要素,对资源的开发和掠夺组成了经济和政治主旋律。而传统意义上的资源获得不是无限的,它总会枯竭,优势理论的长期有效性受到质疑。

竞争优势理论认为生产要素是组成竞争优势的一个方面,并进一步指出,除了在天然产品或农业为主的产业以及对技能要求不高或技术已经普及的产业外,初级生产要素的重要性已经降低,一个国家想要通过生产要素建立强大且持久的竞争优势,必须发展高级生产要素,这主要包括现代化的基础设施、高等教育人力、大学研究所等。同时,初级生产要素的数量与素质是创造高级生产要素的基础。

资源环境经济学的奠基人约翰·克鲁梯拉(John Krutilla)在 1967 年将稀有生物物种、珍奇景观、生态系统等定义为"舒适型资源",并指出,这类唯一

性资源的提供的服务是不可替代的。① 从功能上看,由于"舒适型资源"提供的服务是自然资源环境直接作用于人的生理和心理的结果,不需要或基本不需要社会生产活动的参与,因此,将"舒适型资源"提供的服务定义为资源环境的直接服务。Joseph J.Seneca 和 Michael K.Taussig 将对资源环境直接服务功能的需求表述为对环境质量的需求。② 效用替代理论认为,社会产品和劳务可以替代资源环境所提供的直接服务。③ 而根据环境库兹涅茨曲线(EKC)理论,资源环境的直接服务功能只能被人力产品和劳务有限替代。

(二)产品与市场研究方面

竞争优势理论将产品和市场归结为需求条件,并将需求作为产业冲刺的动力,认为它是竞争优势来源中除了生产要素之外的第二个关键要素。国内市场的需求会刺激企业的技术改进和创新,因此,即便是需求结构相似的国家,依然存在着各自特有的需求特点,而正是这些需求的差异之处,使不同国家和地区在不同的产品或产业上具备了不同的竞争优势。

在这方面,生态效率理论研究绿色产品和绿色消费市场问题。世界市场需求的一个不可忽视的变化趋势,是消费者尤其是发达国家消费者对绿色产品和服务的需求量正在逐渐增大。随着各国经济的快速发展,人民生活水平不断提高,人们的健康、环保意识持续增强,个人生态需求也将会有比较大的增长。表现在市场需求上,就是绿色产品和服务将逐渐替代非资源节约和非环境友好型产品而成为市场需求的主流。提供绿色产品和服务,就是从节约资源、控制污染、保护环境的角度出发,并以此为前提条件,通过市场研发、清洁生产、绿色销售和服务来满足市场的绿色消费需求。随着社会民众的生态意识逐渐觉醒,不追求和提高生态效率,生产与服务单位就无法在市场上立足。

(三)企业研究方面

竞争优势理论中,企业战略、企业结构、同业竞争等共同组成竞争优势的一个部分。企业的目标、战略和组织结构往往随着产业和国情的差异而不同,这些差异条件的最佳组合构成了企业的竞争优势;同时,来自本国竞争者的压

① 马中主编.环境与资源经济学概论[M].北京:高等教育出版社,1999:9.
② 窦学诚.环境经济学范式研究[M].北京:中国环境科学出版社,2004:61.
③ 姚志勇等.环境经济学[M].北京:中国发展出版社,2002:3-12.

力会使企业时时有落后的忧患意识和超前的欲望,推动企业走向创新。

生态效率理论中,企业可持续发展战略引领的生态效率化构成企业竞争力一个不可或缺的方面。第一,生态效率化的过程就是降低物质消耗的过程,就是降低生产和服务的实物成本的过程,因而是提高产品与服务的市场竞争力的必选途径。第二,生态效率化才能高效率地规避环境风险。面对环境风险,生产或服务单位必须建立起绿色化机制,不仅要预防环境污染、环境损害的发生,而且要积极主动开展从绿色采购开始到逆向物流结束的绿色经营。这种机制的运行基础,就是环境管理体系或制度。第三,生态效率化才能开拓国际市场。为了遵循世贸组织制定的绿色贸易规则,免遭贸易制裁,同时也为了提高产品与服务的竞争力,开拓国际市场,所有要"走出去"的单位必须生态效率化,而进行环境管理体系认证则是实现生态效率化最基本、也是最关键的起点。

(四)产业研究方面

产业集群理论认为,相关支持性产业有可能发挥群体优势,产生互补产品需求拉动效应,构成有利的外在经济和信息环境;发达而完善的相关产业的发展,不仅关系到主导产业降低产品成本、提高产品质量,而且使企业间迅速传递产品信息、交流技术,促进企业技术升级,从而形成竞争优势。

与产业集群理论相对应,生态效率理论强调在一定区域内构建基于副产物相互利用,以此实现清洁生产的产业共生体,并将其称之为生态工业园。在生态工业园中,各产业彼此免费使用对方的"废弃物"作为生产要素,实际上也是免费为对方处理"三废",园区各产业的环境治理成本相比于非园区型产业达到较低,从而形成绿色竞争优势。

三、三种理论有机结合的重要作用

(一)生态效率理论发挥主导作用,居于核心地位

鉴于"种养加"生态工业园研究的复杂性,本研究更多地运用生态效率理论,它是本研究所采用的显性理论,居核心地位;在涉及研究的各关键要素时,运用其他有关理论进行阐述和认证,这些理论相对来说是隐性的,居辅导地位。这是由以下两个方面决定的。

首先,涉农生态工业园建设涉及面广,从资源环境要素到产品市场,从龙

头企业到农户,政府的因素更是必须考虑。在这方面,生态效率理论将所有关键因素都包括了进去,为涉农生态工业园发展建设提出了一个全景式的解决方案。

其次,由于生态效率理论具有全局性,它不可能将所有细小问题都考虑进去,但问题是这些细小问题可能会对某一关键要素起决定性作用,故又需要运用其他相关理论来论证。这种分析方法是局部的,适用对象是特定的。

(二)产业集群理论是企业、地方和国家实现生态效率的依托

产业集群理论对企业、地方、国家生态效率的提高主要表现在三个方面:

1.产业集群可以放大企业的生态效率

产业集群可对企业生态效率起到放大效应。首先,产业集群会使大量的专业劳动如环保劳动集中在一个地区或行业,培养出优秀的环保专业人才,而大量环保专业人才的汇集必然会带动一个地区环保产业的发展;第二,产业集群可以充分利用环境保护信息资源,减少信息在传递过程中的损失,降低交易成本提高决策效率;第三,通过产业集群可以使政府对生态产业的发展给予更多的关注和支持,为相关企业创造更好的投资环境、市场环境以及自然环境。

2.产业集群会放大相关产业的生态效率

一个产业绿色化发展,需要很多相关产业(包括平行的和上下游的)为其提供绿色原材料和服务,当该产业绿色化发展时,其相关产业的绿色化程度必然会得到提高。

3.产业集群会促进产业绿色化升级

当产生产业集聚时,政府对其关注程度必然不断提高,产业受重视的程度得到增强。受重视的程度增强,意味着政府投资增多,其中包括对人才培养工作投入的增多,这会吸引更多的优秀人才加入进来,以此不断增强产业集群的实力。一旦产业集群形成,集群内部的各个企业会形成互助关系。一群企业在彼此牵连的关系中目标一致地投资科技、信息、基础设施和人力资源建设,必然会促进产业的升级,这里自然包括产业的绿色化升级。

(三)从本土化到国际化竞争理论为涉农生态工业园发展指明了方向

在经济全球化和市场国际化的大背景下,市场营销的国际化竞争步伐也在加快。发达国家实施绿色贸易壁垒的强度日益提高,对从中国出口的农产品设置了越来越高的绿色门槛。要进入和占领国际市场,就要提高进入壁垒

的能力,就要不断提高企业的管理水平、安全质量标准,就要与世界认证制度与认证标准接轨,从根本上冲破绿色壁垒,走出本地区、本国的局限性,走从本土化到区域化再到国际化的道路。

本土化和国际化是相辅相成的,没有本土化,国际化无从谈起;反之,如果没有国际化理念和标准管理下的绿色农产品或服务作引导,本土化也就失去了方向。企业一方面要在本国范围内进一步拓展市场的广度和深度,在本国、本区域内培养竞争优势,扩大市场份额,提高企业竞争能力;另一方面要在出口国实现本土化,取得本土化成功后再向区域化发展。区域化是若干本土化的集合,是向国际化发展的前期准备,也是更大范围的本土化。我国绿色农产品市场营销在相当长时期内要加强本土化的建设和发展,在取得国内区域竞争优势后,再向国际市场拓展。只有以全球化、国际化的发展眼光对待绿色农产品产业的长远发展,我国"种养加"型生态工业园建设才能得到创新,才能融入到世界经济的绿色发展浪潮中去。

本章小结

追求生态效率起初是资源环境与经济社会发展关系理论在微观工业经济领域的反映,但在实践当中,生态效率理念已经构建了多种中观甚至是宏观层面的生态效率组织,其中就包括着眼于提高效益同时又消除农村环境污染以实现可持续发展的农业生态效率型组织。

Michael Porter 竞争理论中的钻石模型有效地解决了要素组合的综合竞争力问题,其理论启示是:"种养加"型生态工业园具有满足生态需求上的竞争优势,即具有绿色市场(包括农村原料市场)、绿色竞争力、政策绿色导向等优势。

Alfred Marshall 开启的产业集群理论认为,集群内企业可获得知识外溢效应,对负面效应有很好的规避作用,可获得组织效应。其启示是:绿色农产品产业集群的优势来自产业链上绿色纵向分工的优势整合,这种整合确保产业集群获得政策扶持与管理体制保障竞争力、技术创新与产品质量竞争力、分工协作与生产链整合竞争力、国际国内市场营销竞争力。

三种理论在演进上互为条件,在研究内容上各有侧重又相互融合。这种有机结合的重要作用表现为,生态效率理论在研究过程中发挥主导作用居于核心地位,从本土化到国际化竞争理论为涉农生态工业园研究指明了方向。

第二章
"种养加"型生态工业园
促进农村环境污染整治

　　我国原生态的生态效率型组织发展理论主要有生态企业理论和工业企业生态工程理论。对它们的概念、内涵及其演变与实践过程进行考察和梳理,是确定我国生态效率型组织发展主体战略的必要前提工作。生态工业园本质上是区域循环经济,"种养加"型生态工业园实质上是乡村"贸工农"型循环经济。

第一节　生态企业理论

一、起源、概念与内涵

　　1991 年 10 月,在联合国工业发展组织提出"生态可持续发展"概念的同时,在我国江西宜春市召开了"全国城市生态经济结构与生态企业问题研讨会"。① 就生态企业,当时参会的来自全国 15 个省区、22 个城市的代表提出了两种定义。一种是:城市生态企业是城市生态工业的基础单元和细胞,是一个企业按照生态工业规划的要求,运用生态经济学原理,实现物质的良性循环和能量的充分利用,使企业成为具有无废料或少废料工艺,少投入、少耗资源和能源、少污染而又多经济产出的现代化的生态经济有机整体。另一种是:模拟生态系统原理而建成的生产工艺体系在工业上的应用就是生态工业,这样的

―――――――――――――

　　① 高岭.全国城市生态经济结构与生态企业问题研讨会综述[J].经济学动态,1992 (2):18-20.

企业就是生态企业。第一种定义着眼于生态企业需要具有生态保护型的生产方式,第二种则是一种方法论,即通过内部的物质和能量循环利用,企业可实现生态化。可见从一开始,生态企业就探究企业和环境共赢的生产方式及其实现途径。围绕这一主题,近15年来,生态企业内涵主要在以下几个方面发生着演变。

(1)生态企业的生产方式:从一开始认为是在企业中采用少废或无废料工艺,发展到认为是在企业中实施清洁生产,即把整体预防的环境战略持续应用于生产过程、产品和服务,发展到当前认为生态企业生产方式的本质与核心是清洁生产,这种通过在企业内部实现循环经济而获得的清洁生产,可以向自然界排放少量剩余物或废弃物——前提是它们必须可迅速被自然界自净或被微生物吸收和利用。[1][2]

(2)生态企业的环境管理:从一开始认为是对达标污染负荷率、污染物排放达标率、可绿化面积的绿化覆盖率等指标进行控制和管理,发展到目前认为是在企业内建立国际通行的环境管理体系,除了使用环境管理体系对环境进行直接管理外,生态企业环境管理还包括对环境进行间接管理。这种间接管理的核心内容是采用清洁生产工具,包括清洁生产审计、生态设计、生命周期评价、环境会计、环境经营战略、清洁采购、环境标志、环境情报公开、环境观念、逆向物流等。[3][4]

(3)生态企业的组织结构:一种是单一行业型企业组织结构,另一种是通过产权联系或长期稳定的合同关系构成的、能够做出统一生产决策的企业联合体,即企业集团型的组织结构。当前认为,相对于前者垂直的分级机构,企业集团中跨行业甚至跨产业水平设置的公司或部门,除同样具备结构上的稳定性外,还具有前者所不具备的组织上的弹性,尤其是竞争性。[5]

综上,完整的生态企业定义可以表述为:生态企业是一个能够做出统一生产决策的生态经济有机整体,它运用生态学的物质循环原理、物种共生原理和系统工程的优化方法,通过建立环境管理体系和采用清洁生产工具,以内部循

---

① 蒋文莉.生态企业的基本要求和建设措施[J].生态经济,2000(11):54-55.

② 王瑜.可持续发展与企业生态化[J].计划与市场,2000(8):29-30.

③ 李冬.日本企业环境管理的发展[J].现代日本经济,2001,118(4):33-36.

④ 王倩,邹欣庆,葛晨东等.生态示范区内生态工业建设模式探讨[J].长江流域资源与环境,2001,10(6):517-522.

⑤ 戴锦.生态工业园发展模式与政策问题探讨[J].生态经济,2004(1):36-39.

环经济为基本特征进行生产,以绿色经济核算为基本手段,立足于生态可持续
发展。

二、生态企业理论建设

在 1991 年的生态企业问题研讨会上,针对建设生态企业,当时与会代表
提出:企业生态化一要创建无废料工艺,二要对生态企业进行试点建设,三要
加强对生态企业的宣传推广,同时还要建立考核评价生态企业的指标体系。

1999 年,祖星星等第一次比较系统地论述了现代工业的生态化企业战
略,认为:要使企业生态化,首先要有国家制定的环境保护及其相关法规政策
的强制约束与公众舆论监督机制,实现企业外部环境效益和成本的内部化;其
次,市场上人们对环境质量的需求要提高,出现对产品或服务的环保需要;再
次,原材料的供应和产品的销售也是环境亲和的;最后,企业要建立生态化的
生产系统和企业组织。生态化的生产系统包括以清洁生产为特征、强调物质
循环利用的生产过程和全生命周期对环境友好的产品结构。建立生态化企业
组织,是指树立生态化的企业组织文化,将显在的条例法规转化为渗透到员工
信念和价值观中的、指导工作的环境意识;构筑对市场需求变化适应性好、与
其他企业有基于废弃物或副产品交换联系的柔性化、网络化组织结构;建立以
环境保护为导向、整个产品链注重环境绩效、努力减少环境成本的管理机
制。[①]

更多研究主要围绕企业某个或某些方面的生态化建设而展开。

(1)"出现对产品或服务的环保需要"对企业的影响。随着人们变"为地位
消费"的奢侈消费为崭新的适度消费,即追求具有个性、符合消费者个人情感
需求、有利于生态环境保护的商品消费,中国企业的生存发展将在很大程度上
取决于企业工业设计,尤其是企业产品设计能否朝着生态化设计的方向发展,
即产品设计是否朝着研究生态工艺、技术,开拓更廉价、清洁的新资源,减少废
弃物和无废料的设计方向发展。[②]

(2)建立生态化的生产系统。最初认为,要建立生态化的生产系统,企业
就需要引进先进的技术和设备,改造工艺,对产品实施从设计、制造直至销售

---

① 祖星星,李从东.现代工业的生态化企业战略[J].工业工程,1999,2(3):22-25.

② 许喜华.论中国工业的发展形态——产品化、商品化与生态化设计[J].中国机械工
程,1999,10(12):1413-1417.

全过程的物料闭路循环和多级利用,提高能源利用率,建立“三废”资源化工程,配备污染物净化设施和绿化企业环境。在此基础上,一批研究人员各自以莱芜钢铁集团为例①②③,实际论证了通过采用新的科技成果把工业生产中排出的废弃物(渣、汽、气、水、尘、灰、泥等)制成新的产品,形成内部循环和外延循环,实现废弃物资源化利用,循环使用能源以最大限度地提高能源使用效率,最大限度地延长产品和设备的寿命,实现水的零排放和废气达标排放,企业完全可以成功地建立生态化的生产系统。随后,对浙江宁波镇海炼化的研究认为④,企业建设生态化生产系统必须以实行清洁生产为指导和核心。对江苏洋河与山东海化集团的发展过程研究则说明⑤,采用清洁生产方式,使资源尤其是“三废”资源的综合利用规模化和产业化,就是使企业生产走上循环经济型发展的道路。

(3)生态企业的建设与运营管理⑥⑦⑧。比较一致的观点认为,建设生态化企业最基础的工作是对企业实施 ISO14000 或 HSE(健康、安全和环保)环境管理。在此基础上,生态化企业还应建立清洁生产管理体系、污染物达标排放和污染物排放总量控制管理体系。对企业的生态化建设要进行考核并划分等级,等级考核的主要大项内容涉及污染控制、资源能源利用、企业环境绿化建设、环境管理组织和制度、经济建设或生态保护宣传教育活动等。小项指标中的关键内容一般是:是否通过 ISO14000 环境管理体系,是否实施并通过清洁生产审核验收,污染物总量是否达到总量控制指标,是否采用清洁能源,三废处理率与达标率和利用率如何,噪声达标率如何,“三同时”执行率如何,厂区

---

① 曹立月,董和梅.资源综合利用在生态型企业中的作用与实践[J].中国资源综合利用,2002(3):25-28.

② 任浩.莱钢创建生态型企业的探讨[J].莱钢科技,2002,2 月:1-6.

③ 江丹等.莱钢综合利用实践[J].山东冶金,2004,26(2):20-22.

④ 庄美琦.镇海炼化加快建设生态型企业[J].宁波经济,2003(9):39-40.

⑤ 宋杰书.投资环保效益可观——洋河集团着力打造循环经济型企业纪实[J].中国设备工程,2003(6):8-9.

⑥ 张良波,马元宝.创建循环经济型企业走可持续发展之路[J].山东企业管理,2003(7):25.

⑦ 江晓红,钟强.民族地区发展生态型企业的障碍与策略[J].银行与经济,2002(1):50-51.

⑧ 秦苏涛.基于免疫的生态工业企业集群可持续发展研究[J].财经论丛,2004(4):87-90.

内软硬覆盖率及年产值增长率如何,有无生态企业管理机构与制度和措施等。建设以上各种生态企业组织与管理机构所需的资金,可以通过特殊的企业兼并、股市融资与风险投资等战略来筹集。在最终建立起对环境污染物有免疫能力的生态企业集群时,政府的作用是不可或缺的,它主要担负识别企业中新的工业剩余物、寻找解决污染的方法、对环境进行动态管理等职能。而在经济相对落后的民族地区建设生态企业,政府首先要在地区(如西藏林芝地区)企业中树立和普及可持续发展观,加强本地区生态企业建设的战略规划,大力实施生态工程和发展环保企业;其次要开展清洁生产;最后要坚决执行环保法律法规,有规划有重点地发展生态企业。

综合上述观点,建设生态企业要做到:第一,针对市场失灵问题完善政策体系,促使企业外部效应内部化,同时严格执行环境保护法和与其相关的法律法规,如建设项目环境影响评价制度等;行政方面,在界定工业废弃物、制定其排放标准的基础上,进一步制定生态企业考核指标,重点考核企业的经济活动与生态环境发展协调度,以此为依据划分企业的生态化等级,并将该等级与政府或官员的政绩挂钩。第二,要抓住市场上人们对环境质量需求不断增长的契机,大力加强生态环境保护教育,倡导生态文明,建立激励适度消费的绿色消费机制、舆论监督体制等,培育和促进对产品或服务的环保需要。第三,企业要着重建立生态化的生产系统,要在各子公司、各部门、各生产工段、各车间和各工序间,通过实施循环经济来实现以源削减为根本的清洁生产。第四,环境管理体系的建设要围绕着如何更好地实施和保证清洁生产来进行。在积极建立 ISO14000、HSE 等环境管理体系的同时,还必须创建、使用和管理清洁生产工具。

1996 年以来,在行业生态化方面,一批研究人员开展了以下研究[1][2][3][4]:(1)探讨了生态化工的重要性和实现途径,指出建设生态化工的关键是建立和加强原子经济水平上的"超微"物质循环;(2)论证和预计了只要使水泥产品本身具有环境亲和力,我国水泥业将在不久的将来成为零污染、环境友好型行

---

[1]　迈克忠.论生态化工[J].自然辩证法研究,1996,12(5):21-24.

[2]　刘会洲,何鸣鸿.绿色化学与生态化工的研究内涵[J].化工冶金,1999,20(4):405-409.

[3]　郭随华等.我国水泥工业"生态化"的研究现状和发展趋势[J].硅酸盐学报,2001,29(2):172-177.

[4]　李红光.发酵工业的生态化研究[J].生态经济,2001(8):56-58.

业;(3)以酒精和味精工业为例,设计了生态化的发酵工业,证明获得废醪液的环境无害化处理技术是实现发酵工业生态化的重要一环;(4)论证了企业集团化是制糖、乳制品加工和造纸业实现生态化的当务之急。由于采取这些措施使行业朝生态化方向转变的主体只能而且必须是相关行业内的企业,因而可以认为这些行业生态化理论是关于建设生态企业的实证研究,是不同行业企业的生态化建设所需采取的具体生产与管理方法。

三、工业企业生态工程理论

我国著名生态学家马世骏早在 20 世纪 70 年代便开始了对生态系统和生态工程等问题的研究,创建了中国生态工程学说。该学说追求经济、社会与环境效益的统一,强调人类要主动实施一系列工程来改造、建设生存环境,这些工程包括产业生态工程、人居生态工程、矿山及区域恢复生态工程、农业生态工程等。

工业企业生态工程属于生态工程的微观层面,其目的是要转变工业企业利润增长的方式,强调通过合理开发利用资源、保护生态环境,实现经济、社会与自然系统的协调发展。①

当前,由于实施生态工程需要做许多基础性工作,需要投入大量资本,包括人力、物力和财力,而现阶段我国企业的行为还主要是以追求短期目标为特征,因而真正实施生态工程的企业还较少。

总体来看,我国工业企业生态工程的发展还处于理论研究阶段,需要进一步阐明的是:第一,工业企业生态工程的内涵、特点、建设原理、原则及发展规律,尤其是工业企业经济效益与生态效益、工业企业生态工程与所处区域生态环境的耦合关系;第二,工业企业实施生态工程的动力机制;第三,工业企业生态工程运行效果的评价体系。

从研究内容和发展趋势来看,工业企业生态工程理论可细化为工业企业清洁生产研究、生态工业园研究、生态建设企业研究和企业生态学研究,即工业企业生态工程理论与生态效率型组织理论二者之间存在着交集。

---

① 苗泽华.工业企业生态工程研究现状与展望[J].生态经济,2005(10):53-55.

第二节 我国"种养加"型生态工业园实践历程 ●●■▶

一、生态企业实践

(一)生态企业建设的准备阶段

自 20 世纪 90 年代中后期起,我国一些企业和城市,如山东鲁北企业集团总公司、沱牌酒厂、内蒙古草原兴发和宁城集团、济宁菱花和里能集团、河北梅花味精集团、首都钢铁厂、山东省日照市等,分别采取和实施了"推进企业生态工业建设"、"建立酿酒生态工业园"、"生态立企"、"建设循环经济型生态企业"、"打造生态型企业"、"建设生态化的工厂"、"规划建设一批新的生态循环型项目和企业"等建设生态企业的具体措施和规划,积累了一些经验,可以说这是我国推行建立生态企业的准备阶段。

(二)生态企业建设的试点实施

2003 年,国家环境保护总局发布了《关于印发〈生态县、生态市、生态省建设指标(试行)〉的通知》,设定了生态县、生态市和生态省建设指标,一些县、市和省对相关的一些企业提出了直接和明确的生态化建设要求,部分市、县政府则制定了生态企业的量化考核指标,这些措施与行动标志着促进企业生态化建设开始成为政府的一项施政任务。仅 2002—2004 年,全国约十个省区的不同政府部门,以不同的形式开展了内容不同的生态企业培育工作,如表 2-1 所示。

实践中,一开始是石油化工、发酵、肉制品加工、煤矿采掘、钢铁冶炼等企业自发"打造生态企业",之后一些市环保局和市政府在工作报告中提出建设生态企业,随后部分省政府领导在工作会议中强调发展生态企业、市总工会发布"创建生态企业倡议书"。如张家港市颁布了《关于明确首批创建生态示范单位的通知》、"张家港市'生态企业'考核标准",河北容城县制定了《容城县创建文明生态企业实施方案》,山东日照成立了"日照(开发区)生态企业协会"等。

表 2-1　我国政府有组织推进企业生态化建设的内容与形式

年份	政府机构/组织	政策文件/计划
2002	山东日照市政府	以培育生态企业为重点积极推进生态示范项目建设。规划建设了一批新的生态循环型项目和企业。(1)
	河北承德市环保局	"2002年承德市环境状况公报"建议:"树立循环经济理念,坚持可持续发展战略,大力推进生态工业建设,把建设生态企业作为增效、减污的基础工程来抓。"(2)
	抚顺环保局经贸委	9月授予抚顺石油二厂生态式企业称号。2003年命名中油抚顺石化公司腈纶化工厂为生态式企业。(3)
2003	福建南平市文明办	在"2003年度各类创建活动计划"中提出文明生态示范企业创建标准,开展文明生态示范企业创建评选活动;现场观摩文明生态企业及公路沿线绿化、美化、净化情况。(4)
	江苏宿迁市总工会	3月发布关于开展"创生态企业 建美好家园"活动的倡议,并认为这是落实环保基本国策、促进可持续发展的有效举措,是树立企业形象,提高市场竞争力的有效载体。(5)
	广西科技厅	在2003年工作计划中指出,加强桂林等高新技术产业开发区和北海高科技产业园区建设力度的重点是培育有利于高新技术企业互为依存发展壮大的生态企业群。(6)
	山东栖霞市	在推行绿色行政方面,栖霞市把生态追求纳入企业管理,引导企业加大技改力度,培育生态企业,积极推广清洁生产和ISO14000环境管理体系认证,创造了"栖霞模式"。(7)
2004	吉林省政府十届六次全体会议	省长指出:"要加强各类自然保护区、生态示范区以及生态园区、生态企业建设。大力发展生态环保型效益经济,建设循环经济示范工程。"(8)
	浙江金华市环保局	5月发布"关于建设金华生态市的建议提案",提议"建设科学、高效的能力支持保障体系",包括建设生态企业,扶持一批企业群内资源循环利用的示范企业。(9)
	上海生态经济学会	设国际城市生态经济、生态企业等六个专业委员会。(10)
	江苏张家港市	2002年6月发布《关于明确首批创建生态示范单位的通知》,确定江苏沙钢集团等企业为首批创建生态企业示范单位。2004年制定了"张家港市'生态企业'考核标准"。(11)
	山东日照市科协	4月成立国内首家生态企业协会"日照(开发区)生态企业协会",会员单位包括工业企业和政府机构,挂靠日照市可持续发展实验区管理办公室和日照经济开发区管委会。(12)
	河北容城县政府	8月,由工会提议,容城县政府下发《容城县创建文明生态企业实施方案》。制定文明生态企业标准为:环境优美、管理科学、生产安全、文化鲜明、企业进步。(13)
	贵州开阳县	从2005年起到2010年期间,将从城镇、企业、农村三个层面加强生态经济建设,实现"三轮驱动"的发展战略目标,包括实施生态企业示范建设。(14)

资料来源：(1)202.99.23.223/GB/paper39/3922/469570.html；(2)www.cdhb.gov.cn/web/hjgb02.htm；(3)http://www.oilnews.com.cn/gb/misc/2002－09/06/content_125298.htm、big5.texindex.com.cn：82/Articles/2003-5-16/12435.html；(4)http://www.npwmzg.com/document/ziliao/wz1-2.html；(5)www.sqdaily.com/20030301/ca26625.htm；(6)http://www.most.gov.cn/ztzl/qgkjgzhy2/gdkjgzyd/2003/t20040218_11784.htm；(7)www.jiaodong.net/2003/8/100226.htm.(8)柳君等.栖霞坚持生态立市被确定为中小城市生态建设试验区.http://www.chinapop.gov.cn/rkkx/gdkx/t20040428_12844.htm；(9)jh.zjtc.cn/0601/7090.htm；(10)www.8999.net/gm/gjmr/C/c14/C14-37.htm；(11)张政发［2002］64号，http://www.Zigepb.gov..cn/cistcs/stqy.htm；(12)迟敬.日照市成立国内首家生态企业协会.http://www.jlkp.com/newbak/2004-7-16/2004716102612.htm5.21.；(13)李昱霖.容城出现"文明生态企业"新亮点.http://www.hbgrb.net/weiquan/wwwroot/articale-view；(14)杨世龙.三大示范工程构建大生态大文化［N］.贵阳日报，2004-10-21(3).

二、清洁生产、共生工业、生态产业的综合发展

以贵糖集团生态化发展为例。从国家大型一档企业的层面来说，贵糖集团的生产是清洁生产；从贵糖与其周边糖厂所在区域来看，制糖工业是基于贵糖对周边糖厂废弃物利用的生态工业；从贵港社会经济来看，制糖工业同甘蔗种植业形成了产业耦合生产。可以认为，贵糖集团是一种比较全面而典型的生态效率型组织。分析这种模式的成因，找出其成长的动力，结合业已存在的生态效率、生态企业理论与实践，就有可能找出生态效率型组织在我国的主体发展战略的共性。

(一)清洁生产的发展

世界范围的环境保护呼声虽然出现在 20 世纪 60 年代，但我国在 50 年代就已经开展了环境保护工作。在经济建设中，1956 年，我国提出了"综合利用"工业废物的方针，并在工业发展中厉行"节约和废物最小量化"原则。这些环境保护方针和原则在贵糖通过对较高的吨糖煤耗率、蔗糖转化率即废蜜出酒率等指标的追求得以贯彻和执行，实际生产中就集中体现为废蜜制酒精、冷却水和锅炉用水循环等措施。因此，基于环境保护的行政政策与规定是当时贵糖"清洁生产"的推力。

1979 年，我国试行《中华人民共和国环境保护法》，在该法的约束下，80 年代中期贵糖开始研究酒精废液和滤泥综合利用与治理，并于 80 年代末增加了水泥和轻质碳酸钙工业生态链，基本解决了"三废"中的废渣处理问题。90 年代末，当"制糖企业生产酒精的废液不进行有效的治理，酒精生产就必须停止"

的政策规定施行后,贵糖有了酒精废液综合利用、有机复合肥的生产,基本解决了"三废"中的废液治理问题。因此,环境保护法律法规是贵糖清洁生产的另一种推力。在这过程中,废液比废渣晚10年治理成功,其主要原因是生产水泥和轻质碳酸钙的技术在当时已较成熟,而对含硫酸根离子的酒精废液进行降解治理的实用技术直至21世纪才出现。可见,某项基于环保的废弃物治理技术的缺乏会成为清洁生产的阻力。而酒精废液的再使用,即用废醪液与灰渣混合制取有机复合肥,来破解"如何规模化降解硫酸根离子"这一治理糖蜜酒精废液的技术瓶颈的事例则说明,一种新的社会需求能开辟新的废弃物治理与利用路线而成为清洁生产的拉力。具体而言,正是在上世纪末,中国市场的有机蔗糖比普通蔗糖价格每吨高出约20%所导致的对有机甘蔗的引致需求,才拉动了有机甘蔗的大面积种植,才启动了贵糖集团利用酒精废液制造甘蔗专用复合肥工业生态链的运行。

贵糖1960年启动的造纸链,其发展动力同酒精链相似,但其中的创新技术推动力显得更加重要和突出。1971年,在这条工业链上有了造纸制浆黑液碱回收工艺。90年代初期,贵糖着手研究白水回收技术,并于1995年研制成功"造纸白水回收工艺及设备"并获国家发明专利。1998年开始,贵糖依托年产4万吨纸技改项目,创制了"新旧造纸中段废水经锅炉烟气脱硫除尘后再经处理达标外排"工艺,解决了历年想解决而没能解决的造纸污染源和制糖锅炉烟气治理问题。碱回收、白水回收和中段废水经锅炉烟气脱硫除尘三大关键技术,最终推动了贵糖集团最后两条工业生态链——废水和废气达标排放工业生态链的形成。

(二)生态工业的发展

贵港生态工业园目前要从周边糖厂分别购进21万吨蔗渣、93万吨废蜜和30万吨原糖,它们分别是贵糖生产纸张、酒精和白砂糖所需蔗渣、废蜜和原糖量的50%、92%和75%。实际上,从2000年起,纸张和酒精生态工业链的产值就已经超过主营业务产品白砂糖的销售收入,占到工业总产值的61.81%,即贵糖总收入中约2/3是建立在周边糖厂向其出售原料的基础上的,可见贵糖与周边同行企业构成的生态工业对贵糖的生存与发展已经不可或缺。

广西是我国蔗糖主产区,曾有糖厂90多家,相应地当时年产蔗糖500万吨,平均每座糖厂年产糖5万吨。贵糖股份有限公司当时每年加工甘蔗产白砂糖13万吨,另外每年承接30万吨原糖进行精制,其制糖规模至少是当时广西区糖厂平均规模的2.5倍,是当时全国糖厂平均年产3万吨白砂糖的4.3倍。

正是贵糖的这种与其周边糖厂的规模差,推动着它与周边同行企业形成的生态工业的发展。这种规模势能差是如何形成的呢?

企业的扩大再生产离不开资金投入。贵糖在1994年转为股份公司,1998年在深圳交易所上市,募集了3.16亿元。发行的2亿多股中,1亿股为国有股。其后的5年时间里,有5家银行(工商银行、建设银行、农业银行、中国银行和交通银行)为贵糖提供全额信用贷款,贷款金额总计超过5亿。因此,贵糖集团的大规模源于国有资产的盘活和金融信贷的支持,也是对糖业结构进行调整、对经营体制进行改组改造的直接结果,背后的推力是国家使产糖省区农民增收、地方经济发展和边疆稳定的糖业发展政策。

有了规模差,再有社会对精炼白砂糖、酒精和蔗渣所造纸张的需求拉动,周边糖厂的原糖、废蜜和蔗渣流向了贵糖。以纸张工业生态链为例,该链当时年产15万吨文化和生活用纸,需蔗渣至少35万吨,而工业园自身只能提供其中的15万吨。从全广西来看,当时90多家糖厂年产蔗渣约500万吨以上,得到利用的为15%,其余的均作为锅炉代煤燃料被烧掉。这意味着,糖厂是否愿意出售蔗渣取决于同一单位热值所对应的蔗渣与煤的价格比。由于1吨标煤的热值相当于5吨蔗渣的热值,因而当贵糖以高出标煤吨价1/5的价格收购1吨蔗渣时,蔗渣就有可能被购得。但实际上,有些年份贵糖每吨蔗渣收购价达到了标煤吨价的2/3。显然,这种基于高价位蔗渣收购的生态工业,离不开企业的规模势能差和市场对蔗渣所造纸张的强力需求拉动。进入新世纪后,我国生活用纸需求量大幅度增加。2001年生活用纸需求量为287万吨,2002年为300万吨,2003年为330万吨,人均消费量虽已达到2.23千克,但这仅是北美的1/11,西欧的1/6,世界平均水平的2/3。在逐渐走强的生活用纸市场需求拉动下,自1998—2003年,贵糖连续投入6.23亿,新增了10万吨漂白蔗渣浆和10万吨生活与文化用纸工程项目,这反过来又强化了贵糖与周边糖厂的规模差,使制糖业的生态化发展不断得到强化。

(三)共生产业的发展

"甘蔗→蔗汁→糖浆→糖蜜→废醪液→复合肥→甘蔗园→甘蔗"是贵糖循环经济的关键与象征,其中,农业子系统是生产者,贵糖工业子系统是消费者和还原者,两大子系统通过有机甘蔗种植连接成循环经济。前已述及,贵糖在"消费"甘蔗之后将其"还原"为甘蔗专用复合肥以生产有机甘蔗,是环境保护法规的推力与市场对有机糖的需求拉力所形成的合力使然。

甘蔗是缺乏需求价格弹性的农作物。1995年之前,我国食糖产量基本上供不应求,由地方政府统一运作,依靠行政力量落实蔗源并不成问题。但是随着产量的增加,上世纪末最后四个榨期我国食糖的供给连续过剩,再加之进口糖的冲击和走私糖的横行,1996—2000年我国糖市非常疲软,全国制糖业亏损额4年累计达100亿元。其造成的结果之一,就是糖厂普遍拖欠蔗农甘蔗收购款。仅广西地区的糖厂在1998—1999年一个榨期,拖欠蔗农蔗款就高达23亿元,形成了典型的"蔗贱伤农"。这样,大量已身处市场经济的蔗农在比较了甘蔗与其他经济作物的收益后,毅然投向种植"高效作物"而放弃甘蔗生产;加之恰遇甘蔗种植区严重的自然灾害,从而形成了著名的1999—2001年的"蔗荒"。糖厂间的"抢购甘蔗大战"使甘蔗价格由每吨不足100元,迅速超过300元;但使企业赢利的最高价则为每吨蔗200元左右,这就造成"蔗贵伤企"。由"蔗贱伤农"引发的"蔗贵伤企",使众多糖厂利益受挫,许多糖厂先后倒闭。困境迫使贵糖与种蔗专业大户建立产、供、销契约合同,实行"公司＋基地＋农户"的订单农业,贵糖每年向基地中种植总计约15万亩甘蔗的农民支付订金约6000万元。不仅如此,贵糖还通过五项措施强化基地建设与改造,以期从根本上稳定蔗源:一是投入4000万元对引进良种进行了5080亩"吨糖田"实验,实现了5万亩甘蔗良种和种植良法的推广;二是建立了实验基地,与高校、科研院所等合作,实施吨糖田工程,培育自己的甘蔗优良品种;三是出资近100万元培训蔗农,把高产高糖技术送到千家万户;四是建立蔗区农务多媒体管理系统,对甘蔗砍、运和结算进行计算机调度和监控;五是加紧蔗区水利、道路建设。由此,贵糖建成了100多个千亩连片种植的良种甘蔗基地,实现了甘蔗园种植形式的甘蔗种植产业化。

甘蔗园的建设与发展离不开甘蔗种植产业的建设与发展,离不开政府与各级相关部门对甘蔗种植业的管理。贵港市委、市政府联合发文《关于发展蔗糖生产若干问题的决定》,要求各区、县和乡镇做到甘蔗种植的规划、面积、种子、机耕、农资和服务措施六落实。而广西区于2005年前,每年安排财政预算内资金2000万元(包括甘蔗生产农业事业费300万元)、扶持费3000万元、各级糖料技术改进费1000万元、扶贫发展基金1000万元,以稳定和发展广西甘蔗种植。国家则下拨农业发展及配套资金,用于蔗区灌溉设施建设。

政府的统一规划与财政支持,虽然调动了蔗区广大农户的种蔗积极性,推动了甘蔗种植业的发展,但是,将甘蔗生产订单农业化,并最终使其走上产业化发展道路而融入大循环的,是贵糖集团,是贵糖集团的生产,是贵糖集团的生产对市场蔗糖需求不足所带来的风险的规避措施。市场对蔗糖需求不足,导致甘蔗生产受挫,继而引发了企业生存危机,促使贵糖采取了农工贸型经营战略,采取了种种如前所述的措施,从财力、人力、物力、技术、管理、基本建设等多方面构筑了基地形式的现代化甘蔗种植园,使甘蔗生产基地经成为贵糖生产的第一"车间",成为贵糖集团松散层的"关联企业"。

鉴于基础资源甘蔗、水、制糖产生的各种副产物均得到充分利用,"三废"排放完全符合国家标准,有效利用了养殖业粪肥从而减少了农业生产的化肥施用量,整治了农村环境污染,国家环保总局授予贵糖"全国环境保护先进单位"称号,并于 2001 年 8 月 14 日批准立项建设贵港国家生态工业(制糖)示范园。至此,我国"种养加"型生态工业园正式诞生,它同时是我国首个生态工业园。

第三节 "种养加"型生态工业园促进农村环境污染整治实质 ●●●➡
——基于新疆园区经济的案例分析

生态工业园本质上是区域循环经济,"种养加"型生态工业园实质上是乡村"贸工农"型循环经济。新疆是我国生态脆弱的地区,其经济总体上属于绿洲经济。进入新世纪以来,新疆确立了大力发展生态经济,在开发中保护、保护中开发的西部大开发战略。15 年来,新疆大力发展生态农业,针对绝大多数地区的支柱产业是以种养殖业为核心的农业的基本区情,在建设工业园时有意大力引入涉农产业,这样,在以点带面,把与工业园有关的乡村建设成为资源浪费少、环境污染小、环境优美、人和自然和谐统一的新农村方面,取得了良好效果,积累了丰富经验。鉴于新疆是全国各省市区进入工业化中期阶段中较为滞后的省区,因此其成功建设"种养加"型生态工业园更具全局性作用,存在的问题更为紧迫需要被破解,破解过程也更具有借鉴意义。

一、新疆园区循环经济发展特点和问题

(一)新疆园区循环经济发展特点

20 世纪 90 年代,国家实施西部大开发战略,新疆在促进经济快速发展的同时,积极实施可持续发展战略,注重环境保护,鼓励企业进行技术改造,积极开展废旧物资回收利用以提高资源利用效率。2000 年以后,自治区党委和人民政府高度重视循环经济发展工作,成立专门的循环经济领导小组,制定相关的政策法规,督促企事业单位做好资源节约利用工作,积极推行清洁生产和循环经济试点。新疆循环经济发展的显著特点是政府规划推行工业试点,并带动相关产业联动。

1.政府规划推行试点

(1)制定循环经济相关政策法规。我国于2003年1月1日起正式实施《清洁生产促进法》,与2009年1月1日起正式实施《循环经济促进法》。新疆从2004年开始制定并出台了一批节水、节约资源综合政策、法规、文件和管理办法,如《新疆维吾尔自治区关于做好建设节约型社会近期重点工作的实施意见》《关于贯彻落实国务院加快发展循环经济若干意见的实施意见》《新疆维吾尔自治区资源综合利用项目(产品)认定管理办法》《新疆维吾尔自治区资源综合利用(热电联产)电厂(机组)认定管理实施细则》①《新疆维吾尔自治区关于进一步开展资源综合利用的若干意见》《新疆维吾尔自治区重点用能单位节能管理实施细则》《新疆维吾尔自治区实施〈中华人民共和国节约能源法〉办法》《自治区关于加快推进清洁生产的实施意见》等。②

(2)积极推行清洁生产试点。从2004年开始,依据清洁生产促进法,新疆开展了强制性企业清洁生产审核,积极引进和开发废弃物综合利用的新技术新工艺。2005年,新疆正式实施《清洁生产审核暂行办法》。同年,新疆环保局推出了"强制性清洁生产审核企业名单",分别是新疆西域水泥公司、新疆新矿集团水泥厂、新疆新啤集团有限责任公司、新疆天宏纸业股份有限公司、新疆沙驼纸业股份有限公司、玛纳斯澳洋科技有限责任公司、新疆双合碱业有限责任公司、新疆联达有限责任公司阿勒泰美利纸业有限公司、霍尔果斯皮革有限公司,③这十家企业中有七家的生产经营涉及大宗农业。

(3)大力开展循环经济试点。2004年6月,自治区环保局发出《关于在全疆开展循环经济试点工作的通知》。当年8月,哈密长河工贸集团有限公司被列入新疆首个循环经济试点单位。该公司以发展有机食品为核心,将牧草种植、牲畜养殖、畜产品加工、废物综合利用有机结合起来,积极创建"以有机食

---

① 李新英.新疆工业化进程中的环境问题研究[D].乌鲁木齐:新疆大学,2005:112-117.

② 刘新贵,任婷婷.新疆循环经济发展水平评价[J].经济研究导刊,2009(2):127-129.

③ 新疆环境保护局.2005年新疆环保局强制性清洁生产审核企业名单[EB/OL].htp://www.xjepb.gov.cn/wrkz/01.asp? ArticleID=8417.

品为核心,以循环经济为载体"的国家生态工业示范园区。① 这表明,"种养加"型生态工业园建设从一开始就是自治区政府高度关注的对象。2006 年 6月,在《新疆维吾尔自治区人民政府办公厅关于转发〈自治区工业经济领域发展循环经济建设节约型社会实施意见〉的通知》中,列出了"自治区工业经济领域循环经济试点企业及园区(第一批)名单",如表 2-2。

表 2-2 自治区工业经济领域循环经济试点企业及园区(第一批)名单

序号	单位名称	所属行业	所在地州市
一、试点园区			
1	米东化工园区	化工	乌昌地区
2	石河子北化工园区	化工	石河子地区
二、试点企业			
1	新疆八一钢铁有限责任公司	钢铁	乌鲁木齐市
2	稀有金属有限责任公司	有色	阿勒泰地区
3	新疆阿希金矿	有色	伊犁州
4	艾维尔沟煤矿	煤炭	乌鲁木齐市
5	中国国电集团新疆红雁池发电有限责任公司	电力	乌鲁木齐市
6	新疆天山电力股份公司玛纳斯发电分公司	电力	昌吉州
7	中国石油天然气股份有限公司独山子石化分公司	化工	克拉玛依市
8	新疆中泰化学股份有限公司	化工	乌鲁木齐市
9	新疆天山水泥股份有限公司	建材	乌鲁木齐市
10	新疆青松建材化工(集团)股份有限公司	建材	阿克苏地区
11	新疆特变电股份有限公司	机电	昌吉州
12	新疆众和股份有限公司	机电	乌鲁木齐市
13	新疆博湖苇业股份有限公司	轻工	巴 州
14	新疆四方糖业有限责任公司	轻工	伊犁州
15	新疆天山纺织(集团)有限责任公司	纺织	昌吉州
16	新疆金纺纺织股份有限责任公司	纺织	乌鲁木齐市

① 朱凯莉.哈密长河集团被列入新疆循环经济试点[N].新疆经济报,2005-08-25(3).

续表

序号	单位名称	所属行业	所在地州市
17	新疆金业报废汽车回收(拆解)有限公司	贸易	乌鲁木齐市
18	新疆中太肉联有限公司	贸易	克拉玛依市
19	新疆制药厂	医药	乌鲁木齐市
20	新疆维吾尔药业有限责任公司	医药	乌鲁木齐市

之后几年,又有库尔勒香都酒业、阜康化工园区等成为自治区工业经济领域循环经济试点企业及园区(第二批)单位。其中,涉农企业——新疆天业股份有限公司于 2005 年 11 月被国家列为全国循环经济试点 42 家单位中唯一的新疆企业。

2.各产业联动①

在农业方面,节水灌溉和生态工业发展迅速。2003 年,项目总投资为 19.75亿元的节水灌溉工程全面启动,它旨在使新疆的农业用水量减少近一半。该项目包含新疆 9 个地区的 33 个县,其主要内容是建设渠道防渗工程 1265千米,田间节水工程包括滴灌、喷灌、管道灌、沟畦灌等 114.6 万亩,以及机井建设工程 1745 眼。与此同时,通过建设无公害产业工程、高效农业生态工程、农机配套与耕作制度改革工程、农村能源综合利用工程、秸秆综合利用工程、环境保护与管理工程等,新疆初步探索出"种—养—加"结合的生态农业模式,逐步推进农业生产循环链的形成。如伊犁州伊宁县探索应用"畜禽养殖—粪便—有机肥(再生资源)—有机食品—有机畜禽"、"饲料—畜禽养殖—沼气(能源、农肥)—种植(饲料)"及"种植—秸秆—加工草粉—饲料养殖—生物有机肥—农作物种植"的循环发展模式,在种植业和养殖业间形成了闭合循环,提高了对废弃物的综合利用,促进了绿色农业发展。其他各地也结合自身条件,积极探索"种植—养殖—清洁能源—肥料—种植"、"养—沼—粮(果、蔬菜)"等生态农业模式。

在林业方面,对"三剩物"进行加工转化。林业"三剩物"是指在林木采伐、加工过程中产生的附属物,包括采伐剩余物(指枝丫、树梢、树皮、树根及藤条、灌木等)、造材剩余物(指造材截头)、加工剩余物(指板皮、板条、木竹截头、锯

---

① 高翠霞.新疆大力发展循环经济的战略思考[J].伊犁师范学院学报(社会科学版),2009(1):131-135.

末、碎单板、木芯、刨花、木块、边角余料等)。20世纪90年代之前,林业"三剩物"几乎全部被农民当柴薪烧掉,但目前,新疆主要林区的"三剩物"全部利用来生产人造板,回收利用率达到90%以上。

在建筑业方面,严格执行建筑节能设计标准,发展节能、节水、节地、节材和利用新能源的低能耗绿色建筑业。具体措施为:以推进使用节能新技术、新产品和新型墙体材料为核心,以加气混凝土砌块、陶粒块、多孔黏土砖等空心砖取代实心黏土砖,使用节能玻璃等。

在社会公共服务业和社会消费领域,提高公民资源节约和环境保护意识,促进转变社会消费方式。新疆各地大力倡导适度消费、公平消费和绿色消费,反对和限制盲目消费、过度消费、奢侈浪费。通过积极推广应用节能、节电、节水技术,促进实现资源节约。如通过科学调整水、电、气等公共服务产品价格,推进节约资源和减少紧缺资源消费;以加大废塑料、电池、家用电器等废旧消费品回收利用和无害化处理为重点,促进生产领域清洁技术与工艺的开发和应用,带动环境友好型产品生产和服务。

在煤炭产业方面,淘汰技术落后、效率低、严重浪费资源和污染环境的小煤矿。"十五"期间,新疆以"建大、关小"为原则,合理配置现有煤炭资源,组建并形成了几个区域性煤炭集团,全区煤炭回采率大幅度提高,煤炭开发的水平和层次明显提高,行业集中度显著增强。

在电力工业方面,优化电源结构、加快城乡电网型建设、推行清洁生产。引进大型火电厂、风电场和水电站项目,加快火电和水电产业建设进度,实现全疆火电、风电、热电联产、水电共同发展;各地区与新疆电力公司共同出资,启动农村"户户通电"工程,全面完善全疆电网网架结构,提高供电质量和可靠性;各地设置准入门槛,在审查热电联产项目时,要求受审项目必须采用高效、洁净技术,如配套建设脱硫设施(减少二氧化硫排放)、节约用水。

在生态环境建设方面,1995年开工建设了老风口防风阻雪工程,2002年启动了老风口生态环境综合治理一期工程,2006年底塔城盆地生态环境建设三期工程开工,2006年天山北麓绿洲区(塔城盆地)土地复垦整理重大项目启动。通过全区各地的不懈努力,一批重点生态建设工程取得较大成绩,规模不断扩大,生态效益、经济效益和社会效益正逐渐显现。

(二)存在的问题及主要原因

1.发展循环经济的主观能动性低

同全国其他省市区一样,新疆园区循环经济还仍处在"被发展"的阶段。

在现阶段,市场的有效生态需求还处在“点状”发展时期,即只有非常有限的人群关注绿色消费、关注产品全生命周期对生态环境的影响,他们手中持有的“绿色选票”不能在消费市场占据主导。这种情况下,企业在完成环保政策所规定的“三废”处理任务、免受“大棒”惩罚之后,若进一步节能、降耗、减污,则很难从市场获得相应的“超额绿色利润”回报,也就看不到循环经济在进一步提高企业劳动生产率、降低成本、提高经济效益、优化生产程序、提高企业的管理水平、减少污染危害和提高企业社会信誉等方面的作用。

2. 发展循环经济的资金不足

有些经济体能够认识到节能减排或降低生态环境影响,对可持续发展能力的提高至关重要,但鉴于自身规模小、积累少,或者鉴于先进的生产设备昂贵,他们大多处于一种既想开展却又难以开展工作的境地,十分不利于循环经济建设。但是,要想真正发展循环经济,获得较大的环境效益和经济效益,就必须实施中、高投入的方案,在这方面,新疆企业普遍存在着资金困难。

3. 促进循环经济发展的法规政策体系有待进一步完善①

推动循环经济发展的外在动力和内在利益机制尚未普遍形成,影响了循环经济的发展。经验表明,发展循环经济应该立法先行、政策引导,最终形成政府推动、市场驱动、公众参与的有效发展机制。国家和新疆在促进循环经济发展方面出台了一些鼓励性法律、政策和措施,但离形成与循环经济发展相适应的法规政策体系还相差甚远。目前新疆对发展循环经济尚未系统立法,循环经济是靠行政驱动,促进循环经济发展的政策还没有真正配套和完善,在产业、财税、投资、价格等方面没有明确的政策扶持,产业发展循环经济的内在动力不足,积极性不高。

4. 科技水平低,创新能力不足

循环经济必须建立在先进科技基础之上,是一种强调绿色技术创新的新型经济。将废弃物转化为产品,降低物耗和排放,构筑静脉产业、实现清洁生产、发展绿色农业,靠的不是传统的废弃物和垃圾处理技术,靠的是集生物技术、信息技术、物流网技术等现代高科技于一体的综合创新能力。在这方面,新疆科研力量较为薄弱,科技投入较少,技术开发、技术引进能力弱,绿色技术的创新和推广应用步伐缓慢,这已成为新疆发展循环经济的“瓶颈”。

---

① 张鹏,魏邦亿.浅析新疆发展循环经济的措施[J].新疆环境保护,2008,30(3):01-03.

二、新疆"种养加"型生态工业园发展现状和问题

在推进园区循环经济过程中,新疆注重从实际出发,在不同范围、不同类型的行业中开展循环经济试点,继而以典型企业所取得的经济、社会、环境效益辐射和推动整个自治区循环经济的开展。根据国内外发展循环经济的经验和实际情况,新疆编制了重点行业循环经济发展规划,并确定了循环经济发展目标和分阶段推进计划。

(一)发展现状

2004 年开始,新疆对新疆天业集团、中石油克拉玛依石化公司、新疆油田分公司重油开发公司、哈密长河肠衣有限责任公司、新疆宏新生物科技有限公司以及阿克苏三江养殖有限公司等几十家单位进行循环经济试点,其中典型的涉及"种养加"型发展的企业有三家,分别是长河工贸集团公司、新疆天业化工园区和阿克苏三江养殖有限公司。

1.长河工贸集团公司

长河工贸集团公司通过对生产废水、牲畜粪便和生产废弃物进行综合利用,实现了种植、养殖、肉类加工和肠衣生产的循环,形成了循环经济"长河模式",其生态产业链如图 2-1 所示。

哈密长河工贸集团公司于 2000 年 3 月 31 日成立,注册资金 1.8 亿元,企业下设长联肠衣有限公司(中德合资)——西北目前规模最大的肠衣生产和出口企业,长舟皮革有限公司,长兴清真牛羊屠宰及畜产品交易中心,长青农牧有限公司(牛羊生产基地)。公司主要经营范围:羊肠衣、猪肠衣的加工、销售;畜产品的皮毛收购、销售;畜产品、活畜;箱包及皮件制品的加工、销售;种植业、养殖业等,其主导产品为长河牌盐渍羊肠衣。

2002 年,在地区环保局的帮助下,长河公司按照有机生产、生态良性循环的思路重新整合生产流程,先后投资 1.4 亿元用于建立养殖基地、清真牛羊屠宰中心和承包 15000 亩荒滩建饲料基地。有了基地后,公司的屠宰厂和肠衣厂产生的废水、废渣注入发酵池,成为优质的有机肥料;有机肥料再运往承包的 15000 亩戈壁荒滩改良土壤,使荒滩成为优质饲料基地;饲料基地的草运往养殖场作为羊的饲料,羊产生的粪便作为肥料再运回草场。经过三年改造,长河公司已是符合有机标准,集饲草、养殖、加工为一体,初步形成循环经济模式的环保企业。集团肠衣和羊通过了中环联合(北京)认证中心的有机认证;挂了

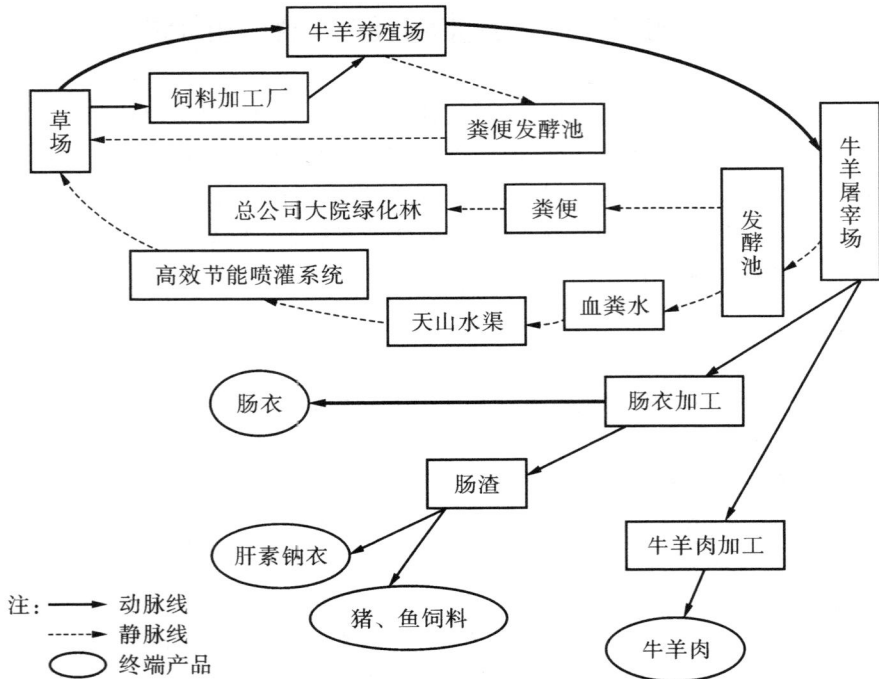

图 2-1 哈密长河工贸集团公司生态产业链示意图

"有机"牌的肠衣和羊已"身价百倍":有机肠和羊肉衣价格是普通产品的 1.3～2 倍①。2004 年,集团被自治区环保局确立为自治区循环经济试点单位。

2.新疆天业化工园区

2005 年 10 月,国家发改委、环保总局等 6 个部门联合选择钢铁、有色、化工等 7 个重点行业的 42 家企业、再生资源回收利用等重点行业的 17 个单位、13 个不同类型的产业园区,共 10 个省区的资源型和资源匮乏性企业进行第一批循环经济试点,以期形成不同的循环经济发展模式,推动在全国建立资源循环利用机制。其中,天业集团被国务院确定为新疆唯一的循环经济试点企业②。

① 朱凯莉.哈密长河工贸集团公司从污染大户到环保效益双赢[N].新疆经济报,2005-06-15(4).

② 白黎东.新疆发展循环经济的模式与重点[J].新疆社科论坛,2008(1):35-37.

在西部干旱地区,水资源匮乏是制约经济发展的主要因素,滴灌因此成为最先进的节水灌溉技术之一。天业公司立志于做"中国农民用得起的节水器材",围绕着节水技术及产品研发与推广的一系列创新,将工程措施(滴灌)与农艺措施(地膜覆盖)相结合,形成了膜下滴灌模式的核心技术,解决了滴灌技术进入大田的"瓶颈",继而大幅度降低了滴灌系统的造价,解决了让农民用得起的问题。2005 年,天业公司已具有年产 600 万亩膜下滴灌器材的生产能力,是当时世界上最大的农业节水器材生产和推广企业之一。

随后几年,由于石油等战略资源的供应趋紧、原材料价格不断飙升,致使农业地膜、节水器材的原料如聚乙烯、聚氯乙烯的价格连年攀升,使得"制造出农民用得起的农膜和塑料节水器材"这一行动变得困难。为此,天业公司果断瞄准了新疆丰富的煤炭、石灰石和原盐等矿产资源,自主研发产业链中的空缺项目,建成了煤炭—热电—化工—塑料加工—建材—高效农业—食品加工的生态产业链[①],如图 2-2 所示。

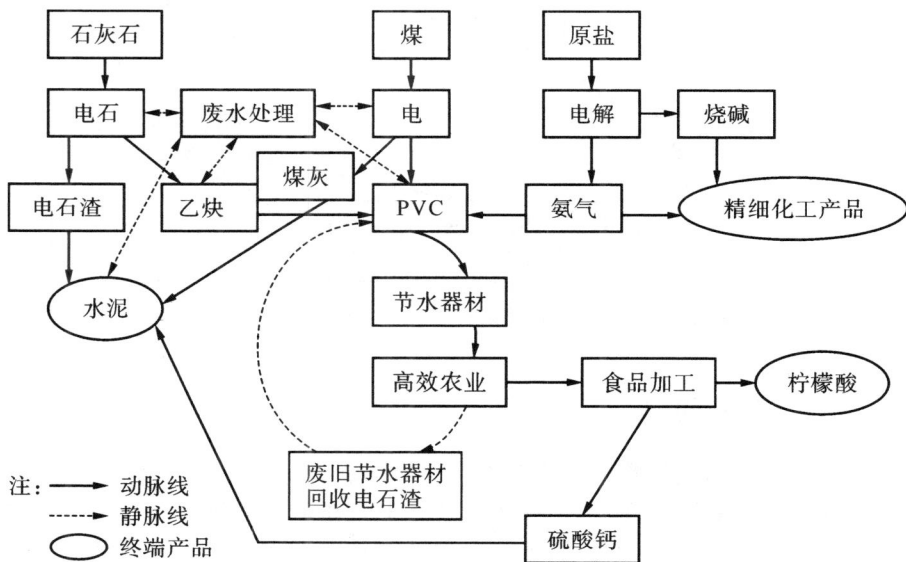

图 2-2 新疆天业有限公司循环经济产业链示意图

① 孔令英.循环经济技术创新研究——以新疆天业股份有限公司为例[J].科技管理研究,2009(1):24-26.

3.阿克苏三江养殖有限公司

新疆阿克苏三江养殖有限公司是西北五省区最大的一家生猪养殖基地，它创建于 1995 年,2010 年时总资产 8000 多万元,占地面积 1500 亩,年生产商品猪总规模达 10 万余头。公司被国家商务部确定为"国家三绿工程"示范单位,被自治区确定为阿克苏地区"循环经济示范企业",是集养殖、饲料加工、肉食品深加工、储备和生物有机复合肥生产于一体的产业化集团。公司的发展对阿克苏地区乃至全疆的农业发展起到了重要推动作用。一是通过"公司＋基地＋农户"的产业化发展模式,带动了农村农户养殖业、种植业的发展,为农民开辟了致富之路;二是可为绿色农业的发展提供高效优质的生物有机肥;三是保证国家在南疆的活体储备生猪基地的稳步发展和"三绿工程"。① 三江养殖有限公司生态产业链如图 2-3 所示。

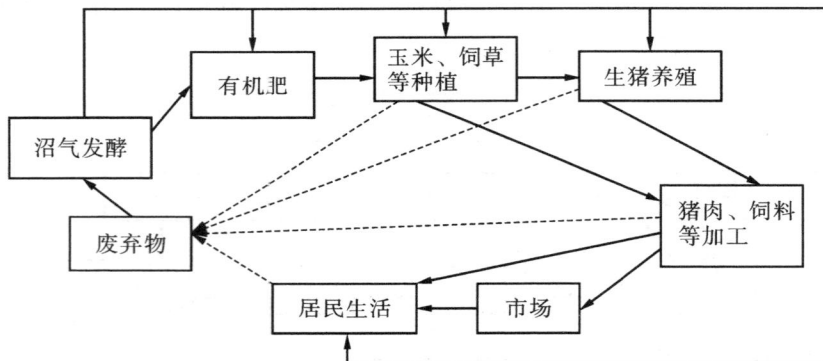

图 2-3 阿克苏三江养殖有限公司生态产业链示意图

(二)存在的问题

1.工农循环链有机联系程度不够

涉农循环经济试点单位中,或者工业企业加工农产品同时将生产副产物进行综合利用——如天业公司,或者是农牧畜禽企业将加工过程中的高生化需氧量含量副产物进行发酵处理,着眼点在于消除或减少企业流入环境的副产物。就循环链来说,天业公司中只有一个滴灌带的回收利用循环链,三江养

① 新疆阿克苏三江养殖有限公司企业介绍.http://xnc.zjnm.cn/zdxx/dytw/view.jsp? zdid＝4650&lmid＝15.

殖有限公司和长河工贸集团公司都是牲畜宰杀后的剩余物回用农田。前者是工业内部的循环,后二者则是农业内部的循环,工业和农业实际上没有形成有机的循环链。

2.农业生态效率没有充分显现

农业生态效率的内涵是,以向市场提供优质农产品为基础,保护和提高农业生产的可持续性,维持和不断提高农业生产能力。实现这种农业要做到:第一,在农业经济活动中少用直到不用化肥、生长调节剂等,取而代之的是秸秆还田、施用粪肥、种植豆科植物等,以维持土地肥力。第二,少用直到不用农药,代之以生物技术防治病虫害。第三,生产用水要在保证生态用水的基础上来安排,厉行节约。第四,护地。任何一项农业生产都要在土地——包括耕地、林地、草地、水地等所能承载的范围内进行,要使农业自身展现出一种对生态的调节功能而非破坏力,这是当前农业生态效率的一项重要内容。目前新疆试点的涉农循环经济试点企业,因为还没有将农业生产纵向耦合到产业链中,所以通过工业生产拉动农业生态效率提高的能力还较弱。

三、新疆"种养加"型生态工业园发展趋势及其特点

(一)从清洁生产向生态工业园发展

从前两节的阐述可以看出,新疆的园区循环经济目前处于企业层面的试点,其实质是清洁生产。如果要进一步提高区域生态效率,单一企业的清洁生产就必须要发展成为生态工业园。

1.单一企业清洁生产存在着边际成本递增的问题

单个清洁生产企业以单个企业为生态效率的提供者。这种生态效率型组织不仅要克服跨行业的技术获取与对相应的生产熟练管理的障碍,而且要承担废弃物再利用、资源化可能带来的非规模经济成本。典型的单个清洁生产型企业向其单位外输出的只有产品和达标的可排放废弃物,连产品是主营业务生产过程中产生的副产物的加工品。达标可排放废弃物包括对废气、废水(含硫、氮等的氧化物)进行处理后所得的洁净气体和水。清洁生产关键是对污染物如废气、废水进行源削减,这意味着生产源头的原料会被减量,这样就导致生产中副产物"产量"的减少,使得综合利用的非规模经济成本上升。这就是说,越追求清洁生产,被再利用和资源化的副产物的单位成本就越高,该产品就越缺乏市场竞争力。这其中深层次的原因是:副产物综合利用和"三

废"无害化处理都属于末端治理的范畴,末端治理的特点之一就是边际成本递增。因而企业持续地进行清洁生产的能力是逐渐减弱的,换言之,单个企业取得同先前一样的生态效率的环境成本是逐渐增大的。

2.生态工业园能消除"单一企业清洁生产的边际成本递增"问题

在 UNEP 第五次国际清洁生产高级研讨会上,Forward 博士将清洁生产的概念作了延伸:一家公司内部无法削减的废物可以转化为另一家公司的副产品或原料。这实际上将着眼于工业系统层次的工业生态学也纳入了清洁生产的范畴。① 工业生态学的具体实践形式是生态工业园。1996 年 Ernest Lowe 和 John Warren 等人指出:"生态工业园是由制造企业和服务企业组成的群落,它们力求包括能源、水和材料在内的环境问题与资源问题管理上的合作,以提高环境表现和经济表现。"②

(二)生态工业园发展融入城镇建设

全球最早的丹麦卡伦堡生态工业园,实际上应当被称为"生态工业镇"。Asnaes 燃煤火电厂是镇工业系统的中心,它为全镇居民供电,产生的热能主要供应给炼油厂和制药厂,余热则供给养鱼场养鱼以支持居民生活,养鱼场的淤泥作为肥料出售给农户。1993 年电厂投资安装了除尘脱硫设备,粉煤灰被用于在镇上筑路。炼油厂向镇上温室供热水;制药厂将废渣进行热处理杀死微生物后,销售给镇上附近约一千家农户用作肥料。③

卡伦堡生态工业镇说明,建生态工业园的目的是要为区域居民创造一个干净的居住环境,不一定要脱离居民区而单独存在;相反,生态工业园完全可以融入城镇建设当中,城镇居民包括附近农民、农业生产都是生态工业链的有机组成部分。

新疆各地的城市建设和城镇化建设正在加速进行。其中,生态工业链开始以各种方式嵌入建设领域,主要的形式有两种:第一,将重污染企业迁出城镇。如乌鲁木齐于 2010 年做出计划,于近几年将要把 47 家化工污染企业搬

---

① 石磊,钱易.清洁生产的回顾与展望[J].中国人口、资源与环境,2002,12(2):121-124.

② 吴一平,段宁等.全新型生态工业园区的工业共生链网结构研究[J].中国人口、资源与环境,2004,14(2):125-130.

③ 高志强,赵光年.中国小城镇生态工业园建设初探[J].企业家天地·下旬刊,2009(5):8-10.

迁出乌鲁木齐。第二,发展清洁生产共享单元。如在天山北坡及南疆三地州城市建设光伏电站和光热电站,相应地在乌鲁木齐、伊宁、石河子、昌吉、吐鲁番、克拉玛依、库尔勒等大中城市试点,进行屋顶太阳能并网光伏发电[①]。第三,构筑"补链"单位,建设相当于生态工业园中的废物处理单元。如昌吉市意识到要尽快建设垃圾和污水处理厂,尤其是政府规划集聚企业以利用企业污水的治理——这就将生态工业园纳入到了城市建设当中。之后,昌吉市第二污水处理厂总处理能力每日达 10 万吨以上,但曾经一度处理污水量仅为 2.5 万吨/日,污水处理设备没有得到充分利用。当前,经昌吉市第二污水处理厂处理后的中水,除少量用于厂区绿化灌溉、养鱼和附近农业灌溉外,大部分都无偿流入了头屯河水库,中水的利用效率较低。有研究人员建议积极引入头屯河区的工业污水,提高日处理污水能力,并采用多种方式筹集资金进行中水回用项目的建设,提高中水回用效率[②]。

从全国来看,苏州新加坡工业园区整洁大方,建筑与景观设计得体,更像是一个综合了居住、生产、休闲等功能的产业新城。随着我国未来在产业发展方面的转型升级,工业园区将更加讲求消除城镇环境污染,这将是我国生态工业园区发展的一个重点方向。

四、典型"种养加"生态工业园促进农村环境污染整治特征

新疆"种养加"型生态工业园建设向我们展示了"种养加"生态工业园促进农村环境污染整治的特点。

(一)"种养加"型生态工业园的经济运行结构

"种养加"型生态工业园是一种农业生态效率型组织,它在农村资源环境管理部门的直接参与、管理下,以生态农业建设为核心,追求高产、优质、高效、安全的现代农业生产。

"种养加"型生态工业园促进农村环境污染整治的核心内容是自然生态管理,管理对象是生态农业的建设。工业园在自身生产过程中促进农户实施污

---

① 胡隽秋,向龙.新疆可再生能源的开发前景[J].新疆社会科学,2009(4):27-31.

② 张艳.新疆昌吉市循环经济发展现状、模式及对策研究[J].新疆财经,2007(3):46-50.

染整治型生产,用地又养地,积极节约用水,保持水土,开展病虫害综合防治,循环利用农业生产废弃物,实施田间绿化等。

典型"种养加"型生态工业园经济运行结构如图 2-4 所示[①],图中包含了废弃物的再利用、粪便的资源化和由此导致的化肥、水、农地等使用的减量化。

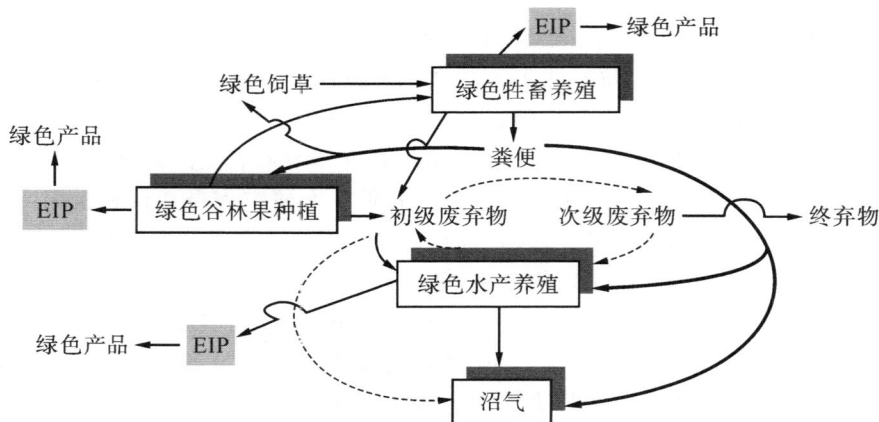

图 2-4 典型"种养加"型生态工业园经济运行结构

(二)"种养加"型生态工业园促进农村环境污染整治的原因

1.生态化种养殖

"种养加"型生态工业园运行的核心是发展生态农业,生态种养殖又是生态农业的关键。国际国内的实践表明,种养或农牧结合是农业生产提高生态效率的基础条件之一。农牧分离的结果,要么是粪便造成污染,要么是化肥造成污染,它们共同形成当前的农业生产面源污染。而在生态种养殖中,畜牧、水产同谷物、林、果、花卉种植紧密连接,形成生态食物链闭环结构,其中最重要的一环是动物粪便被资源化为种植业的肥料、水产业的饲料、农村居民的清洁能源,面源污染由此得到迅速和有效的控制。

2.农业生产副产品的综合利用

农业生产的初、次级副产品有增多的趋势,这主要是因为粮食作物面积在逐步减少,油料、园艺作物以及畜禽、水产养殖在逐步扩张,后者的生产过程产

---

① 黄贤金主编.循环经济:产业模式与政策体系[M].南京:南京大学出版社,2004:192-201.

生较多的废弃物。由于农业生产的副产品主要是有机物质,因而将其生物资源化,就是对农业生产副产品进行综合利用的首选途径。比较成功的做法有:汇集油料的油脚提取维生素 E、卵磷脂等;汇集虾废料资源提取甲壳素、蛋白、虾红素等;汇集蔬菜废物生产有机肥。

3.生物质能源综合利用

农业经济活动产生大量有机质(包括粪便),而农村家庭相对占有较多土地,这就使农户有条件和优势建造沼气池。身处农村的农产品加工基地,同样可以利用农业废料进行沼气生产。以沼气为纽带,可以构建涉及农、林、牧、副、渔等多领域的生态效率型组织。这种组织为农村提供新型能源途径,改善农村居民利用能源的结构,使得农村的林木、饲草等植被得到保护,土壤免遭风沙侵蚀,总体结果是有效地改善生态环境。

4.生产绿色和有机农产品

"种养加"型生态工业园结构的基本特点之一是保证生产绿色和有机农产品。这是因为,只有生产绿色或有机农产品,组织的生态效率行为才能够得到提升和物化。绿色和有机农产品不仅仅是要求生产者少用或不用化肥、农药,还要求产品无生长调节剂、性激素、抗生素等,这些虽与生态效率关联较少,但环境保护只有与这些特点结合在一起才能构成质量安全的农产品即绿色和有机农产品,而只有绿色和有机农产品才有较好的市场竞争力。这意味着,只有将消除环境污染放入绿色或有机农产品中,"种养加"型生态工业园这一生态效率型组织才能够比较迅速地获得效率,而效率在当前情况下确实决定着生态效率的存在与发展。因此,生态效率型组织要对农产品实行"从田间到餐桌"的全过程质量控制,不仅要从源头上消除污染,而且要控制运输、储存等环节[①]。这样,随着不断改进组织、管理、监测、检测等体系,原有"种养加"型生态工业园组织结构将得到巩固和加强。

5.同环境保护产业组织联动,追求资源节约、环境友好型生产

在资源节约方面,如节水,除了建立节水制度之外,很重要的一个方面就是要使用节水灌溉设备,如喷灌、滴灌等设备,它们只能由环境保护产业组织来生产。在保护生态环境方面,即使在源头上可以与工业组织暂时分开考虑,但在农业生产末端就不可能将工业弃置一旁。这主要是因为现代农业生产要从工业界引来大量的支农物资如地膜、化肥、农药等,随着生产的进行,这些物

---

① 颜廷武.农产品质量安全:农村小康社会建设绕不过的门槛[J].生态经济,2004,(11):95-98.

资将不可避免地最终成为农业生产组织自身无法再加工、再利用和处置的废弃物。

本章小结

我国正处在经济体制改革的攻坚期和行政体制改革的深水期,管理学研究人员的注意力还主要集中在政府与市场的边界问题上,而生态学研究人员又多以生态系统的生态演变为研究重点。因此,工业企业与生态的经济—环境链合关系研究还有待学科化、系统化,这其中就包括生态工业园对农村环境污染整治的促进作用的系统探讨。从研究内容和发展趋势来看,工业企业生态工程理论可细化为工业企业清洁生产研究、生态工业园研究、生态建设企业研究和企业生态学研究,即工业企业生态工程理论与生态效率型组织理论二者之间存在着"交集"。

生态工业园建设的关键是构筑生态产业链。企业要想实施彻底的清洁生产,必须同其他企业形成"他人废弃物或污染物是我的食物"这种共生链。只有形成共生链,才能解决单一企业清洁生产边际成本递增问题。"种养加"型生态工业园促进农村环境污染的特征是,它是一种农业生态效率型组织,在农村资源环境管理部门的直接参与、管理下,以生态农业建设为核心,追求高产、优质、高效、安全的现代农业生产。"种养加"型生态工业园促进农村环境污染整治的原因是,它实施生态化种养殖,对农业生产副产品、生物质能源进行综合利用,生产绿色和有机农产品,同环境保护产业组织联动追求资源节约、环境友好型生产。

第三章
我国"种养加"型生态
工业园区发展总体思路

第一节 园区建设指导思想和原则

一、园区建设指导思想

(一)统筹规划

以主体功能区划分为基础,实施区域统筹规划,用物质流管理的方法制定区域生态工业发展规划。将区域社会经济活动控制在区域资源环境承载能力之内,以资源环境承载力确定相应生态工业园区的经济及社会发展方向、布局结构以及资源开发与保护的措施。

依据我国 2010 年 12 月发布的《全国主体功能区规划》,我国农产品主产区被划分为七个区域,即东北平原主产区、黄淮海平原主产区、长江流域主产区、汾渭平原主产区、河套灌区主产区、华南主产区和甘肃新疆主产区,这七个区域分别承担着不同的农产品生产功能:[①]

东北平原主产区建设以优质粳稻为主的水稻产业带,以籽粒与青贮兼用型玉米为主的专用玉米产业带,以高油大豆为主的大豆产业带,以肉牛、奶牛、生猪为主的畜产品产业带。

---

① 国务院.国发〔2010〕46 号《全国主体功能区规划》[EB/OL].http://www.360doc.com/content/11/0925/13/1993072_151082700.shtml.

黄淮海平原主产区建设以优质强筋、中强筋和中筋小麦为主的优质专用小麦产业带,优质棉花产业带,以籽粒与青贮兼用和专用玉米为主的专用玉米产业带,以高蛋白大豆为主的大豆产业带,以肉牛、肉羊、奶牛、生猪、家禽为主的畜产品产业带。

长江流域主产区建设以双季稻为主的优质水稻产业带,以优质弱筋和中筋小麦为主的优质专用小麦产业带,优质棉花产业带,"双低"优质油菜产业带,以生猪、家禽为主的畜产品产业带,以淡水鱼类、河蟹为主的水产品产业带。

汾渭平原主产区建设以优质强筋、中筋小麦为主的优质专用小麦产业带,以籽粒与青贮兼用型玉米为主的专用玉米产业带。

河套灌区主产区建设以优质强筋、中筋小麦为主的优质专用小麦产业带。

华南主产区建设以优质高档籼稻为主的优质水稻产业带,甘蔗产业带,以对虾、罗非鱼、鳗鲡为主的水产品产业带。

甘肃新疆主产区建设以优质强筋、中筋小麦为主的优质专用小麦产业带,优质棉花产业带。

以上这些农产品主产区大多属于限制开发区,仅有少数属于重点开发区。这意味着,我国很大一部分地区在当前和今后相当长的一段时期内专心发展的产业,还是农业和农产品加工业。[①]

(二)完善机制

1.建立健全生态工业园区相关经济政策[②]

资源低价、产品高价、废物无代价或低代价排放,是制约提高资源使用效率和降低污染排放的根本性问题。建设生态工业园区的基础在于经济政策的调整,包括自然资源开采环节的资源税收和价格政策、末端处理处置环节的环境税(费)政策、消费环节的扶持奖励政策等政策的调整。

2.建立健全生态工业园区相关规划政策与指标体系

目前国内对于生态工业园区的申报和基本指标已经提出了一系列的政策和规定,但是这些政策定性过多,定量偏少,操作难度大。以《循环经济促进法》为例,它提出了园区相关规划应包括的主要内容,如规划目标、适用范围、

---

① 全国主体功能区规划编制工作领导小组办公室.全国主体功能区规划参考资料[R].内部资料,2008.

② 田野,肖煜,宫媛.生态工业园区规划研究[J].城市规划,2009,33(增刊):14-20.

主要内容、重点任务和保障措施等,并规定了资源产出率、废物再利用和资源化率等指标,但是在具体观测点方面,它还很难完全指导各级各类生态工业园区的规划建设。

3.完善和强化鼓励政策

《循环经济促进法》虽然在第五章特别提出要建立激励政策,指出国务院和省、自治区、直辖市人民政府要设立发展循环经济的有关专项资金,支持循环经济的科技研究开发、循环经济技术和产品的示范与推广、重大循环经济项目的实施,发展循环经济信息服务等,并提出国家对促进循环经济发展的产业活动给予税收优惠,并运用税收等措施鼓励进口先进的节能、节水、节材等技术、设备和产品,限制生产过程中能耗高、污染重的产品出口;对使用或者生产列入国家清洁生产、资源综合利用等鼓励名录的技术、工艺、设备或者产品的企业,按照国家有关规定享受税收优惠。但是在当前,仅仅依靠地方政府自觉发展这些规定是远远不够的,必须尽快出台一系列覆盖生产销售、消费、回收等各个环节的园区循环经济建设政策和指标系统。

(三)创新技术

我国当前的资源综合利用技术较为落后。例如,主要产品的单位能耗与发达国家有较大差距,技术水平落后的中小型锅炉以及运行效率低的风机水泵等耗电设备系统仍在被广泛使用;环保产业中,技术开发能力总体较弱,环保产品技术含量较低。

建设生态工业园区必须建立绿色技术支撑体系。有关部门要组织开发具有普遍推广意义的资源节约和替代技术、能量梯级利用技术、延长产业链和相关产业链技术、零排放技术、有毒有害原材料替代技术、废弃物回收处理技术、绿色再制造技术,努力突破制约循环经济发展的技术瓶颈。

(四)融入人居要素

一直以来,城市规划行业对于工业园区规划的关注度并不高,规划方法单一,对产业特点把握不足,对于如何在城镇规划中实现低污染、低能耗、低碳、循环利用等生态环保理念认识不足、办法不多。规划主管部门应重视工业园区规划,鼓励在城镇规划中对新理念、新技术进行探索和应用;规划师也应该逐步转变工业园区规划中的传统理念,将居民生活与工农业生产、服务消费有机统一起来,创造生态市、县、镇。

二、生态工业园区建设原则

(一)价值链开放原则

与传统经济组织不同,生态工业园价值链管理分为园区内和园区外价值链协同两部分。园区内价值链的协同主要体现为资源利用率及其循环利用率的提高,协同主体是企业或企业集群;在涉农生态工业园中,协同主体还包括农户;在城镇型生态工业园中,协同主体还包括居民、政府及事业、服务业单位等。园区内各主体间价值链的形成,源于清洁生产——因为只有追求清洁生产,才能在园区内形成链状或网状物质流。但是,如果生态工业园以物质闭环流动为指导,往往会使区内价值链过于封闭,偏重于区内物质能量流动,而忽视区内与区外价值链的链接关系,导致整个园区难以通过"链式招商"的方式吸引外来企业入园共生,难以形成规模经济。[①] 这就要求生态工业园要开放价值链,以市场需求为导向,努力在园区所属地区的经济社会中寻找物质共生、价值共赢体。

价值链开放原则较典型的应用是生态工业园虚拟化。

(二)整体与成员个体统一原则

生态工业园既追求工业园整体乃至整个区域的经济和环境效益,也追求成员自身的经济效益和环境绩效,保证系统的整体性和成员个体性统一。[②]园区中的污染户要积极为自己寻找"补链"单元,它可以是自身的一个废物处理车间、分公司或控股公司,也可以是从园外引进的经济组织。如果限于各种原因,该污染户无法在园区实施清洁生产,园区就应当实施搬迁。

(三)园区产业多样化原则

生态系统中生物越具有多样性,系统就越稳定。在匹配前提下,生态工业园建设应尽量容纳多种行业和不同规模的企业、经济主体,使原材料、产品和服务多样化,使企业间联系矩阵化,以此巩固区域经济的平衡和稳定发展。

---

① 胡卫东.生态工业园价值链分析及协同管理研究[J].沿海企业与科技,2009(1):21-24.

② 李培哲.生态工业园规划设计与发展对策研究[J].前沿,2009(1):111-113.

(四)虚拟化经营原则

生态工业园虚拟化经营,是指园区内经济单位已经确定,但在实施清洁和绿色生产时,园内与园区外经济体却发生紧密联系,而限于种种原因,这种联系又必须在地理空间上分开。这时,管理者突破地理位置和行政区域限制,不严格要求其成员在同一地区,而是通过建立系统模型和数据库,利用计算机网络建立园区内外成员间的物资、能量和信息的联系,来发展循环经济。

(五)产业集中原则

区域内要有众多行业内领军大型企业,市场对它们的产品需求旺盛,它们自身在生产过程中产生的副产物量大,在循环使用时能产生规模经济价值。

(六)政府强力推进原则

生态工业园的建设需要在多个产业、多个企业、众多经济体甚至居民间构筑价值链,单纯靠市场来完成,是非常困难的。此时,地方政府必须在其中发挥主导作用,主要包括:在政策上向生态工业园区项目倾斜;政府采购时,优先安排向园区企业购买商品或者服务;针对某些污染型行业,制定必要的强制性法规,促进其建立必要的生态经济链;对农副产品市场,在经济相对发达的城市实行绿色准入制度。

第二节 生态工业园区建设目标 ●●➡

党的第十六次代表大会提出,我国要在 21 世纪头 20 年间,集中精力,全面建设小康社会:不仅要实现物质文明、政治文明和精神文明,同时要实现生态文明,即不断增强可持续发展能力,使生态环境得到改善,资源利用效率显著提高,促进人与自然和谐,推动整个社会走上生产发展、生活富裕、生态良好的文明发展道路——新型工业化道路。党的十八次代表大会进一步提出"五位一体"发展战略,即将生态文明建设与经济建设、政治建设、文化建设、社会建设并列,"五位一体"地建设中国特色社会主义。生态工业园建设的目标必须体现"五位一体"发展要求。

一、走新型工业化道路促进环境保护

生态工业园要有助于实现资源节约,促进环境污染整治。人类生产与服务的同时向环境不断排放的某种或多种废弃物总量在超过一定数值后,超过的部分在自然界中将不能及时被"还原"成为可进入地球生态系统的组分,它们单因或综合地改变环境要素的数量和种类,总体上使环境变得不利于人类持续生存与发展。这就是资源环境问题的一个重要方面,它是废弃物持续大量排放的结果。

生态效率型组织与传统生产服务组织的最大不同之处,在于它尽管仍然追求最大的经济利益,但同时也追求最小的环境影响——在现阶段,是将组织的环境影响降低到环境自净力所允许的污染范围之内,这其中包括将废弃物的排放量降低到环境容量之内。由于环境容量是一个总量概念,所以发展生态效率型组织就意味着在整体预防污染的框架下从事生产与服务,这确保生态环境受到的污染压力是自身可以承受的。

同时,着眼于减少污染物排放的生态效率型组织在实践当中能够极大地减少资源消耗。实施生态效率的七原则首先要求一个生态效率型组织必须降低原料、能源消耗,以确保减少废弃物的产生。这就很明确地指出,减少资源消耗是实现减少废弃物排放的关键手段,而确保这一手段的实施又衍生出对"增进原料的可回收性"、"将可再生资源的使用最大化"、"提高产品的耐久性"、"增进产品的服务强度"这四项原则的需求。可见,实施生态效率中环境影响最小化的逻辑关系可以是:减少环境影响→减少废弃物排放→减少资源使用量。

但是,被减少的资源使用量在单个经济单位中的一段时间内是存在极限的——这从技术进步存在熊彼特周期不难得到解释,换言之,被减少的环境影响在单个生态效率型企业中存在技术屏障。此时,取而代之的是再利用原则。再利用可以理解为通常所说的综合利用,它是对原料中的各种组分都加以利用,提高了资源利用效率。相对于一定的经济效益而言,因非主营产品增加收入而不增加原料消耗,显然也相对地进一步减少了主营生产的资源消耗。

然而从生产过程来看,再利用同一个生产与服务组织的主营生产并无不同——只是利用原材料中的不同组分而已,因此再利用本身也存在一个生态效率的问题——它会产生新的、原先没有技术或经济力量进行进一步再利用的废弃物,这就是再利用原则在单个经济单位中的失灵。此时,取而代之的是生态工业园中共生企业间的废物再利用。生态工业园中的组织规模越大、行业跨度越大、废物相互利用形成的食物链越紧凑，就越容易形成少废弃物的生产服务闭合网络。从物质守恒来看，没有废弃物就意味着资源得到100％的利用。

二、促进产业结构绿色化升级

（一）发展循环经济就是要构筑循环经济结构单元

生态效率型组织充分发展的一个重要内容，是废物与垃圾再利用和资源化组织的发展壮大，这种发展壮大既可以是以清洁生产为核心，即在原来的单个生产服务单位中增设废弃物再利用工艺与设备；也可以是着眼于废弃物排放而建设生态工业园；更重要的，是建设与发展废物垃圾回收组织。企业清洁生产、生态工业园共生利用废弃物和社会垃圾的资源化回收，正是循环经济在我国当前的具体实践形式。

其实，发展循环经济的核心是提高生态效率[①]，只是它更强调通过宏观层面的物质闭路循环来实现。换言之，越靠近微观层面，通过物质流动的闭路循环来提高生态效率的效率就越不明显——这其中既有行业技术屏障的原因，也有非规模经济的原因。实际上，理论界将微观的循环经济实践形式定义为清洁生产，就反映了物质循环更多的是在宏观社会层面体现出其生态效率。

然而，废物回收的生态效率主要是对微观层面减量化与再利用原则失灵进行补缺，即减量化是第一原则，再利用是其次，废物资源化位居最后。因此，循环经济应当是要求经济活动的所有物质流流量越来越小，但其单位物质流产生的服务功能则越来越强，二者最终要成反比例发展。最终的结果不难推断：经济增长所需的物质资源将逼近零消耗状态。这就意味着，生产服务过程所产生的所有废弃物将趋于被完全回收，那么，进入自然环境的废弃物将趋于零，生产与服务将达到污染物零排放状态，全社会的污染为零。

（二）构筑循环经济结构单元就是要发展还原产业

循环经济要求按照生态规律组织整个生产、消费和废物处理过程，其核心

---

① 田春秀，李丽平.循环经济发展的本质是提高生态效率[A].∥张坤主编.循环经济理论与实践[C].北京：中国环境科学出版社，2003：187-191.

在于要像生态系统一样,建立起经济系统中的循环组分,实现经济系统与生态系统在功能结构上的同构。工业化之前,传统有机农业是人类的主要经济活动,它对生态环境的影响远远小于自然界本身的自我恢复和自净能力,生态系统的还原功能不是"稀缺资源"。工业化进程开始后,情况发生了变化。传统工业对自然资源以掠夺和耗竭的方式加以利用,同时将环境变为天然和巨大的垃圾场,严重损害着自然生态的自我恢复和自净力。当生态系统的还原功能日益稀缺,具有了一定的经济价值时,经济系统中出现了一类经济部门,这类部门从事污染治理、资源再生利用和生态恢复,着眼于消除人类活动对生态环境产生的各种消极和负面影响,本质上执行生态还原的功能,因而被定义为还原产业。还原产业构成经济系统中的循环组分,使人类社会得以按照环境友好的方式利用自然资源与环境容量。

(三)发展还原产业就是要促进产业结构升级

按照其生态经济功能的不同,循环经济中的产业可以划分为资源产业——生产者(大体相当于传统的第一产业,但还包括不可更新资源产业如采矿业,永续资源产业如风能、太阳能等能源利用业),广义制造业——消费者(相当于第二产业,但不包括直接从事环境保护的产业部门),服务业——消费者(类似于传统的第三产业,其功能与它所服务的对象的生态经济功能大体一致)和还原产业——还原者。还原产业的功能是将资源产业、广义制造业、服务业以及居民消费活动所产生的废弃物分解还原为原级或次级资源。通过废弃物资源化,还原产业同传统产业有机融合在一起,形成网络结构,具体表现在:还原产业是传统三次产业的后续产业——这由还原产业的废弃物分解功能决定,但同时又是三次产业各自的前续产业——这由还原产业的废弃物资源化功能决定。在网络型产业结构中,由于产品在满足社会需求基础上被不断维修、保养和反复资源化循环使用,因而资源利用率越来越高,产品寿命也越来越长,反馈到输入端,就形成被输入系统的资源、用新资源生产的新产品的数量逐渐减少。这一过程反映在产业结构变化中,就是第一和第二两种资源获取与加工型产业的国民经济产值比重逐渐下降,服务型第三产业和还原产业的产值比重上升,这正是产业结构的升级。

三、促进还原产业发展以促进"三农"问题解决

党的十六大报告提出,通过完善社会主义市场经济体制和推动经济结构

调整,到 2020 年我国将基本实现工业化。届时,我国第一产业劳动人口将只占总劳动人口的 30%。[①] 这表明,以工业化的实现来带动"三农"问题的解决已成为我国的一项基本国策,这一国策的基本点之一是调整经济结构。根据上节所述,由于发展还原产业就是调整产业结构,所以,用发展还原产业的思路促进"三农"问题的解决是可能的。

(一)促进农业结构调整和产业化

如前章所述,广西贵港国家生态工业(制糖)示范园通过建设两条纵向闭合的产业链和另外几条横向产业链,成为农工型生态效率型组织,这种组织与种蔗专业大户建立产、供、销的契约合同,实行"公司＋基地＋农户"的订单农业。

以农业企业为龙头,以生态效率型组织形式为依托,大力发展特色农业经济而形成的农工型生态效率型组织,可以成功带动地区农业结构调整和农业产业化。中央反复强调:扶持产业化就是扶持农业。扶持农业就是要带动农户、同农民建立合理的利益连接机制、给农民带来实惠。以农工型生态效率型组将农业生产稳定地耦合进工业生产体系,一方面符合"以农哺工,以工补农"的产业自身发展规律,具有强大的生命力;另一方面,广西贵港生态工业园"有机农业＋生态工业"的农业产业化又是一种创新模式,是农业产业化在生态经济上的跨越式发展,即以改善生态环境来带动经济社会繁荣,它为采取传统的农业栽培方法进行耕种的地区、为缺少支农物资如化肥和农药的广大贫困地区的农业产业化起到了示范带头作用。

(二)促进农村城镇化建设

生态工业园的发展既能使乡村直接城市化,也能间接带动农村城市化。

范例一:以生态工业园建设为核心的丹麦卡伦堡镇(Kalundburg)郊区的城市化。卡伦堡是丹麦的一个港口小镇,自 20 世纪 50 年代开始,该镇的工业开始了持续几十年的发展。80 年代后,卡伦堡近郊的 Asnaes vaerket 发电厂、Statoil 炼油厂、Novo Nordisk 生物工程公司等 5 家企业,以废料交换为核心,逐步形成了工业生产网络结构,极大地减少了资源消耗和环境污染,很好地使废物得到了再利用,被誉为工业生态学中工业共生系统的经典范例。卡

---

① 鲍敦全.国际化竞争与我国民族地区工业化[J].新疆大学学报(社会科学版),2004,32(1):1-5.

伦堡从一个不起眼的工业小镇发展成一个令世人瞩目的生态工业城市,其中的生态效率型组织的建设起着使城镇生态化和扩大城市规模的双重作用。

范例二:生态农业与生态工业结合的"新恭城模式"。从 20 世纪 80 年代开始,广西恭城县从解决农民能源问题入手,摸索出一条"养猪＋沼气＋种果"的生态农业链,被专家称之为"三位一体"的生态农业发展模式——"恭城模式"。"十五"以来,依据各乡镇具有的优势特色农业与其他自然资源,恭城县以生态工业理念建立了茶东、燕新等 7 个新型生态工业小区。这些小区中的生态工业企业,如在恭城落户的北京汇源集团,加工生产当地种植业、养殖业产品,与原有的生态农业产业链对接,形成了"公司＋基地＋农户"现代农业生产机制,这是一种"新恭城模式"。在这种模式中,乡镇生态工业企业促进农业和农村经济结构调整,吸纳农村剩余劳动力,使农民增收、财政增收,支撑了农村的城镇化发展。[①]

卡伦堡模式和新恭城模式立足乡镇,前者直接在乡村建设了城市,后者则推动了农村的城市化。在我国,当前立足于乡镇的工业经济主体有两类,一类是传统的乡镇企业,另一类是农业产业化经营的新型组织者"龙头企业"——如落户恭城的汇源集团,两类中的绝大多数以劳动密集型的农副产品、服装、纺织品等的加工生产为主。实践证明,乡镇中的企业的发展使农村人口在企业驻地聚集,伴随着企业与职工对生产、生活性服务产品的需求,又衍生出服务性人口的聚集,最终企业驻地演变为小城镇,[②]如前文提到的卡伦堡郊区,现今的华西村、大邱庄等。

但是,我国传统乡镇企业在发展过程中曾存在着较为严重的环境污染问题,而且污染物点多面广,对农产品质量和农业生态环境构成过严重的威胁,为此国家多次对部分乡镇企业实行了关、停、并、转。[③] 显然,这种情况不利于乡镇企业的健康发展。"新恭城模式";即以龙头企业为核心,结合生态农业在乡村发展生态效率型组织,则为乡镇企业开辟了新的、可持续发展之路。

农村的城市化建设,还包括乡村城镇化过程中的环境建设。全面建设小康社会对农村发展提出了更新、更高的要求,农村发展不仅要开发利用资源,

---

① 尹小剑,刘黔川.论生态经济的"引擎"——生态工业[J].生态经济,2004(11):99-101、104.

② 谢凤华,缪仁炳.转型时期我国乡镇企业的发展特点及对策建议[J].农业经济问题,2004(9):60-62.

③ 李悦主编.产业经济学[M].北京:中国人民大学出版社,1997:638-662.

更要重视保护资源和生态环境。因此,乡村的城镇化建设道路要新型化:一方面要使农村城镇化,另一方面还要使这一过程生态化,即以建立城市生态经济系统为目标,建设生态城镇,二者要有机结合,协调统一。例如,就城镇环境保护而言,按照国家环保总局 2003 年印发的《生态县、生态市、生态省建设指标(试行)》中的几个规定,我国新型城镇中的生活垃圾无害化处理率要达到100%,工业固体废弃物处置利用率要达到 80% 以上,城镇生活污水集中处理率大于等于 60%,工业用水重复率大于等于 40%。实现这些指标,就必须在乡镇中的企业实行清洁生产,建设资源节约、环境友好型企业,在生活垃圾层次上实施生活垃圾的无害化、减量化和资源化,在生产、消费过程和消费过程后实施物质和能源的生态链式循环利用,而这些正是发展生态工业园的内涵。

四、有利于构筑区域绿色贸易制度

(一)世界贸易组织环境规则

1994 年,"乌拉圭回合"谈判通过的《关于建立世界贸易组织的协定》阐明了 WTO 关于保护环境的原则,同《关于贸易与环境的决议》、《关于服务贸易与环境的决议》等一同构成了环境与贸易关系问题的规则体系。

可持续发展和环境保护是新的多边贸易体制的核心之一。《关于建立世界贸易组织的协定》序言指出:"各成员认为,在处理贸易与经济关系方面,应基于提高生活水平,保护充分就业和大幅度稳步提高实际收入和有效需求,扩大货物与服务的生产和贸易;同时,各成员应按照可持续发展目标使世界资源得到最合理的利用,维护和保护环境,并根据不同需要和不同经济发展水平的情况,加强采取相应的措施。"《关于贸易与环境的决议》要求各成员在多边贸易体制的权限下协调贸易与环境领域的政策,使各成员建设的开放、公正、公平的多边贸易体制,不与环境保护政策与行动发生矛盾。

WTO 多边贸易体制的环境规则具体体现为:第一,《关税与贸易总协定》规定,只要不对同一情况下的缔约方构成武断和不合理的有差别待遇、不对贸易构成隐蔽限制,任何成员方都有权采取必要的措施以保障人类、动植物的健康与生命安全。第二,《服务贸易总协定》规定,针对贸易所采取的合理、公正、客观的措施,包括为保护人类、动植物的健康和生命安全而实施的行动。第三,《技术贸易壁垒协议》在序言中指出,只要不超过必须的程度,各成员可以采取措施保护人类、动植物的健康和生命安全。第四,《补贴与反补贴协议》规定,为使现有生产与服务适应新的资源环境法规,可以向其提供不超过成本总额20%的补贴,除非这种补贴损害了进口国相关产业的利益,或者损害了其他国家依据关贸总协定应当取得的权益或贸易利益。第五,《知识产权协议》规定,为保护人类、动植物健康和生命安全,或者为避免对环境造成严重损害,可以拒绝为非自然的植物和动物,或者生产非自然植物或动物的方法授予专利权。第六,《卫生及动植物检疫措施协议》规定,只要不是有差别地对待相同情况,成员方有权选择它认为合适的方式方法,来对可能携带疾病的动植物以及可能导致疾病的含有添加剂、污染物、毒素等的食物饮料和饲料进行检疫,以保护人类、动植物的健康和生命安全。第七,《农产品协定》规定的"免于削减的国内支持"中,包括环境计划下的支付,即当支付为明确规定的政府环境保护计划,如环境计划有关研究、与该研究有关的基础设施工程等费用中的一部分时,免于削减,这通常被称为"绿箱"或"绿匣子"政策。

(二)构筑绿色贸易制度

通过对WTO环境规则的考察,考虑到世贸组织已专门成立了贸易与环境委员会,用以探讨和协调缔约国之间的贸易与环境问题,可以认为贸易与环境挂钩已成为不可逆转的趋势。

我国政府高度重视可持续发展问题。早在《关于制定国民经济和社会发展第十一个五年规划的建议》中,党中央就提出要坚持以科学发展观统领经济社会发展全局,加快转变经济增长方式:"我国土地、淡水、能源、矿产资源和环境状况对经济发展已构成严重制约。要把节约资源作为基本国策,发展循环经济,保护生态环境,加快建设资源节约型、环境友好型社会,促进经济发展与人口、资源、环境相协调。推进国民经济和社会信息化,切实走新型工业化道路,坚持节约发展、清洁发展、安全发展,实现可持续发展。"

落实到对外贸易,就是要树立科学的贸易发展观,在制定对外贸易发展战略、采取具体的经营方针时,将贸易发展规律同环境保护有机结合,其具体体现就是生产与服务单位遵循世贸组织环境规划。

要让生产与服务单位遵循世贸组织环境规划,就必须建立一套完整的绿色贸易制度。由于所有绿色制度都属于环境质量供应管理,而环境质量是公共品,因此绿色贸易制度的建立,第一是资源环境保护的法律体系建设:对现有资源环境法实施强化与完善,尤其是从立法程序上提升资源环境法法律地位;赋予公民普遍和完全的环境权,包括环境信息权、环境管理参与权、环境损害索赔权、对政府环境行为评议和监督权等;建立起产品与服务环境标志认证制度。第二是建立绿色约束与激励制度,包括绿色财政、金融、税收、投融资、行政管理等制度。

(三)生态工业园约束其企业遵守世贸组织环境规划

绿色贸易制度的基础承载者是生产与服务单位。在制度的约束与激励下,生产与服务单位只有在取得通向国际市场的"绿卡"后,才能将其产品在世界主要市场上销售,才能够突破绿色贸易壁垒。这张"绿卡"就是 ISO14000 环境管理体系认证。

ISO14000 环境管理体系的具体执行者是生产和服务组织。2005 年,全球已有 3 万多张 ISO14000 环境管理体系认证证书,日本、英国、德国、瑞典和美国各自的拥有数排在前五位。我国从 1997 年 5 月开始实施 ISO14000 环境管理体系认证。[①]

生态工业园的关键和典型特征,是将资源与环境保护作为先决条件来追求经济价值的增加,换言之,在其生产经营管理体系中,资源节约、环境保护、生态平衡、人类健康、动植物生命安全等内容是生产与服务的先决条件,而不是对这些内容"在经济增长的情况下尽量考虑"。生态工业园追求的是环境负荷不断减小下的经济增长。围绕这一目标,一个生产与服务单位在设计产品与服务时,要对产品进行全生命周期环境影响评价,做到生态设计;采购原料时,要实行绿色采购;产品生产与服务提供过程中要实行清洁生产;在产品销售时要实施绿色物流运输、配送。不仅如此,生产与服务单位还将资源环境保护的责任扩大到消费领域,对废旧物品以生产者责任扩大原则进行资源化再利用。所有这些行动都需要有 ISO14000 环境管理制度做保证。

五、提升园区产业绿色竞争力

生产与服务组织存在和发展的基础是市场需求。这意味着,当市场需求发生变化时,生产与服务必须做出相应的调整,这可能是产品或服务种类、结构、性能等的改变,也可以是生产或服务方式的变化,或者兼而有之,目标是要使生产与服务组织由此实现有效供给而获利。

我国公民现阶段的生态观念还不是很强,生态需求主要是绿色需求水平

---

① 陆松洲.遵循世贸组织环境规则构筑中国绿色贸易制度[J].生态经济,2005(10):56-59.

不高。在这种绿色产品和服务需求不旺的情况下,生产和服务单位对通过使产品和服务绿色化来获益的方式信心不足,对绿色产品和服务市场在将来什么时候"牛"起来也吃不准;更关键的,由于市场需求弱小,生产和服务单位实施绿色化改造而得的收益小于非绿色生产和服务所得的收益。在未来前景不明而眼前利益又有保证的情况下,生产与服务单位少有牺牲现有市场份额而追求生态效率者。这样,在目前市场生态需求力弱小的情况下,不追求生态效率,生产与服务单位也可以生存和发展。

但是,只有实施了生态效率化改造,生产与服务单位才能顺应经济发展规律。实际上,对生产和服务进行生态化改造,是生产与服务组织实现自身持续发展的必然选择。

第一,生态效率化的过程就是降低物质消耗的过程,就是降低生产和服务的实物成本的过程,因而是提高产品与服务的市场竞争力的必选途径。在当前资源全球吃紧的局势下,许多生产与服务单位实际上已经开始通过技术革新、完善管理体制等手段"节约闹革命"。由于只有采取更新技术基础、绿化产品设计、优选节约型生产工艺、提高设备效率和使用寿命、对副产物及废旧产品进行原级或次级资源化再利用等措施,原材料消耗才能切实降低,而这些措施又是追求生态效率的具体体现。因此,生态效率化是生产与服务单位在将来改善其经济绩效的必要手段。

第二,生态效率化才能高效率地规避环境风险。环境风险是生产与服务单位要支付的环境污染费,以及因此而产生的信用、信誉危机。觉醒的大众生态意识将逐渐转变为社会主流意识,并进而转化为保护资源环境的法律法规。不断完善的生态环境保护法律法规,越来越严格的环境执法,使得生产与服务单位面临着越来越多和越来越大的环境风险。如果只是被动地应付而没有一套预防机制和体系,那么,生产与服务组织很有可能因各种积累性和突发性环境损害事件而被频繁罚款、频繁被媒体曝光,结果就是该生产或服务单位的金融融资环境恶化,市场信誉受损,最终导致投资者停止和放弃投资。因此,面对环境风险,生产或服务单位必须建立起绿色化机制,不仅要预防环境污染、环境损害的发生,而且要积极主动开展从绿色采购开始到逆向物流结束的绿色经营。这种机制的运行基础就是环境管理体系或制度,后者正是生态效率化建设的核心内容。

第三,生态效率化才能开拓国际市场。到我国直接投资的境外企业(FDI)中,申请并通过 ISO140001 认证的,占在我国通过 ISO14000 环境体系认证企业总数的 2/3 以上。[①] 这些 FDI 企业的产品或服务不仅在我国销售，而且有相当数量是销往国际市场。可见，正在开拓国际包括我国市场在内的国外生产与服务组织，正在利用绿色营销抢占市场，对于它们来说，绿色贸易壁垒反而成了其产品和服务的通行证。我国企业经济的快速、持续、健康发展离不开国内、国际市场。生产和服务单位是我国企业"走出去"发展战略的具体实施者，为了遵循世贸组织制定的绿色贸易规则，免遭贸易制裁，同时也为了提高产品与服务的竞争力，开拓国际市场，所有要"走出去"的单位必须开始生态效率化，开展环境管理。

第三节　园区运行任务与保障措施 ●●➡

"种养加"型生态工业园运行的一个重要任务是追求农业生态效率，推进现代农业建设，发展高产、优质、高效、生态、安全农业，即合理降低单位农户生产所耗用的水土等自然资源，减少甚至不用化肥、农药、除草剂等危害农业、农村环境的人工物资，通过农业自身和区域农工型有机质循环，使农业生产能力得到提高，农民收入不断增长。

一、提高区域农业生产的生态效率，实现高产优质

(一)生态效率型农业生产的内涵

石油农业可以称为近代农业，其物资能量流动是单向的：从外界进入农业系统的物资和能量通过生物作用，部分转化为农产品，其余的则在生产结束后被废弃而进入环境。若要扩大生产，就要扩大进入系统的物资和能量，但是如果要减少资源环境负荷，就只能节制生产。[②] 从全球来看，由于农业生产持续扩大，农业环境负荷正变得越来越重。Jacksont 和 Benolen 认为，农业生态环境负荷增大主要是由施用化肥引起的，无节制地使用化肥使土壤肥力下降，继而引起生物多样性减少，最终是土壤被侵蚀。

---

① 杨海生，周永章，王树功等.外商直接投资与环境库兹涅茨曲线[J].生态经济，2005(9)：41-43.

② Arnulf G.技术与全球性变化[M].北京：清华大学出版社，2003：138-209.

生态效率型农业是以向市场提供优质农产品为基础的新型农业,宗旨是保护和提高农业生产的可持续性,维持和不断提高农业生产能力。实现这种农业要做到:第一,在农业经济活动中少用或不用化肥、生长调节剂等,取而代之的是秸秆还田、施用粪肥、种植豆科植物等,以维持土地肥力。第二,少用直到不用农药,代之以生物技术防治病虫害。第三,建立农产品生产循环链。

(二)生态效率型农业的生产结构

国内外实践表明,种养或农牧结合是农业生产持续高产优质的基础条件之一。农牧分离的结果,其一是不断增大对化肥的需求量,其二是粪便和化肥污染持续增强。而在循环型种养殖业中,畜牧、水产同谷物、林、果、花卉种植紧密连接,形成食物链闭环结构。循环链中最重要的一环,是减少化肥使用量,将动物粪便资源化为种植业的肥料来节地、护地和养地,追求高产优质。

(三)发展循环型农业的措施

1.完善政府管理职能

实现农业循环型高产优质发展,政府管理机构必须发挥主导性作用。我国的循环型农业刚刚起步,一些地区(如太湖流域的无锡阳山镇等)虽然取得了一定成绩,但从全局看,还是停留在点上的突破,应当对循环型农业的发展进行认真全面的规划,政府要科学构建农业循环生产评价体系,用以规划和评价循环型农业的建设与发展。[①] 评价指标体系主要包括:资源减量化指标,如化肥、农药使用强度;资源再循环、再利用评价指标,如农用膜回收率、秸秆综合利用率、畜禽粪便资源化率、废弃物资源化率、沼气生产率等。

2.制定农业资源综合管理法律法规

树立农业资源整体化观念,突破原有狭义、机械的农业资源论,建立农业资源综合管理法律体系,将农业资源的管理扩展成为对作物、支农物资、水、土、有机肥、环境质量、生态平衡等的综合管理。

3.加强农业基础设施建设和发展农业科技

一方面要兴建水利与道路,合理划分中央与地方的事权,确定投资范围和额度,使大、中、小项目的建设都能顺利实施。另一方面,要加强生态农业的科学与技术研究,帮助农民科学选择优良品种,选择施肥措施、排灌方式、病虫草

---

① 黄贤金主编.循环经济:产业模式与政策体系[M].南京:南京大学出版社,2004:181-216.

综合防治措施、栽培技术,实施作物轮作制度,合理配置农业与工业技术方法等。

二、发展生态效率型农工型产业,建设高效农业

实践表明,即使农业实现了生态化,但如果"小农户直接面对大市场",其结果只能是农业增产不增收。因此,要实现高效农业,就必须"跳出农业发展农业",以生态工业为"引擎",建设区域农工型生态经济。[①]

(一)生态效率型农工型产业及其建设的必要性

生态效率型农工型产业以减少农产品和工业"三废"排放量,从而降低其环境污染为目标,以构筑农工型生态产业链、实施清洁生产为手段,实现工业、农业的联动增长。例如,按照联合国国际标准工业的分类法,2003年我国农产品加工业的工业增加值率平均为31.36%,[②]这导致那时我国农产品加工业的环境负荷迅速增加:2001年我国耕地总量为1.27亿公顷,而2003年增至1.30亿公顷,2014年增至1.35亿公顷。[③]那一时期,纺织、造纸、食品制造等行业曾使农产品加工业成为我国污染最为严重的产业之一,其中造纸业甚至被称为"黑色产业"。当前,面对我国生态环境"局部改善,总体严峻"的形势,农产品加工业以"高消耗、高污染"为特征的传统经济必须尽快转型为生态经济,突出表现为必须解决"三废"点源污染问题。

(二)生态效率型农工型产业有利于农业高效发展

实践表明,在努力消除加工过程的结构性污染的同时,区域生态效率型农工型产业促进了农业产业化,推动了农业高效发展。这种产业有助于实现产业内"工业反哺农业、农业促进工业"的工农互动,有助于形成标准的"公司＋基地＋农户"的现代农业生产机制。

例如,曾计划建设的新疆石河子国家生态工业(造纸)示范园。该示范园

---

①　尹小剑,刘黔川.论生态经济的"引擎"——生态工业[J].生态经济,2004(11):99-101,104.

②　国家统计局.中国统计年鉴[M].北京:中国统计出版社,2004.

③　国土资源部.2013中国国土资源公报[EB/OL].http://www.mlr.gov.cn/xwdt/jrxw/201404/P020140422295411414695.pdf.

属于拟新建项目,包括芨芨草种植、造纸、养殖、畜产品加工、造纸废液治理、生态旅游六大系统。这种以种植 6.25 万公顷当地特色资源芨芨草为核心的农工型生态产业,一方面直接提供 1.55 万个就业机会,每年使当地农民增收至少 2000 万元;另一方面,它一举将石河子地区的畜牧业由 70% 是天山牧场散养,转变为 70% 是平原人工草场集约化舍养,将彻底改变石河子的粮食、经济作物二元种植结构,形成粮、经、饲三元农业结构,拉动种植业结构的优化升级。①

(三)建设农工型生态效率型产业的原则与政策建议

1.制定有效的产业政策

优化产业结构,实现生产集中。面对总量增长而越来越强的买方市场,面对加入 WTO 后日趋激烈的国际化竞争,我国的小规模农产品加工必须尽快实现集中化生产。②

2.加工集中化必须以原料生产与加工生态化纵向耦合为基础

为此,首先,要积极推进农产品种植基地建设,发展"种养加"循环型生态产业链,并使农民的综合收益大幅度提高。其次,适时完善订单农业体制,推进种植业规模化、标准化和有机化。最后,在不断加强与农户和其他加工单位协作的基础上,以废弃物再利用无二次污染为原则,建立副产物的横向耦合再利用生态链,规划生态工业园。

3.农业生产主管部门应当积极采取行动

首先,组织科研人员对农作物良种进行培育和攻关,培训农民使其掌握高产优质技术,建立产业信息网使农民能方便地获得种植信息,加强种植区的水利、道路建设等。其次,制定有利政策,保证原料种植的规划、面积、种子、机耕、农资和服务措施全面落实。最后,安排农业事业费、扶持费、技术改进费、扶贫发展基金等,稳定和扶持农业生产。

4.各级环境管理部门应对农产品加工企业加强考核

考核标准应包括企业是否已实施了清洁生产和进行了 ISO14000 环境管理体系认证。要在产业中有计划、有步骤地实施绿色生产行动计划。督促和

---

① 吴一平,段宁等.全新型生态工业园区的工业共生链网结构研究[J].中国人口、资源与环境,2004,14(2):125-130.

② 潘伟光.经济全球化与中国农业企业跨国发展[M].北京:中国农业出版社,2004:72-94.

指导企业从预防污染、减少资源消耗入手,建立环境管理体系,让企业"自我决策、自我实施、自我控制",从而实现"自我管理",将环境管理融入企业全面质量管理当中,不断增强产业的可持续发展能力。

三、培育生态效率型农户,发展生态、安全农业

(一)生态效率型农户及其重要性

生态效率型农户生产绿色农产品,节约和保护水土资源。

第一,生产绿色农产品是安全农业。相对于工业绿色产品制造,绿色农产品对原料生产地提出环境质量要求,要求农产品不能出自有公害、有污染的环境,这就保证了农产品生产本身不对环境质量造成破坏。同时,在消费过程中,绿色农产品保证不损害人身健康,因为它消除了生产环境中的有害生物、有害理化物质。

第二,保护和节约水土资源的农业是生态农业。首先,绿色农产品要求在生产、加工、运输、消费的全过程对环境无污染或污染很少。其次,节约水土、增加生态用地用水,就是建设生态环境。我国是世界上 13 个贫水国之一,缺水造成了严重的生态问题,部分地区如西北地区甚至因缺水而使生态恶化。对此,以减少工农业尤其是农业用水来增加生态用水为指导思想,中央政府提出要"积极推行节水灌溉"——其政策背景是,当时农业用水占我国年总供水量的 64.5%(2003 年),而其使用效率仅为 30%～40%,比发达国家低一半,[①]农业节水空间很大。农业用水的终端是农户,只有农民节水了,我国生态用水才能切实得到保障。

(二)促进农户生产绿色农产品的措施

针对发展安全农业,促进农户生产绿色和有机农产品,政府部门要对农产品实行全过程质量监控:

第一,要从源头上消除污染,而且要控制运输、储存等环节,不断改进组织、管理、监测、检测等体系,促进农户生产的生态化、安全化。

第二,要加强绿色环境保护制度建设,包括完善绿色农产品环境标志制

---

① 潘海英,马福恒.水资源可持续利用的目标与对策分析[J].生态经济,2005(10):28-30、34.

度,持续开发环境标志农产品,持续降低消费者获取农产品信息的成本;继续加强环境标志认证与管理,充实和完善环境标志管理条例,持续完善环境标志的申请条件、审查标准、办理程序、使用要求、管理机构等,并优化具体实施办法;加强立法工作,将我国发展绿色农产品的内容和规定以法律形式确定下来。

第三,增加科技投入。开发绿色农产品是以高投入、高技术为后盾的,要加强政府、企业、学校、研究机构之间的协作,使生态环保技术的新发明能被迅速运用到生产实践当中,提高生态技术水平和绿色环保科技水平,以此提高绿色农产品的技术、安全、卫生和环保标准,降低生产成本,增加附加值,不断提高农民生产绿色农产品的积极性。

(三)建立有助于培育节水型生态农户的用水机制

按照规划,我国在"十三五"期间实施的节水改造工程以北方灌区为重点,兼顾全国其他地区,其目标是实现全国灌溉水利用系数至 2020 年达到 55％以上。[①] 围绕这一目标,我国北方尤其是西北地区的农业管理部门,除了大力推广喷灌、微喷灌、滴灌以及膜下滴灌技术,以使农民体会到科学的节水技术不仅可以节水,而且能减轻劳动强度(如减少翻地、锄地次数)、利于作物生长(土地不易结块等),从而调动了农民的节水积极性外,更重要的是还着眼于建立使农户主动节水的长效机制,积极对农户用水机制进行了改革。

1.实施总量控制,确定初始水权,建立农户水市场

这种用水机制强调"只要不断节水,农户就不断受益",基本特征是"利用市场,鼓励节水"。以甘肃张掖市为例,针对农业用水量增大而对黑河水的用量急剧加大,导致内蒙古的居延海干涸、额济纳生态恶化等问题,2002 年张掖市开始对水资源实行总量控制和定额管理。第一,水管部门测算农户的年用水量,确定配额即初始水权。第二,依据配额给每个农户颁发水权证。第三,每次灌溉时,农户到水管部门购买水票,后者依票向农户定量供水。第四,建立水市场。农户超额用水需高价购买水票,节余的水可在市场上出售,售价不能高于购价的 3 倍。水交易可以在农户间进行,也可由农民委托村水协会在协会间进行,水票还可以白水管单位以 120％的价格回购。2005 年,张掖地区

---

① 中国农业新闻网.2011 年中央一号文件[EB/OL].http://www.farmer.com.cn/ywzt/wyhwj/yl/201502/t20150205_1011788_5.htm.

农业用水比例下降了9.3%,年节水量达到1亿立方米以上。[①]

2.供水到户制度

"供水到户"是水管单位或农户协会直接与用水户见面,实行量水到户、配水到户、建账到户、收费到户。它以配额用水为基础,以水费杠杆来要求农户节水,其发展趋势是"用水配额,差额收费",基本特征为"行政管理,惩罚浪费"。以新疆为例,"供水到户"具体做法为:一是建立供水管理体制。成立由水利部门监督的农民用水协会,对用水自管自营。二是全面实行由各市、县统一印制、发放的供水证和供水卡制度。农户自行保管其供水证,配水员保存与供水证对应的供水卡。三是建立健全在每户或几户地头设置量水设施制度。四是定额供水,做到适时、适量灌溉。五是加强水费计算、收取、使用及管理工作。至2011年,灌区推行"供水到户"面积占农田灌溉面积的85%以上,推行"供水到户"的灌区平均每公顷节水450立方米以上。[②]

本章小结

"种养加"型生态工业园区建设指导思想是:统筹规划,完善机制,创新技术,融入人居要素。"种养加"型生态工业园区建设原则是:价值链开放,整体与成员个体统一,园区产业多样化原则,虚拟化经营,产业集中,政府强力推进。

生态工业园区建设目标是:走新型工业化道路促进环境保护,促进产业结构绿色化升级,促进还原产业发展以促进"三农"问题解决,构筑区域绿色贸易制度,提升园区产业绿色竞争力。

"种养加"型生态工业园运行任务与保障措施是:提高区域农业生产的生态效率,实现高产优质;发展生态效率型农工型产业,建设高效农业;培育生态效率型农户,发展生态、安全农业。

---

① 中央电视台.居延海的重生——落实科学发展观[EB/OL].http://www.cctv.com/news/china/20050805/102455.shtml.

② 伊力哈木·沙比尔.大力加强农田水利造福新疆各族人民[EB/OL].http://epaper.xjdaily.com/detail.aspx?id=173410.

第四章
"种养加"型生态工业园发展的
政策环境建设

第一节 "种养加"型生态工业园运行机制分析

生态工业园发展过程中,在企业内部、经济组织间和区域三个层面所存在的追求生态效率的动因,可以归结为以下四种力量的分力或合力。

一、生态需求拉动力的增长

社会生态环境质量需求是拉动力,其大小从根本上决定着清洁生产中的生态物流链的强弱、生态工业园中经济组织间生产耦合的多少、区域产业集群中生态价值链的有无。

(一)政府推动生态环境质量需求的增长[①]

生态环境质量在某种程度上可以被看作是与食物、住房、交通工具和耐用消费品等一样,为个人提供服务功能的一种特殊消费品。在个人的不同消费阶段,对一般消费品与生态环境质量这种特殊消费品的消费,构成了个人生活质量的主要内容。从历史的眼光看,人们生活质量的提高要经历三个阶段:第一,高恩格尔系数阶段。从极端贫困开始到基本生活需求被满足的这一阶段,对应着人类环境意识中的崇拜自然阶段。个人与其家庭为生计而奔波,食物

---

① 李传红,黄水祥,朱文转.论环境质量的消费性与环境意识[J].生态经济,1999(4):20-22.

支出高,丰衣足食是追求目标。一般生活消费品的贫乏,决定了人们只要有机会就会增加实物消费。第二,户内消费阶段,对应着人类征服自然的阶段。伴随着产业革命,大量的机器和能源创造出了空前多的物质消费品,主要是家庭耐用消费品。需要注意的是,这时的人们并不是没有注意到生态环境质量与生活质量的反向变化,而是他们认为:一定条件下,生态环境质量消费可以部分地被物质消费替代。这一定的条件有两个:一是一定的生活质量水平以下,二是一定的环境质量水平以上。第三,购买服务阶段。家庭耐用消费品的支出开始下降,教育、医疗保健、通信、电力支出迅速上升,对生活质量的追求表现为对生态环境质量(包括旅游、户外娱乐等)、教育等的持续和高品质需求。经济学对此的解释就是:食物消费对生态环境质量消费的边际替代趋于零,这或许是因为人们的生活质量达到了一定的水平以上——物质产品极大丰富,或者是生态环境质量恶化到了一定水平以下——人们普遍已无法忍受现有生态环境。

生活质量与生态环境质量需求的关系表明,对生态环境质量的需求可以"自然"产生,产生的条件之一是资源环境已不能提供足够的直接和间接生态服务。我国的现实国情是人口众多,要使绝大多数人共同富裕——比如达到中等国家的人均收入,资源消耗量和废弃物排放量至少是相应国家的 5 倍以上,但我国的资源与环境并不富裕。这就意味着,我国经济在以每年 8%~9% 的速度增长时,有可能出现的情况是:人们的平均生活质量还没有达到购买服务的阶段,生态环境质量的恶化就已突破底线。认识到这一问题,意味着我国不能在环境保护方面走"公众推着政府走"的道路,而必须是政府充当提高生态环境质量提高的发起人。

事实上,我国政府超越欧美发达国家,制定并实施了世界上第一部具有促进清洁生产意义的法律——《清洁生产促进法》。但环境保护的基本力量毕竟是公众和政府两个方面,政府的决心再大,没有公众实际的生态环境质量购买,生态经济发展的动力也只能存在于法律文件中。因此,与制定循环经济型法律同步,政府要培育消费者的生态环境质量购买力。

消费者的生态环境质量购买力首先来自其消费观。认为个人的生活质量水平已足够高,并且再高就违背环境伦理的适度消费观,将使消费者形成超前的、或强或弱的、实际的生态环境质量购买力。适度消费观的形成只能依靠教育,包括政府、企业、学校、农村、社区等的环境伦理教育,而它们的真正落实则需要政府建立起一套协调机制——协调地区的环境伦理目标和内容,一套法律制度——将环境伦理教育纳入法律管理轨道,一套监督机制——将反环境伦理的言行进行曝光,一套信息反馈机制——政府和个人能够及时动态地掌握环境质量信息。通过环境伦理教育,消费者应当奉行两个可持续性消费原则:第一,绿色消费原则,即"适量消费,最少量废弃";第二,消费者环境责任原则,即消费者必须对环境质量的保护与提高承担责任。一方面,消费结束后要对废旧物品进行分类回收,以利再利用,消费过程要低污染、无害化;另一方面,在消费的源头,就要选择绿色产品。

(二)市场生态环境质量需求拉动循环经济

以前述广西贵港国家生态工业园的发展为例。由于工业界长时间没有找到有效地降解废醪液中硫酸根的办法,上世纪末,我国各产糖区曾普遍出现了严重的酒精废醪液区域污染,糖厂一度面临着酒精生产停产甚至糖厂被关闭的威胁,贵糖也不例外。[①] 然而,就在当时,市场上出现了对有机糖的需求,客户主要是百事可乐、可口可乐等公司。贵糖抓住时机,以市场为导向,通过技术攻关,将发酵废醪液蒸发浓缩后制取有机肥,而后将其施于蔗田来生产有机甘蔗,以农保工,以工促农,有效地解决了贵港市的废蜜回收利用时污染环境的问题。其后,随着能源酒精技改工程的实施,贵港生态工业园每年能消化广西境内绝大多数糖厂的废蜜(约 100 万吨),彻底解决了广西糖蜜酒精废醪液污染问题,很好地实现了区域循环经济。

二、环境保护法规驱动力

环境保护法及相关的环境保护条例和规定是第一种推力。目前,促使生产与服务生态效率化的法律法规在我国有多部:2015 年修订实施的《中华人民共和国环境保护法》及其配套实施的大气、水和土污染防治计划,2008 年颁布的《循环经济促进法(试行)》,2003 年 9 月 1 日起实施的《中华人民共和国环境影响评价法》,2003 年 1 月 1 日起施行的《中华人民共和国清洁生产促进法》,2000 年 9 月 1 日起施行的《中华人民共和国大气污染防治法》,1996 年 5 月 15 日通过的《中华人民共和国水污染防治法》,1996 年 4 月 1 日实施的《中华人民共和国固体废物污染环境防治法》等,其中《清洁生产促进法》较突出地要求生产和服务生态效率化。《清洁生产促进法》在实践中已经发挥了积

---

① 杨和荣.贵糖建设中国最大生活用纸生产基地的发展战略及构想[J].生活纸业,2003(18):10-11.

极的作用,如我国的国家级生态工业园都因实施清洁生产而提高了资源利用效率和废物回收量,在取得较好经济效益的同时有效地消除了区域产业和产品结构污染,并节约和保护了资源。

但是,需要注意的是,一方面,按照《清洁生产促进法》,追求生态效率的生产和服务单位应当享受"减免税、奖励、划拨清洁生产技术扶持资金等"优惠政策,但政策落实没有完全到位。[①] 另一方面,实施清洁生产的企业数量较少,这意味着大部分企业并没有采用清洁生产,按照规定,这些企业应当承担法律责任,如被罚款等。将这两个方面综合起来看,当前的主要问题是清洁生产的鼓励措施和法律责任如何落实。

其实,无论是奖励还是惩罚,一个重要的标准是看一个生产或服务单位对生态环境有无负面影响、影响有多大多严重,即要算环境成本。环境成本测量得越准确,越能提高法律和行政手段的可操作性。之所以该奖的没奖、该罚的没罚,抛开制度本身和执行力度等因素之外,一个重要的技术原因就是不知道该奖励和处罚多少。因此,对环境影响进行一定的价值评估是必须和紧迫的(本书第七章对此问题作进一步讨论)。

三、政策和规定驱动力

行政政策和规定是第二种推力。在执行层面,我国资源环境保护管理体制分三个层次:第一,各级人民政府对环境质量负责;第二,各级人民政府环境保护行政主管部门对环境保护工作实施监督管理;第三,各级人民政府有关部门依照有关法律的规定,对环境污染防治和资源的保护实施监督管理。[②]

着眼于减少各种生产与服务活动造成的环境污染与生态破坏,最大限度地节约资源、改善环境质量,促进环境与经济社会的可持续发展,我国政府采取了诸多措施来规范生产与服务单位的环境行为,比如针对单个组织的"开展创建环境保护模范企业活动"。在该活动中,对被评为环境保护模范的企业,当地政府将优先安排技改资金和环境治理项目补助资金、国家专项贷款和引进国外资金。但总体上看,我国目前的行政手段还仅由环境保护部门"独家"使用,势单力孤。针对这一情况,我国提出了环境保护责任制。针对落实,普遍认为要在环境目标责任制的严肃性、公众监督、实施环境保护一票否决等方

---

①　叶文虎主编.环境管理学[M].北京:高等教育出版社,2000:205-206.

②　张明顺.环境管理(第二版)[M].北京:中国环境科学出版社,2005:206.

面加大力度,即采取必要的措施,加大对责任人的环境保护行为的监管力度。这意味着,对一个地区的领导班子来说,一方面他们要努力提高当地的 GDP,另一方面他们又必须在 GDP 增加的同时,使当地资源环境质量不断得到改善,至少也应达到国家规定的某一数值,这就是对官员实施业绩绿色考核的实质。

在财政政策方面,1995 年 2 月中国人民银行发布了《贯彻信贷政策与加强环境保护工作有关问题的通知》,第一次提出了有利于环境保护的金融政策。[①] 同年 7 月,财政部发出了《充分发挥财政职能,进一步加强环境保护工作的通知》,首次提出了有利于环境保护的税收政策。这些较早提出的有利于环境保护的金融与税收政策,可以看作是我国利用金融与税收手段发展生态效率型组织的开端。

四、绿色技术创新驱动力

绿色技术创新是第三种推力,它是相对于落后技术是一种阻力而言的。

之所以建设生态工业园要有绿色技术创新,是因为:第一,通过技术创新实现环境解放有着牢靠的实践基础。例如,全球玉米的平均产量是每公顷约 4 吨,而美国平均约为 7 吨。但是,美国玉米的最高产量是每公顷约 21 吨,这个数值是世界平均水平的 5 倍、非洲平均水平的 13 倍。这些数据显示,资源或能源的使用在世界上广泛地存在着无效率甚至低效率。第二,技术创新是资源环境问题的"诊断器"。要解决问题,首先要发现问题,正所谓下药必须对症。在发现资源环境问题方面,技术本身就是我们不可缺少的,它已经被广泛地用于环境检测。而且,在某些领域,一旦离开技术协助,人类就无法获得资源环境变化的信息。第三,在实践中,确实出现了众多治理技术,如汽车尾气净化技术、烟道气脱硫技术、酒精废液与锅炉渣制肥技术、清洁煤生产技术、垃圾清洁焚烧技术等,它们将废气、废水和废渣的危害降低到一定标准之内。还出现了污染预防也即清洁生产技术,这种技术侧重于对生产工艺进行改进和改造,并从产品的生命周期对采购、生产和销售进行环境管理。最重要的是持续出现的非物质化也就是提高生产率的技术——200 多年来,工农业劳动生产率已经分别提高了 200 倍和 20 倍,单位能源的输出增长了 10 倍。在工业化国家,农业生产率提高的结果是农田被大规模地返耕为林、草或其他生态系统的稳定器。

---

① 张明顺.环境管理[M].北京:中国环境科学出版社,2005:239-242.

第二节 发展路径建设之基础——划分农业 功能区 ●●➡

　　我国可持续发展战略要求各区域人口、资源、环境协调发展,尤其要求区域产业分工协作,为此国家"十一五"规划纲要明确提出要"将国土空间划分为优化开发、重点开发、限制开发和禁止开发四类主体功能区,按照主体功能定位来调整完善区域政策和绩效评价,规范空间开发秩序,形成合理的空间开发结构"。

　　农业是国民经济的基础性产业,其基本职责是保证国家的农产品供给。在当前可持续发展战略要求下,在主体功能区划框架下,农业又必须承担维护生态平衡、保障区域人口就业、提供城市居民以休闲去所及传承农业文化等多重功能,即农业生产必须呈现出多功能特征。依据《关于开展农业功能区划工作的通知》(农区办〔2008〕4 号文件)要求,全国各省区直辖市发展与改革委员会规划处自 2008 年 6 月开始,均成立了"农业功能区划研究组",着手对各自的农业生产力构成要素和发展水平展开调研,继而对农业功能区进行划分。尽管基于各种原因,我国农业功能区划至今并没有实施。但是,农业功能区划是全国主体功能区规划的重要基础性工作,[①]若要以主体功能区建设保证现代农业的发展,促进农村环境污染整治、建设美丽乡村,则农业功能区划是一项绕不过去的工作。

　　农业生态调节功能是指以自然再生为特征的农业具有显著的土壤保持、水源涵养、气候调节、生物多样性维护等功能。不同于其他土地利用方式,农业生产利用土地时,土地必须保持一定时间的植被覆盖,水田需保持一定时期的淹水状态,农田及相关的农业生产活动因而具有相应的生态调节功能。与生态保护和调节功能密不可分的是,不恰当的农业发展方式会导致土壤退化、病虫害加剧和农业生产力下降,它在影响农业生态调节功能正常发挥的同时,还对区域外部生态环境产生负面影响。[②]

---

　　① 罗其友,陶陶,高明杰等.农业功能区划理论问题思考[J].中国农业资源与区划,2010,31(2):75-80.

　　② 罗其友.农业功能区划技术要点[R].北京:中国农业科学院资源区划所,2008.

一、农业生态调节功能主导区划分指标问题

在农业功能区划分过程中,农业生态调节功能主导区划分指标为一级指标,包括两个次级指标,分别是生态调节指标和生态约束指标。生态调节指标主要包括作物种植面积占土地比重(%)、水田面积占土地比重(%)、草地面积占土地比重(%);生态约束指标可以包括盐碱化面积占区域面积比例(%)、草原退化面积占区域面积比例(%)、森林资源保护面积占区域面积比例(%)、水源地保护面积占区域面积比例(%)、天然湿地类型面积占区域面积比例(%)、水土流失面积占区域面积比例(%)、退耕还草(林)面积占区域面积比例(%)。[①]

(一)指标选取问题

实际操作过程中,生态调节指标和生态约束指标是并用还是单用,要做具体分析。生态调节指标高,表明农业生产的生态调节功能强;生态约束指标高,则表明农业生产对区域生态环境产生威胁和破坏。

当区域内山林资源丰富,或草场丰盈,或水田面积广大时,可单用生态调节指标。其意义是:要依托自然资源发展林业、牧业等特色农业,传统种植业则受限。对于生态条件极其脆弱的地区,如湿地沼泽地区,降水稀少、蒸发量大、绿洲荒漠沙漠景观集中的地区,水土流失严重的高原区等,则应单选生态约束指标。其意义是:这些地区农业生产挤占生态用水,撂荒、乱垦滥伐等破坏地表植被,农业项目需要被压缩。若区域内地理特征和气候类型多样,平原、山地、丘陵、盆地、草原等交错分布,则宜选取生态调节和约束复合指标。其意义是:如果不进行农业生产,区域生态环境可能退化;通过农业生产,水土可以得到涵养、植被能够被维持,气候也可得到改善。实践中,甘肃、新疆等地单选了生态约束指标,浙江、四川等地则使用了复合指标。

(二)类别指标设定界限问题

功能区类别指标是否需要设定界限,取决于所采用的分类方法。

当对指标数据采用聚类法进行归类时,区域生产要素数据向量之间的距离被测算,即一个地区(县或市)的各项农业生产指标如人口、交通、土质、水域、生

---

① 国家农业功能区划课题组.农业功能区划专题调查表填报说明[R].北京:中国农业科学院资源区划所,2008.

产能力等整体被进行方差运算,没有必要对功能区类别指标进行界限设定。

当采用判别分析法进行分类时,由于需要有"样本"区作为参照,类别指标数据实际起到筛选数据的作用,它就应当先行被"标准化",如规定"水源地保护面积占区域面积比例超过 30％时,该区域必须划定为农业生态调节功能主导区"等。这时,判别分析法往往演化为主成分分析法或层次分析法。

二、分类方法选取问题

功能区划分过程要求科学,应尽量减少人为因素对划分结果的干扰。实践中可供选取的方法有聚类分析法和判别分析法。

(一)聚类法使用问题

聚类分析处理的向量观测值可以是无限维,它特别适合对复杂向量系统进行归类。聚类分析是应用最广泛的分类技术,把性质相近的个体归为一类,使同一类中的个体具有高度的同质性,不同类之间的个体则具有高度的异质性。

但是,聚类分析大都属于探测性研究,更多是对"新鲜事物"进行性能研究。将聚类分析应用于已知或大部分情况已知的农业功能区划分,划分结果往往同区域的现实功能有较大差异。其主要原因是:第一,没有、实际上也不大可能将决定区域农业主导功能的因子全部列明,导致相应区域的功能出现偏移;第二,区域农业功能确实发挥得不科学,需要对其重新定位。其实,这正是我国现阶段农业功能区划工作需要解决的核心问题。

(二)判别分析法使用问题

判别分析与聚类分析有所不同,它是在已知研究对象被分成若干类型(或组别),尤其是已取得各类型(或组别)的典型样品的观测数据的基础上,根据这些数据建立判别式,对未知类型向量进行判别分类。判别分析法本质上属于经验判断,独立使用它来对农业功能区进行划分,其结果来源于实际,但说服力往往不足。

(三)聚类分析与判别分析合用

可以先用判别法进行分析,而后对不确定的区域采用聚类法分析。这种做法实际上是剔除法,即先通过经验确定部分各类功能主导区,剩余地区用数据做统计对比,通过聚类将其分类,每一类再同已知类对比并归类。也可以先聚类,再用判别分析法对结果进行修正。这种做法实际上是假定研究对象属性不清楚,先完全用数据来分析,而后再发挥经验判断的优势,对结果进行调整,使模型结果和实际经验没有太大出入。

从实际操作效果来看,先聚类再判别分析的方法说服力比较强,工作量也相对较小。而先判别分类之后再对剩余地区做聚类的方法,实际上是"判别—聚类—判别",经验判别起了主导作用,科学性减弱,工作量也比较大。[1]

三、生态调节功能主导区的辅助功能问题

有些省、市、区在确定各农业区的功能时,对每一主导功能都配以辅助功能,用以强调说明农业的多功能性,但这样做未必合适。

对于农产品供给功能主导区,除了提供粮食等农产品外,该区必定还发挥了就业与生活保障功能、生态调节功能和休闲及文化传承功能,因为这三项功能本身就是农产品供给功能的衍生功能。换言之,只要农业生产具有农产品供给功能,它就同时具备其他三项功能。

但是对于生态调节功能主导区,其功能可能仅限于生态调节。比如新疆农垦生产建设兵团所辖的农三师托云牧场、农十四师的一牧场等,随着气候变暖、降雨减少,这些农牧团场目前存在较为严重的草场退化问题,恢复和维持植被是当前急需解决的核心问题。也就是说,生态调节功能的发挥是当前这些团场农业生产的急所,而农业相应的农产品供给功能、就业与生活保障功能、休闲及文化传承功能已极其微弱。[2]

四、生态调节功能主导区划分原则问题

生态调节功能主导区划分原则应突出以下几个方面:

(一)科学发展原则

在现代农业建设进程中,必须正确处理好农业资源开发利用与生态环境

① 新疆兵团农业功能区划研究课题组.新疆生产建设兵团农业功能区划研究[R].乌鲁木齐:新疆生产建设兵团发展与改革委员会规划处,2009.
② 刘勇,李缙.新疆生产建设兵团南疆垦区主体功能区划的原则和主要配套政策[J].生态经济,2008(10):71-75.

保护的关系,充分调动农民生产绿色产品的积极性,大力推行绿色安全生产技术,实现经济、社会、生态协调发展。生态调节功能主导区的划分要有利于阻止农业盲目开发和破坏生态环境的行为,有利于维护和增强区域经济发展的生态环境支撑能力,有利于促进区域社会可持续发展。在生态调节主导功能区和其他功能区之间,必须遵照"五个统筹"原则对农业资源进行优化配置,并强化各区农业功能各有侧重又互补平衡,努力促进区域农业全面发展、协调发展、可持续发展。

(二)相似和相异性原则

由于资源条件和经济发展程度不同,不同生态调节功能主导区内的资源结构、产业结构和服务功能存在某些差异性,应根据区划指标的测算,尽量求同存异,把主要和关键指标相近的区域归为一类;反之,尽管很多指标相近甚至相同,但若主要和关键指标相去较远,也应当以事实为依据,按照异质性原则分类处理。[①]

(三)主导功能原则

农业资源的多样性和经济社会发展对农业产品和服务需求的差异性,决定了同一区域内的农业可以有多种功能。农业生产都具有生态调节功能,但它可能是主导功能,也有可能只是辅助功能。农业主导功能的发挥取决于自然条件和社会需求,应当在充分发挥农业资源的各种价值的基础上,按照多种功能有序开发的要求,突出主导,以主导功能作为区划依据,其辅助功能作为区划参考。

(四)完整性原则

生态调节主导功能区中,在充分考虑当地的社会经济发展和人民生活情况的基础上,如无特殊情况,一般不应当再包含其他主导功能区,以保持区域的连续完整性,便于日后辖区内综合管理措施的实施。需要指出的是,生态调节功能主导区由于具有不可替代的维持和保护生态环境的作用,因而它可以被包含在农产品供给功能主导区、就业与生活保障功能主导区等其他功能区之内。

---

① 胡豹.浙江省农业功能区划研究介绍[R].杭州:浙江省农业科学院区划研究所,2008.

(五)一致性与特殊性原则

生态调节功能主导区作为省(区、市)的一部分,其区划结果应与该省(区、市)的主体功能区划结果基本一致,即生态调节功能主导区应基本被包含在限制和禁止开发区内。农业生态调节功能主导区也有其特殊性,即并不是在主体功能区中的限制和禁止开发区内只能设定农业生态调节功能主导区。例如新疆生产建设兵团南疆垦区团场虽大都地处限制和禁止开发区,但结合兵团党政军企特殊性来看,为突出兵团较之地方农业生产规模较大、技术先进、机械化程度高等特点,在这些区域只设定了少数几个生态调节功能主导团场,其他大部分地区则属于农产品供给功能、就业与生活保障功能主导区。

(六)动态性原则

农业生态调节功能区划的形成决定于一定时空自然环境与社会经济因素。随着时间推移,尤其是随着区域循环经济和生态经济的发展,区划结果及其内容要依据区域自然环境和农业生产力的变化而做出调整,以保证功能区定位的时效性和准确性。

五、生态调节功能主导区支撑政策问题

为促进区域农业主导功能有效发挥,政府部门一要建立和完善综合性政策,协调农业各功能区的发展;二要制定分类保障措施,推进农业各功能区按照区域功能定位的要求发展。[①]

(一)综合性政策要点

综合性政策的重点在于支持农业生态调节功能主导区建设。由于生态建设是现代农业发展的根本,建议国家把各省(区、市)农业生态调节功能主导区划纳入国家农业功能区划中。省(区、市)财政应补贴生态调节功能主导区农牧渔民的生活费用,对于条件比较恶劣的如边境地区、荒漠地区、偏远山区等,这种补贴应是全额的;增加用于公共服务和生态环境补偿的财政转移支付;重

---

① 新疆生产建设兵团南疆垦区主体功能区研究组.新疆生产建设兵团南疆垦区主体功能区发展定位方向及相关政策[R].乌鲁木齐:新疆生产建设兵团发展与改革委员会规划处,2009.

点支持公共服务设施建设、生态和环境保护建设投资;引导产业合理布局,不适于在生态调节主导功能区发展的产业要向其他功能区转移;实行差别化的土地利用政策,严格稳定耕地总量,实施占补平衡甚至先补后占;调控人口总量,引导人口有序流动(新疆生产建设兵团除外),逐步形成人口与资金等生产要素同向流动的机制。

(二)生态调节功能主导区支撑政策要点

(1)财政政策。第一,国家全额承担退耕还林、还草补助费用,设立生态环境建设专项基金。第二,对区域内生态管护设施加大财政建设投入。第三,加大财政转移支付力度,由中央和省区财政全额承担生态调节功能主导区公共服务方面所需要的费用。

(2)投资政策。第一,建设生态保护区,设立专门的管理费用和人员经费财政预算科目,保证稳定的资金投入。第二,拓宽对生态建设有益的非国有资金、设备、人力等的投入渠道,加大对交通、通讯、生态环境工程等基础设施建设的投入力度。

(3)产业政策。第一,坚决杜绝破坏生态、环境污染的开发活动。第二,以财政补贴和税收优惠鼓励特色产业发展,引导不符合功能区定位要求的产业外迁。

(4)土地政策。第一,对休耕土地妥协实施生态保护,对生态用地实施省区直接监管。第二,禁止水土污染和对地貌植被等的破坏,加强污染监控。第三,设定高于全省区平均水平的土地使用控制标准和高于全省区水平的土地使用最低价格限制。

(5)人口政策。第一,稳定数量,提高质量,建立持续对农村基础教育增加投入的机制。第二,在全省区范围内,适当将人口较稠密的生态功能主导区农户迁向相对宜居区。第三,大力支持劳动力培训,重点普及精准农业生产技术。

随着经济社会发展,当前我国农业产值在总体上占国民生产总值的比重越来越小,社会上出现了轻视农业对社会发展所做贡献的倾向。为此,需要理论界重新认识和研究农业的功能与作用,拓展农业经济功能以外的其他功能,尤其是生态调节功能,并促进这一功能的有效发挥。列出农业生态调节功能区划分当中存在的一些问题及其解决思路,旨在探讨怎样使农业功能区划更科学化、标准化,从而为区域和全国主体功能区划奠定良好基础。最后需要指出的是,能否建立综合性财政转移支付长效机制,决定着农业生态调节功能区在空间能否具体落实,它是区划工作的另一深层次问题。

第三节 建立和完善区域涉农产业环境管理体系 ●●➡

在我国,已有的环境管理体系是建立在目标责任制基础上的。各级人民政府以下级对上级负责为原则,逐级签订环境保护目标责任书,同时也将目标所对应的各项环境保护指标逐级分解。生产经营单位作为最基层的目标落实者,在内部实行责任制,明确各项指标责任的具体承办岗位或个人。在这种自上而下制定的环保责任体系中,可以说,我国企业包括园区一级的环境管理规定和措施是被动制定的。这种局面需要得到改变。

一、建立区域环境管理体系的必要性

我国的《环境保护法》、《建设项目环保设计规定》、《建设项目环境保护设施竣工验收管理规定》、《工业企业环境保护考核制度实施办法》以及一些行业和地方出台的环境保护政策,都规定生产经营组织尤其是企业要建立健全的资源环境保护机构和规章制度,内容主要包括:第一,地方政府环保部门有权对生产经营组织的环境管理机构的设置、环境管理人员的设置、环境管理制度的建设等进行检查,以了解和掌握排污单位落实环境管理制度的情况。第二,环保部门监察人员要对生产工艺、设备进行检查,以便于发现非正常产污和排污行为以及污染隐患。第三,监察人员要对排污单位的污染源守法情况进行检查,检查内容包括:环境影响评价制度和"三同时"制度执行情况,排污申报登记与排污许可证制度实施情况,排污申报资料的审核与确认情况,排污许可证执行的现场监理情况,污染物排放计量装置运行情况等。第四,环境监察还包括对污染物排放总量控制的监察。

我国环境法对污染源的监察具有强制性。《中华人民共和国环境保护法》第24条规定:"县级以上人民政府环境保护主管部门及其委托的环境监察机构和其他负有环境保护监督管理职责的部门,有权对排放污染物的企事业单位和其他生产经营者进行现场检查。被检查者应当如实反映情况,提供必要的资料。"第59条规定:"企事业单位和其他生产经营者违法排放污染物,受到罚款处罚,被责令改正,拒不改正的,依法作出处罚决定的行政机关可以自责令改正之日的次日起,按照原处罚数额按日连续处罚。"①

尽管我国目前还主要是对工业企业进行环境监察,但从发展趋势来看,随着人们环境保护意识不断增强,尤其是对生态环境服务功能需求的不断增强,我国所有种类的生产经营组织都将时刻处于环境监察之下,任何一次污染物的违规违法排放甚至生产原料的浪费都有可能受到处罚。这就是说,所有生产经营者正面临着越来越严格的环境管制。对于一定区域内的涉农产业集群,由于有农户"镶嵌"在生产链条中,就更需要有一个总的环境保护和协调者来统领工作,制定出使各生产经营者共赢的环境战略。这一"总的环境保护和协调者",从当前实际情况来看,非地方环境保护管理部门莫属,这是由我国"政府推动型循环经济发展战略"决定的。

依据生态效率理论,地方环保部门统筹组织区域内涉农产业以建立区域环境管理体系的做法,使政府环保部门成为区域生产经营集群中的一个有机组成部分,成为一名环境会记,其职责之一是对各涉农企业和农户建立环境账户。在环境保护越来越受人关注的今天,没有统一的环境管理体系,单方面要求区域农业生态化、工业清洁化、各经济组织单独生态效率化,结果只能是生态和经济脱离,区域产业很难做到经济和环境协调发展。

二、制定区域涉农产业环境政策

制定区域环境政策,尤其是制定鼓励农户节水、鼓励农产品加工企业生产绿色或有机农产品,进而促使农业生产者使用有机肥的环境保护政策,是引导"种养加"型生态工业园认真对待生态环境问题的首要条件。

(一)地方政府自主制定区域环境政策

自主制定环境政策的优点是:第一,环境政策可以有机地融合在生产和管理程序中。这就是说,环境政策的根基是区域产业原有的组织运行机制,或者说受到原有机制的支持,环境政策会较具体而少抽象,比较易于执行。第二,生产经营单位实施环境政策的成本会较低。由于是自主制定,因而环境政策的总体目标在预期内实现的可能性较大;同时,在制定过程中,制定者可能同各部门进行了多次反复的交流,有些可能还是细节上的,这就有利于降低政策

① 中华人民共和国环境保护部.中华人民共和国环境保护法[EB/OL].http://www.zhb.gov.cn/gzfw_13107/zcfg/fl/201605/t20160522_343393.shtml.

的执行成本。第三,由于具有实践优势,自主制定的环境政策标准可能超越某些环境团体或组织对环境保护的规定,这种情况将使组织获得比较有利的绿色竞争优势。更好的情况是:本组织的环境标准成为行业标准,使本组织成为行业环境保护的领跑者,从而极大地提升生产经营单位的知名度,产品也因此成为知名品牌。

(二)地方政府鼓励生产经营者采用环境组织或环境团体制定的环境政策

环境组织中较为人所熟知的,第一是国际标准组织。如环境责任经济联盟 CERES、国际商会化学药品行业协会的责任关注程序委员会等,它们分别制定有 ISO14000 环境标准、CERES 或 Valdez 原则、可持续发展企业宪章 ICCBCSD 等。另外还有地球之友、绿色和平、EIRIS 等组织。[①] 国家环境组织有加拿大全国圆桌会议——《关于环境和经济可持续发展的目标》、日本经济联盟的《Keidanren 全球环境宪章》,英国行业联盟环境企业论坛《自愿行动议程》。第二是不断涌现的行业法规。如欧洲石油行业协会的《环境指导原则》,英国养老金投资研究顾问公司的《环境投资者法案》,英国地球之友组织发布的《地方政府环境宪章》,最著名的还有化学药品行业协会的《责任关注程序》等。

资源环境保护团体或组织发布的环境政策的特点是:第一,至少在原则上是环境质量管理和环境管理系统的基本原则、责任关注和公众信息以及可持续发展的一些基本前提的结合;第二,在当前,没有受到来自制定者哪怕是有程序可循的监管,换言之,环境组织相信,公众对环境质量的要求本身就是一个充分的监督机制。

采纳的环境政策更具有政策的性质,因为如果管理不严,基于自身的政策实际上往往等于没有政策。如果采纳环境组织已经制定的环境政策,首先,环保部门要将它转化为区域适用的具体目标和实际行动,也就是结合涉农生产和经营者的实际情况来分解和实物化环境政策;第二,环保部门要建立对公众环境诉求可以进行有效防御的机制。环境政策一般至少规定公众有权利知道环境政策签署者对政策的执行情况,并且让生产经营者日益处于公众的关注之下。政府避免使自己在环境问题上尴尬的基本方法,就是引导和要求生产经营单位建立各自的环境预警机制,定量记录生产过程中废弃物、排放物、泄

---

① 张明顺.环境管理(第二版)[M].北京:中国环境科学出版社,2005:347.

露物等的变化情况,高度重视偶发环境事故。

三、建立区域涉农产业环境管理系统

英国标准学会于 1994 年对环境管理系统 EMS 所做的定义是:为决定和执行环境政策而存在于生产经营单位的机构及其职责、业务、程序、流程和资源。环境管理系统涉及组织的方方面面,它将分散的导致环境问题的因素系统地整合起来,同时与组织内的其他管理系统相协调。

制定环境管理系统的第一步,是掌握区域产业集群与自然环境之间有怎样的关系,包括排放到环境中去的"三废"有哪些,这些"三废"对环境产生了怎样的影响,公众对组织有怎样的环境影响评价。在这同时要掌握区域生产和经营单位的环境"管理"状况,包括生产经营的组织结构、性质,所属行业及业绩,目前的环境标准执行情况等,确认和发现环境影响的存在和潜在领域——确认和发现的标志就是找到了环境标准与企业生产标准发生冲突的环节。对于新加入区域产业体系的生产经营单位而言,实施建设项目环境影响评价(EIA)是建立环境管理系统的第一步。EIA 最早可能在 1969 年美国《国家环境政策法》的推动下产生,然后推广到加拿大、澳大利亚、荷兰、新西兰和日本,目前已成为一种全球性的法律规范。EIA 的定义是:为了发现和预测新的环境发展所带来的影响,并尽可能地减轻这种影响,以及对已经产生的影响进行监督而进行的一系列活动。我国于 2002 年 10 月颁布了《中华人民共和国环境影响评价法》。

第二步是展开环境管理。展开环境管理的基础是要有管理程序。此时要决断的是,自己制定还是采用现有的标准程序? 后者是英国标准学会的BS7750——强调环境管理的效果、欧盟的生态管理和审计计划 EMAS——强调环境管理的业绩、ISO14000 系列——更加关注环境管理系统。决断之前要深入地研究生态工业园整体的环境战略、目标、宗旨以及怎样在内部贯彻环境事项等问题,研究方法可以采用 SWOT 分析法。在进行环境 SWOT 分析时,优势的方面包括技术先进、员工好的环境意识、环保潜力、已达到环境标准等;劣势的方面包括有污染物被公众知道、经济支出增加、国际性标准达不到、技术落后等;机会的方面包括环境标准有助于提高组织与环境团体、社区的接触,提高再循环的机会,提高组织在行业中的地位;威胁的方面包括组织所在国的环境法可能会变,能源成本可能变化,无害化处理要收税,在公众中的形象可能因环境问题而受损等。实际上,直接地、系统地采纳一个或一些标准,已经成为判断环境管理好坏的重要标准。但是,无论是制定标准还是采用标准,都需要开发,而且是不断地开发环境管理系统。因为环境影响是动态地伴随着生产和经营单位的,环境管理必须成为一种变化性的手段和日常管理活动,它的管理流程因而是循环反馈控制型的。区域环境管理部门在这时要制定环境战略。

第三步是接受来自公众的监管。接受公众的监管意味着要向社会至少公布所执行的环境管理标准。

第四节　形成绿色技术创新管理体系 ●●➡

关于绿色创新,仅仅其主流称呼就有四种,分别是:可持续创新、生态创新、环境创新和绿色创新。依据 Tim Schiederin et al.(2012)利用谷歌学术搜索(GS)数据库进行的文献检索研究,从静态方面来看,至 2010 年,在世界范围内的 8516 种学术出版物中,以绿色、生态、环境和可持续创新为主题登载文章的出版物总数中,绿色创新类占 9.8%,生态创新类占 17.6%,环境创新类占 31.9%,可持续创新类占 40.7%;从动态方面看,自 2009 年以后,每年以主题为绿色创新登载文章的出版物数量趋于稳定,而生态创新、环境创新和可持续创新主题类出版物数量,均开始以每年减少约 100 种的速度下降。从内容来看,四类创新研究涵盖了七个学科,其中,62.6% 出版物涉及商业、行政、金融和经济,25% 涉及社会科学、艺术和人类学,7.9% 涉及工程、计算机科学和数学,2.0% 涉及生物、生命科学和环境科学,1.4% 涉及化学和材料科学,1.0% 涉及物理学、航空航天学和行星学,0.3% 涉及医学、药物学和神经科学。[①]

很显然,对"绿色创新"内涵存在不同的理解。理解的不同并不构成问题,问题在于,这种不同的理解跨越了数个学科,它直接导致在世界范围内对绿色创新管理的研究落后于绿色创新实践。2010 年,德国联邦教育与研究部指出,尽管主要的工程学,例如风能和太阳能,已经在实践中为可持续方法和措施的提出做出了显著贡献,尽管 20 世纪末德国 80% 的创新型企业就已经在

---

① Derek Eaton.Technology and Innovation for a Green Economy[J].Review of European Community and International Environmental Law.2013,22 (1): 62-67.

接手环境友好型创新项目,但对此类创新的管理研究还很不够。[①] 实际上,早在 21 世纪初,就有学者指出,应当基于生态创新的研究和综合生态经济学,对创新概念重新给予定义。[②]

一、绿色创新二重性

(一)绿色创新产品的质量二重性

约瑟夫·M.朱兰(Joseph M.Juran)指出,质量是产品的适用性即产品在使用时能成功满足用户需要的程度。[③] 国际标准化组织(ISO)则拓宽这一定义的外延,认为质量是一组固有特性满足要求的程度。[④] 由此,环境质量可以被认为是环境特性满足人们环境需求的程度。

绿色创新产品就是要调和实物产品和"环境质量产品"在满足消费者两种需求上的矛盾,使消费者的实物和环境服务需求同时得到趋于最大化的满足,它构成绿色创新产品质量二重性的核心内涵。这种二重性的启示是,在进入户外消费阶段后,环境的直接服务功能进入了个人消费函数,即个人消费中既包括传统的实物消费,也包括环境质量消费,消费者获得的效用是一种分效用相乘而致的总效用。

环境服务功能的"能被替代"和"只能被有限替代",既是实物产品同"环境质量产品"的质量相斥的原因,也是二者能够并存的条件。

(二)绿色创新实施过程的"环保—污染"正负外部二重性

创新的正外部性是指一个生产组织投入资金研发出一项新技术并获得商业利润时,该组织承担了所有技术创新成本而无法"捕获"该创新所带来的全

---

① Tim Schiederig,Frank Tietze and Cornelius Herstatt.Green innovation in technology and innovation management-an exploratory literature review[J]. R&D Management. 2012,42(2):180-192.

② Klaus Rennings.Redefining innovation—eco-innovation research and the contribution from ecological economics[J].Ecological Economics.2000,32:319-332.

③ 约瑟夫·M.朱兰(Joseph·M.Juran).朱兰质量手册(Juran's Quality Handbook)(第六版)[M].北京:人民大学出版社,2010:25-87.

④ 李志德.中国产品质量发展的长效机制研究[D].武汉:武汉大学,2012:18-24.

部收益——这主要是因为创新知识具有公共物品性。①②③ 因此,一项绿色技术创新必然具有一般创新的创新知识外部性;但这里要说的是,由于该绿色技术创新所对应的产品具有质量二重性,即它还提供环境质量产品,所以绿色创新技术的正外部性还包括它所提供的产品的环境保护正外部性。但是,由于绿色创新大多时候是一个过程,是一个逐渐消除环境污染负外部性的过程,是一个创新技术的环境保护正外部性逐渐超过旧有技术环境污染负外部性的过程,因此,绿色创新的实施过程就同时具有污染负外部性和环保正外部性。

绿色创新技术的"环保—污染"正负外部二重性在清洁生产中体现得比较充分:生产在由"黑"转"绿"时,确实体现为一个此消彼长的过程。丹麦卡伦堡(Kalunborg)模式是生态工业园清洁生产的典型,但从污染物例如废气的绝对排放量来衡量,该园依然有炼油厂产生的火焰气外排、发电站产生的烟尘外排、温室气体二氧化碳外排,依然会影响全球气候的变化,该园区显然存在绝对的环境污染负外部性。在这种背景下,卡伦堡工业园区的生产之所以被称之为绿色生产,是因为相对于没有形成横向耦合与纵向闭合共生链之前的各个独立生产单位,卡伦堡镇每年减排二氧化碳 17.5 万吨、二氧化硫 1.02 万吨(还因为有近 60 万吨的固体废弃物被资源化利用、有近 60 万立方米废水被循环利用)——园区生产具有相对于以往"黑色"生产的相对正外部性。实际上,卡伦堡镇政府也意识到了自身生产的绝对负外部性属性,并针对这一问题做出了承诺:将于 2020 年将以碳排放为主的废气排放量削减 50%。④

具有"环保—污染"正负外部二重性的绿色创新技术大多不是单一技术。从克尼斯物质平衡角度来说,产生环境污染的负外部性的原因首先是由于生产过程的副产物进入了环境,其次是这些副产物所造成的物理、化学、生物等影响超出了环境自净力。表面看来,似乎只要不让副产物进入环境就可以消除环境负外部性。但是,创新的一项重要特征是实现商业利润,也就是说没有被外排的副产物必须要被赋予某种能满足社会需求的功能,即副产物要被转

① Adam B.Jaffe,Richard G.Newell,T.Robert N.Stavins. A tale of two market failures:Technology and environmental policy[J].Ecological economics,2005,54(3):164-174.

② Adam B. Jaffe and Karen Palmer. Environmental Regulation and Innovation:A Panel Data Study[J].Review of Economics and Statistics.1997,(1): 610-619.

③ Adam B. Jaffe,Richard G. Newell,Robert N. Stavins. Environmental Policy and Technological Change[J].Environmental and Resource Economics,2002,22:41-69.

④ Peter Wells and Cl'ovis Zapata. Renewable Eco-industrial Development:A New Frontier for Industrial Ecology?.Journal of Industrial Ecology.2012,(16)5:665-668.

化为某种产品继而成为商品。众所周知,从原料到产品再到商品的生产链实际上是一条技术链,甚至是一个高度关联的技术群。卡伦堡工业园模式的绿色创新尤其支持这一观点:园区中的所有副产物莫不先成为原料而后被加工、销售。

(三)绿色创新技术所属主体的二重性

绿色创新的主体自然是企业,但创新的绿色技术有时既属于一个单一企业,又同时被众多企业所共有,而且一些技术只有被创新地共有,才成为绿色技术。这种"绝对共有—相对私有"的二重性在浅绿色技术创新中很容易被发现。在卡伦堡生态工业园中,以 Asnæs 火力发电厂、Statoil A/S 冶炼厂、Novo Group 生物制药公司、Gyproc Nordic East 石膏板厂和 Soilrem A/S 土壤改良公司为核心的五家企业,外加饲料厂、养鱼场等共同完成了对 20 种副产物的交换利用。这些企业关闭了一系列潜在和已有的项目,并在此过程成创新了一系列诸如炼油废气生产稀硫酸、制药产生的有机废弃物制造有机肥料等技术。各技术在被单个的炼油厂和制药厂等公司拥有时,并不体现出环境保护特征,但是,当稀硫酸被附近的硫酸厂用来生产硫酸、有机肥料供周围农场使用,而企业从农场收购农产品做原料生产绿色药品之后,这些被所有企业所共有的"技术群"就体现出绿色创新特征。

绿色创新技术还存在"绝对私有—相对共有"这一特性,即绿色创新技术产生并归属于某企业,随后沿着技术扩散路径逐渐转化为共有技术。这种二重性延迟了技术本身绿色功能的充分发挥,对大范围及至全球生态危机治理不利。例如,在 1978 年至 2006 年间,世界范围内的太阳能光伏、地热、风能和碳捕获等清洁能源技术专利数量增加到 40 万件之多,并还呈现出每年递增的趋势,[①]但与此形成鲜明对比的是,传统化石能源年消费量在全球也急剧攀升,由碳排放造成的温室效应使全球气候在此期间发生了显著变化,由其造成的气候灾难逐年递增。究其原因,除了发展中国家缺乏引进技术的资金外,另一个重要原因是发达国家实行清洁能源专利技术垄断即技术专有制度,导致广大发展中国家很难获得这些技术,结果是西方国家虽"绿"但世界可能正变得越来越"黑"。

关于创新,C.Freeman 在其《希望的经济学》中指出:"成功的行动依赖于

---

① Carlos M.Correa.Innovation and Technology Transfer of Environmentally Sound Technologies:The Need to Engage in a Substantive Debate[J].Review of European Community & International Environmental Law.2013,22(1):54-61.

科学认识、政治纲领、社会改革、体制变化以及新的投资规模和方向的高度集合，任何创新技术都是个体组织和全体社会相扶相伴的产物，只不过有时个体先行，有时社会先行。"绿色创新技术所属主体的二重性不仅验证了这一论断，而且表明绿色创新技术在共有和私有之间应当建立某种平衡。

二、绿色创新二重性的本质

Tim Schiederin et al.(2012)在对所有的绿色创新定义进行对比分析之后认为，现有的主流概念即生态创新、可持续创新、环境创新和绿色创新在特征上并无区别，因而在概念上可以通用；但同时他们又提出，鉴于在企业和国家层面上有关绿色创新的经济效益、比较选择等方面存在着高度复杂性，有必要对绿色创新进行澄清。笔者认为，现有的有关绿色创新的概念并不能完全通用，因为它们是从不同的二重性协调角度定义绿色创新的功能。

(一)可持续与生态创新侧重于整合绿色创新产品的质量二重性

1980 年，可持续发展概念在由世界自然保护联盟(IUCN)等组织共同发表的《世界自然保护大纲》中被首次界定：发展和保护并举，确保人类对地球所造成的改变使自身的续存和福祉无忧。1987 年，以布伦特兰夫人为首的世界环境与发展委员会(WCED)发表的《我们共同的未来》认为，可持续发展的核心和本质是满足当代人的需要，同时不对后代人满足其需要的能力构成危害。这一定义暗含着两种约束：发展要受到来自现有技术和社会组织在环境资源维度的约束，发展还要受到生物圈对人类活动影响的吸收能力的约束。

1996 年，Fussler 和 James 首提生态创新，即生态创新通过显著降低环境冲击来提供给客户以商业价值的新产品、新过程。[①] 2007 年，Europe INNO-VA 智库认为，生态创新是能够满足人类需求和提高生活质量的、新颖且具有竞争力的商品、过程、系统、服务和程序的创新，在创新的全生命周期里，每单位产出所耗用的自然资源数量最小化、所释放的有害物质最少化。[②] 2009 年，经济合作与发展组织(OECD)对生态创新的定义大致是，生态创新能够获取

---

① Fussler，C.and James，P.Driving Eco-Innovation：A Breakthrough Discipline for Innovation and Sustainability[M].London：Pitman，1996.

② The Europe INNOVA.Eco-innovation-putting the EU on the path to a resource and energy efficient economy[R].2008：6.

市场绿色租金；它同竞争密切相关而对各种创新的"绿色"并无专门要求；生态创新研究聚焦于使解决环境问题同发展经济有机融合并达到某种程度。[①]

从以上表述可以看出，可持续发展本质是要解决"满足当代人需求和不影响后代人劳动生产能力"二者之间的矛盾，这可以被看作是要求对立统一地解决绿色创新产品的质量二重性问题。当代人的需求包括实物需求和环境服务需求要被满足，但满足程度也就是质量标准有上限，这一上限值即为资源耗竭程度和生态阈值被改变的范围，它的大小取决于对后代人所设定的满足自身需求能力所需要的资源数量和生态阈值的大小，二者呈反向变化。极限思维是，当设定后代能够在类似于月球那样的荒芜生态环境中生活时，当代人的需求就可以摆脱资源和环境约束而无限制地被满足，但这显然是荒谬的。

从绿色创新产品的质量二重性来衡量，可持续创新是产品的可持续生产—消费模式的创新，OECD 的可持续创新定义对此做了恰如其分的诠释：市场上应当越来越多地存在这样的消费者，他们对自身被满足的程度要求相对较低，而对后代设定的满足自身需求能力所需要的资源数量较多、生态阈值较高，反映在其对具体商品的消费行为上就是绿色购买。当生产方在为这些人提供产品时，生产过程就无须担忧各种"绿色"问题，因为在提供产品而满足实物消费的同时，生产本身也同时以有机融合的方式提供了环境质量产品。

(二)环境创新侧重于协调创新实施过程的环保—污染正负外部二重性

2009 年，Oltra 和 Saint Jean 在生态创新概念的基础上重新定义了环境创新：它是新的或改良的、有利于增强环境可持续性的流程、操作、系统及其产品的创新，其本质是降低生产活动对环境的负面影响——最佳结果是生产对环境的冲击为零。环境创新的基点是协调绿色创新技术的"环保—污染"正负外部二重性。[②] Tim Schiederig 等人指出，环境创新需要同自身或在组织间进行比较才能得以体现，所以它具有相对性和暂时性。

要经正负外部性比较才有意义的环境创新概念与生态效率观念相吻合。1992 年，世界可持续发展工商理事会（WBCSD）对生态效率的定义是，企业在

---

① Organisation for Economic Co-operation and Development（OECD）（R）.2009：40.

② Oltra，V.and Saint Jean，M.Sectoral systems of environmental innovation：an application to the French automotive industry［J］. Technological Forecasting and Social Change，2009,76，567-583.

提供满足人类需要和提高生活质量的竞争性定价商品与服务的同时,使产品与服务在其全生命周期中对生态的不利影响和对资源的使用强度逐渐降低,最终至少要降低到与地球的估计承载能力相一致,其直观表达式为生态效率＝产品或服务的价值/生态环境影响。

needs 需要指出的是,环境创新的环保正外部性与污染负外部性的大小关系呈阶段性动态变化,实践也支持这种观点。最近30年来,西欧十几位科学家各自从不同角度对西方七八十年代出现的物质消耗与经济增长负相关——而不是60年代以前的正相关进行了研究,得出了一个比较一致的结论:经济发达国家经济发展对物质的依赖程度逐渐降低,物质消耗降低的同时财富在增长,这些国家实现了物质消耗与经济增长的"脱钩",即技术不断进步造成的环保正外部性这股"东风"占据了上风。但是,根据段宁等人的研究,发达国家在90年代中期又进入能源消费增长期,年消费总量超过七八十年代水平,也就是技术污染的负外部性这股"西风"重又占据上风。从物质总需求方面来看,1988至1997年,欧盟成员国的人均物质消耗量在1990年、1992年、1994年均比前一年低,但同时又都分别比1991年、1993年、1995年低,总结果是上升了11.1%,[1]可以说"不是东风压倒西风就是西风压倒东风"。这可以用物质与经济之间的"上升式多峰论"来解释:社会经济发展总的趋势是物质消耗量不断增大,但期间会出现物质需求与经济增长负相关的现象。这种"东西风互压"规律形成的原因,其一是因为产业会不断更新,而新产业本身又存在开创、成长、平稳和衰退等阶段,与这些阶段相伴的是相关物质需求量的起步、加速、平稳和消退。其二是由于技术创新的两面性:一方面创新使单件产品的物质消耗量下降,另一方面又因降低了产品成本而使市场对相应原料的需求量增大,从而导致该产品的物质消耗总量增大。

(三)绿色创新侧重于平衡绿色技术的共有性和私有性

对绿色创新所给出的定义层出不穷,以至于Andersen在2008年指出,不同角度的绿色创新定义已经使几乎所有的企业都成了绿色创新者。[2] 虽然这

① 段宁,邓华."上升式多峰论"与循环经济[A].//冯之浚主编.中国循环经济高端论坛[C].北京:人民出版社,2005:165-179.

② Andersen,M.M.Eco-innovation-towards a taxonomy and a theory[R].25th Celebration DRUID Conference 2008 on Entrepreneurship and Innovation-Organizations,Institutions,Systems and Regions,Copenhagen,Denmark.2008.

是个批评,而且过于严厉,但给了我们有益的启示,即如果所有的企业正在整体上呈现出绿色化,那么一定是绿色创新技术正在经济社会中扩散着。在这方面,Driessen 和 Hillebrand 在 2002 年就指出,绿色创新是一个实战性很强的概念,它不刻意追求减少环境负担,但在实际生产中产生显著的环境效益。① 结合本文开头所提到的 UNEP 关于"绿色经济由私人和公共投资驱动"的定义,不难发现绿色创新更追求"使全社会层面的技术得到不断的绿色化改造"。

在我国绿色创新及管理征途中,生态企业是一个因忽视绿色创新的共同推进性而过于强调企业单干以致失败的案例。1991 年,在我国"全国城市生态经济结构与生态企业问题研讨会"上,参会代表给出了生态企业定义。在随后的实践中,尽管生态企业内涵在企业的生产方式、环境管理、组织结构等方面得到了充实,生态企业建设也被山东鲁北企业集团总公司、首都钢铁厂等企业大力推进,甚至有张家港市颁布了"张家港市生态企业考核标准"、河北容城县制定了"容城县创建文明生态企业实施方案",但是,2005 年之后,就连生态企业这一名词都已少有人提及。

与生态企业的淡出形成对比的是绿色供应链在理论和实践层面的壮大。在其概念被提出后很短的时间内,绿色供应链就在欧盟及 IBM、施乐等公司得到实施和推广。之所以如此,原因可能很多,②但如果从技术支持的角度来考察,这是因为它较好地平衡了绿色创新技术在私有和共有之间的存在,因而它在实践层面的环保效率较高。实际的绿色供应链主要包括原材料采购、生产、销售、逆向物流等环节,这些环节可以被看作是绿色导向的技术集成,因此,打造绿色供应链的过程就是技术绿色化改造的全社会共同推进过程。

三、绿色创新呼唤公共管理强力介入

绿色创新管理落后于绿色创新实践的事实,要求我们对绿色创新及其管

---

① Driessen,P. and Hillebrand,B. Adoption and diffusion of green innovations. In: Nelissen,W. and Bartels,G.(eds),Marketing for Sustainability:Towards Transactional Policy-Making[C]. Amsterdam:Ios Press Inc.2002:343-356.

② Stefan Seuring,Martin Müller. From a literature review to a conceptual framework for sustainable supply chain management[J]. Journal of Cleaner Production.2008,16:1699-1710.

理的内涵、外延做深入探究。本文的初步研究说明,对绿色创新的产品、过程和技术归属二重性认识的不足,可能是导致学界对以技术手段解决环境问题的研究侧重点各不相同、有些研究结果不仅不能形成合力甚至还会相悖的原因。例如,在眼下生态工业园建设进程中,当我国政府计划将全国约 1500 家工业园都纳入生态工业园管理范畴时[1][2],国内外有研究人员则怀疑产业共生体能够被"管理"出来。[3] 其实,如果认识到绿色创新的二重性,继而认识到具体绿色创新管理中企业和政府共生耦合性,那么困惑就可能就会少很多。

当前,我国已将环境保护列为国家目标,但从实践效果来看,我国整体的资源消耗还在继续增加,环境污染并没有从根本上得到遏制。之所以如此,从绿色创新二重性的角度看,是因为生态经济建设具有很强的公共性,而企业"天生"缺乏提供这类公共物品的积极性。对此,无论从确保环境质量的角度,还是从提高环境保护相对正外部性的角度,抑或是从平衡绿色技术在公有和私有之间比重的角度,相对于一般创新,绿色创新管理都应更多地由政府、高校和研究机构等公共组织来引领。其政策启示是,当前可以考虑设立国家级的绿色经济创新研发和评估中心,其主要职能包括收集国内外有关绿色经济的技术资料,交流和发布绿色创新技术及其最佳实践信息,开展三次产业 3R 共性技术研发——对这些内容的管理属于公共项目管理;将已经孵化出的、市场价值已经显现的潜在绿色技术以市场方式转移至企业,由其完成创新——对此内容的管理属于企业创新管理;其后,政府联合研究部门、非营利组织等对进入市场的绿色创新进行系统、全面和长效的环境成本/效益评估,在其基础上酝酿和"搜索"新一轮的绿色创新项目。这样,绿色创新管理中的政府、企业、研究单位和非营利组织等主体就以串联、循环的方式连接了起来,我们不妨将这种管理称为"主体接力型"绿色创新管理。

"主体接力型"绿色创新管理可能更适合我国现实国情。2012 年,国务院在《关于深化科技体制改革加快国家创新体系建设的意见》中指出,当前科技

① Han Shi, Jinping Tian, and Lujun Chen. China's Quest for Eco-industrial Parks, Part I History and istinctiveness[J]. Journal of Industrial Ecology. 2012, 16(1):8-10.

② Han Shi, Jinping Tian, and Lujun Chen. China's Quest for Eco-industrial Parks, Part II Reflections on a Decade of Exploration[J]. Journal of Industrial Ecology. 2012, 16(3):290-292.

③ John A. Mathews and Hao Tan. Progress Toward a Circular Economy in China The Drivers (and Inhibitors) of Eco-industrial Initiative[J]. Journal of Industrial Ecology. 2011, 15(3): 425-457.

管理的一个迫切任务是"以切实使企业成为创新的主体"为核心来建设国家创新体系。这样,如何将环境保护生态地、经济地和具有社会效益地"放进"生产者的创新产品、创新过程和创新技术中去,就成为眼下公共管理面临的一项重要而急迫的任务。

第五节 强化消费政策中的市场准入制度 ●●➡

一、环境标志

　　环境标志要么是技术限制,要么是产品标准。由于产品标准确定之后,产品的基本生产技术就得到限制,因此,环境标志本质上是绿色技术规范。对于绿色生产和服务组织而言,环境标志不是产品进入市场的阻碍,恰恰相反,它是标明产品的异质性并进而获取绿色利润的有利保证。环境标志有利于消费者进行绿色消费选择。

　　生态环境质量需求是拉动绿色产品生产的火车头。消费者的购买倾向直接影响着加工工艺、服务生产过程、产品设计、管理理念等技术创新的发展方向。20世纪80年代,随着消费者环境意识的增强,在发达国家兴起了绿色消费浪潮。绿色消费是可持续消费的简称。1994年联合国环境署《可持续消费的政策因素》报告中指出,可持续消费并不是介于因贫困引起的消费不足和因富裕引起的过度消费之间的折中,而是一种新的消费模式,它适用于全球各国各种收入水平的人们。

　　但是,由于绿色产品是基于现代科技创新而生产,因而在现实生活中,相对于传统产品,绿色产品的价格实际偏高。另一方面,大多数绿色产品和传统产品的异质性凭借感官并不能作出区分,尤其是生产过程减排废弃物型产品的"绿色"更是难以辨别,如果不做特殊说明,普通的绿色消费者难以被说服和吸引。为此,1977年德国率先建立了环境标志"蓝色天使",这是世界上最早的环境标识。随后,美国、加拿大、法国、奥地利、日本、新加坡、欧盟等30多个国家地区相继实行了环境标志制度。环境标志又称为"生态标识"、"绿色标章"、"环境选择"、"环境标识"等,国际标准化组织(ISO)将其定义为:印或贴在产品或其外包装上的宣传环境品质或特征的用语和(或)象征符号。环境标志产品要求具有以下两个共性:首先,产品的质量和安全性能必须符合国家质量和安全标准;其次,产品本身和使用、处置中要达到更高的环境保护要求,产品所属企业对周围环境排放的污染物必须达到国家或地方的排放标准。

中国环境标志诞生于 1993 年,其目的之一是促进消费者使用对环境有益的产品,以鼓励厂商合理使用资源和能源,开发和生产环境友好型产品。中国环境标志产品不但质量符合标准,而且在生产、使用和处置等过程中也符合规定的环境保护要求。中国环境标志产品的范围是一些对人类及环境有危害,但采取适当措施后,可以减少或消除环境污染的产品。

我国现行的环境标志制度的一个重要特点,是采用自愿申请认证与认证后强制管理相结合的原则。我国的环境标志采取自愿申请认证的原则,即政府不对任何企业或产品实施强制认证制度;但是一旦申请认证,就必须按认证的有关程序进行。厂商产品在质量符合其使用功能的前提下,经测试产品符合环境标志产品技术要求,并且环境管理体系能满足企业持续稳定地生产出符合要求的产品时,标志产品认证委员会授权厂商通过环境标志产品认证。认证后的产品在一定年限内还要进行强制型的年检,对不符合要求的产品可以暂停或撤销标志。

为维护权威性和公正性,采取强制措施对环境标志进行管理是必要的。但是,这里存在一个投入与产出可能不对等的问题。环境收益的计算涉及资源环境价格的确定,但它目前还不能被准确计量。考虑到环境成本和环境收益具有对称性,应当是生产绿色产品的组织所生产的总收益大于所回收的货币产值,这是其一。其二,绿色生产本身具有高技术投入的性质。其三,从基本情况来看,我国公民的消费尚未整体进入绿色消费阶段,实际上对环境标志产品购买少。因此,现实情况是,相当一部分内销型厂商申请环境标志认证的积极性不高,而获得了标志的厂商也确确实实地被"强制"年检——应付的成分多,被暂停或撤销环境标志的厂商并不鲜见。

二、推进市场准入制度

我国绿色农产品市场的最大问题是,消费者对绿色农产品的认知程度低、购买欲望低。大部分消费者只知道绿色农产品环保、无污染,比普通农产品质量好,但并没有深入了解和掌握鉴别绿色农产品的知识和技能。这样,当消费者在生活中遇到中毒等意外时,很难确认究竟是农产品加工过程中发生了问题,还是消费者使用不当所致,由此也就给工商部门和质量技术监督部门开展绿色农产品打假行动增加了难度。总体来看,在市场中,目前支撑绿色农产品质量安全管理的一些保障措施不全、标准和监测等不够完善、监督管理不严、有法不依的现象时有发生。

鉴于我国尚处于生态环境质量需求较低的阶段,为促进"种养加"型生态工业园等生态效率组织的建设,除了让这些组织积极发展绿色、国际贸易之外,还应当扩大内需市场,让绿色农产品市场本土化。这方面,在大中城市积极推进农产品市场准入制度,无疑是强化市场需求的有效措施。

例如,许多城市正在不断加大对蔬菜批发市场的监管力度,建立了完整的农产品质量安全组织管理与运行制度,要求凡进入市场的农产品,必须具备产地证明和检测合格报告单。获得无公害农产品、绿色食品或有机食品认证的,可优先进入市场。对未取得相关认证的农产品、畜禽肉产品,实行入市登记、现场检测制度。检测不合格的,禁止销售。对同一产地、同一产品连续 3 次抽检不合格的,其产区的相应品种若干月内禁止进入市场销售,并在新闻媒体上公布。[①] 这样,随着市场准入制度的推进,无公害农产品生产基地得到迅速发展。

今后,农产品市场准入制度应大力在全国推广,准入的农产品也不能仅仅是蔬菜,应当向谷、肉、蛋、奶、果及至其工业加工品方面推进。针对农产品市场准入制度中存在的农产品质量安全法制法规不完善、农产品质量安全监督检测机构不健全、农业标准化推广力度不够、资金投入不足、市场索证难等问题,应当重点考虑以下几个方面。[②]

1.建立、完善管理机构和管理规定

当地政府成立农产品市场准入工作领导小组,制订并出台《农产品市场准入管理办法》,明确对农产品实施安全监管的原则、评估标准及方法等内容,使农产品市场准入制度的实施有章可循、有法可依,确保监管部门对检测结果有权向社会公布、对已检测出的不合格产品有权处理。

2.大力推进农业标准化建设

第一,加快农业标准化示范基地建设,为市场准入奠定基础。开展市场检测、把好入市关,做到不合格的农产品不上市。第二,大力推行环境标志认证,为市场准入提供通行证。第三,完善检验检测体系,加强对农业标准实施效果

① 赵楠,李雪.关于乌昌地区农产品质量安全问题的调查和思考[J].新疆农业科技,2009(1):18.

② 杨联丰,徐亚浓,王昌松.关于在绍兴市建立农产品市场准入制度的思考[J].现代农业科技,2008(22):362-364.

监督。第四,进一步加大财政投入,改善和优化市、县、镇各级检测机构的软、硬件装备,扩大检测范围,提高检测能力,为农业标准监督提供坚实的技术保障。

3.建立和健全管理制度

为保障农产品准入制度的顺利实施,应建立、健全相关的管理体系。第一,建立农产品质量安全挂牌制。对实行农产品市场准入的市场、摊位和柜台,要悬挂由政府统一制作的农产品质量安全定点销售牌匾。第二,建立农产品质量安全承诺和追溯制。实行市场准入的市场要建立并执行进货索证和检测制度,建立检验台账和档案,严把质量关。第三,建立农产品质量安全检测结果告示制。实行市场准入的市场,要对检测结果及时公布。第四,建立农产品质量安全抽检制。要定期或不定期地对产地和市场经销的农产品进行抽检,在抽检中药残超标的,严禁在指定市场、摊位和柜台销售。第五,建立农产品质量安全检测人员持证上岗制。要对负责重点市场及农产品生产基地的检测人员进行统一的业务培训,统一检测方法与检测标准,实行检测人员持证上岗制。第六,逐步推行农产品生产基地和批发市场检测结果网上公布和联查制度。第七,积极推行市场准入"产销直挂"制。引导商家、企业加强与生产基地或生产者的衔接,建立相对稳定的产销供求关系。商家、企业对供货单位的产地进行全面考核,与之直接签订"产销直挂"合同,将双方农产品质量安全承诺以法律形式予以确认。

4.加强宣传培训

加大对农产品质量安全方面有关政策、法规、标准、技术规范的宣传和培训力度,提高全社会的质量安全意识,形成全社会关注、关心、支持农产品质量安全管理的氛围。把实施农产品市场准入制度同农业标准化生产、基地建设和农民增收以及人民身体健康紧密结合起来,树立健康的消费观念。

本章小结

生态工业园发展过程中,在企业内部、经济组织间和区域三个层面所存在的追求生态效率的动因,可以归结为"四力"的合力,即生态需求拉动力、环境保护法规驱动力、行政政策与规定驱动力和绿色技术创新驱动力的合力,相应的动力主体是公众、政府和生产者。依据这种运行机制,结合当前我国已有的环境保护法律及行政规制,建设"种养加"生态工业园时,需要在政策环境层面划分农业功能区、建立和完善区域环境管理体系、强化消费政策中的市场准入制度。

第五章
"种养加"型生态工业园
生态产业链建设
——以新疆园区经济为例

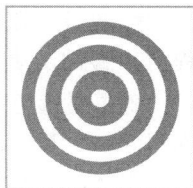

新疆坚持优势资源转换战略,推进新型工业化建设,大力发展区域农产品加工业。2013 年,全疆涉及农牧有效期内"三品一标"产品达 1123 个,包含无公害农产品 783 个,绿色食品 239 个,有机食品 51 个,登记保护农产品地理标志 50 个,其中绿色食品生产企业 115 家,产品 239 个。[①] 从园区经济发展的角度,新疆"种养加"型生态工业园生态产业链可分为特色行业类、综合类、城镇型和大区域"种养加"行业类等四种类型。

第一节 特色行业类"种养加"型生态工业园
产业链建设 ●●➡

一、新疆特色农产品加工业发展现状

1.涉农企业经济实力。2014 年,全区规模以上农副食品加工企业、罐头制造企业、酿酒企业、烟草制造企业、纺织企业、皮革毛皮羽毛(绒)及其制品企业、造纸及纸制品企业共计 561 家,完成工业生产总值 822.06 亿元,占全区当年工业总产值的 8.71%;从业人员 10.87 万人,占工业总从业人员的14.46%。[②] 新疆

---

① 新疆维吾尔自治区统计局.中国新疆 2014[EB/OL].http://www.xjtj.gov.cn/sjcx/zgxj_3740/zgxj2014/201509/t20150902_478512.html.

② 国家统计局.新疆统计年鉴[M].中国统计出版社,2015.

农、林、牧、渔、服务业的产值结构为 71.1∶1.9∶23.8∶0.7∶2.5,是全国粮、棉、果、畜四大生产基地之一。

2.主要特色农产品及其加工品产量。2014 年,全区棉花总产量 451 万吨,油料 59.33 万吨,甜菜 471.94 万吨,水果 858.61 万吨,肉类 149.10 万吨。机制糖产量 44.53 万吨,饲料 383.57 万吨,乳制品 43.82 万吨,番茄酱 78.42 万吨,发酵酒精 0.85 亿升,白酒、啤酒和葡萄酒等饮料酒 6.22 亿升。通过近 40 年的培育发展,以番茄制品、机制糖、啤酒花、葡萄酒、水果酱等为代表的特色轻工业产品已形成规模,其中番茄酱、杏酱、芳香产品等在国外市场占有较大份额。

3.重点农产品加工行业规模。制糖行业已形成日加工甜菜约 4 万吨、年产糖 70 万吨的产能,2014 年全区甜菜糖产量约占全国甜菜糖总产量的 50%,位居全国生产甜菜糖省区首位。同期,全区番茄制品占全国番茄制品总量的约 90%,出口占全国番茄制品出口的 85% 以上,已成为我国工业番茄种植和加工规模最大、出口最多的地区。酿酒行业中,新疆是世界三大啤酒花种植基地之一,产量每年在 8000 万吨左右,约占全国啤酒花总产量的 70%,位居亚洲第一。乳制品业已形成日加工鲜奶 1600 吨的生产能力,年产乳制品约 14 万吨。新疆牲畜存栏约 4500 万头,牲畜出栏约 3800 万头,肉类总产量约 140 万吨,其中羊肉产量约 50 万吨,牛肉产量约 38 万吨,猪肉产量约 30 万吨,牛奶产量约 135 万吨,禽蛋产量约 28 万吨,羊毛产量约 10 万吨。[①]

二、特色农产品加工业在发展经营中存在的问题

新疆特色农产品加工业与发达省区相比,在产业化、集约化、规模化生产程度等方面存在着很大的提升空间。

1.区域产业重复建设较为严重。由于中央、地方、兵团三大体系共存,有限的区域优势资源受到激烈争夺,重复建设较为严重。例如,乳业方面,天山北坡经济带出现了天山畜牧、麦趣尔、维维乳业、金牛股份、兵地天元等一批"精壮"乳品生产企业,企业普遍"吃不饱、吃不好"。

2.结构性矛盾突出。一是产品结构不合理,老产品多,名优产品少;初级原料加工产品多,终端产品少;末端治理型浅绿色企业生产的产品多,源头污染防治型深绿色企业生产的产品少;拔地产品多,护地养地产品少。二是企业

[①] 新疆维吾尔自治区统计局.中国新疆 2014[EB/OL].http://www.xjtj.gov.cn/sjcx/zgxj_3740/zgxj2014/201509/t20150902478512.html.

结构不合理,全区涉农轻工企业 161 个,亏损企业 41 个,约占总量的 25％。[①]

3.农牧产业化和工农互助互惠程度低。由于工农双方利益机制尚不十分不健全,企业和原料基地建设速度不易协调,原料生产的种类和数量波动性大,导致原料价格波动幅度大。比如,制糖行业存在着众所周知的原料"饿三年撑一年"的行业定律。

4.产业生态效率提高较慢。涉农轻工企业排放的污水占到全疆污水排放量的 60％以上,而种养殖业每年消耗的水量占到新疆每年耗用总水量的 85％以上。

三、新疆特色农产品加工业竞争力分析

1.独特而丰富的自然资源物质基础。独特的生态环境所提供的水土光热,造就了新疆丰富而又垄断的自然资源,这些资源又为新疆提供了大量相对于其他地区而言近乎是垄断的综合性农牧——农产品加工产业资源,包括:白色资源(棉花、乳品等)、红色资源(番茄、枸杞、胡萝卜、葡萄、红花、辣椒等)、绿色资源(牧草——畜牧资源、果蔬、绿色生物资源、优质特色粮油作物、啤酒花、甜菜、芳香植物、食用菌、蜂产品、芦苇等)以及其他特色资源(特色生物资源、特色民族医药材资源等)。这些垄断资源不仅种类丰富,而且大部分质量上乘。

2.独特的与周边国家经济互补的区位优势。随着口岸基础设施条件的改善,精河——伊宁——霍尔果斯等口岸铁路的通车以及境内公路改造扩建与提级,新疆在沿边、沿桥开放中的战略地位将进一步得到提升,新疆正在形成面向中亚以及南亚、全方位开放的地缘格局。与此相对应,由于受专业化分工的影响,中亚国家普遍形成了重工业发达、轻工业落后的产业结构。而新疆农副产品加工等轻纺工业发展较快,商品供应充足,正是中亚国家所缺少的商品。与新疆接壤的周边国家约有 14.5 亿人,有较大的市场容量,为新疆的轻纺产品提供了广阔的市场空间和发展潜力。

3.较好的发展基础。经长期建设,新疆农产品加工企业的原料基地和农业产业化的基本框架已经建成,某些企业的技术装备水平在全国同行业中已处于领先地位,形成了一批区域内和跨区域的专业化、社会化程度较高的产业链。同时,中粮集团、蓝剑集团、嘉士伯等通过各种方式整合新疆优势农产品加工行业,投资力度逐年加大,为新疆特色农产品加工业快速发展奠定了良好基础。

---

① 国家统计局.新疆统计年鉴[M].中国统计出版社,2015.

四、新源"糖畜药酒麻生态工业园区"生态产业链建设

(一)伊犁新源县经济社会与特色产业概况

新源县位于新疆维吾尔自治区西部,天山北麓,东距乌鲁木齐343千米,西距伊宁160千米,地处伊犁河谷盆地东部边缘,海拔高度792~4621米,为巩留河、巩乃斯河的交汇地,是伊犁河的上游地区。新源县是南北疆人流物流的集散地,217、218国道和316省道纵横交错于境内。全县总面积9997平方公里,多民族聚居,总人口约31.6万人,其中少数民族约占全县总人口的61%。2014年新源县完成地区生产总值78.99亿元,其中第一产业25.85亿元,第二产业31.13亿元。① 新源县的支柱产业优势明显,初步形成了以首钢伊犁钢铁为代表的钢铁产业;以肖尔布拉克酒业,康尤美、屯河新源糖业,伊品酪蛋白为代表的农副产品深加工产业;以首冶鼎立为代表的机械加工制造产业和以新姿源生物制药为代表的战略性新兴产业体系。新源县特色农作物面积种植突破了10万亩,形成了以"东部中药材种植,中部蔬菜种植,西部林果种植"为主的特色种植业格局。依据"十三五"规划,新源县将打造城北工业园。本研究认为,依据现有产业及其生态关系,可以将城北工业园打造成为"糖畜药酒麻生态工业园区"。

1.中粮屯河糖业

2003年新疆屯河投资股份公司正式与新源糖业有限责任公司及40位自然人合资,组建了屯河新源糖业有限责任公司。新公司注册资本达4000万元,拥有固定资产1.55亿元。经过技改扩建和整顿,公司对甜菜最高日处理能力达到4500吨,年平均收购甜菜50万吨以上,生产白糖约6.6万吨,颗粒粕约1.99万吨,实现工业总产值约2.5亿元。新源糖厂是新疆制糖界的业内"领头羊",尽管竞争力较强,但发展中也长期面临着较为严重的生态效率低下问题。

2.畜牧业

新源全县草原面积约7.8×10^5公顷,其中可利用草场约为4.6×10^5公顷,是一个以草原畜牧业为主、农区畜牧业与之相结合的畜牧业大县。新源县

---

① 新源县统计局.2014年新源县经济运行情况简析[EB/OL].http://www.xyccp.gov.cn/plus/view.php? aid=39312.

畜牧业生产稳步增长,牲畜存栏头数保持在100万头;农产品加工转化能力不断增强,规模以上农产品加工企业发展到了13家;发展各类农民专业合作社156个,创国家级名牌产品2个,创自治区级农业名牌产品7个。① 畜牧业已成为新源县农村经济的支柱产业和农牧民增收的重要途径。

新源县畜牧业产业化初具雏形。目前有畜产品加工企业10余家,另有一批畜牧业产业化龙头企业相继在县内落户。由于引进了伊品酪蛋白、新姿源生物制药、伊犁河食品、金大洋乳业等4家中型龙头企业,新源县域经济初步形成了生物制药、酪蛋白、鲜奶加工、鹅制品、良种繁育等畜牧业产业化板块,其中尤以新姿源药业较为突出。新姿源生物制药有限公司作为全球第二家工业化生产孕马尿结合雌激素企业,依托新源县优质天然草场和10万匹马资源来实现年产7.5吨"结合态雌激素"、1亿片片剂和300万支乳膏的生产目标。孕马结合雌激素项目是自治区重大科技攻关项目、国家发改委高技术产业化项目,先后列入了国家科技部"十五"重大科技专项、国家863计划等。特丰药业联合了几家有实力的单位成立了"新疆新姿源生物制药有限责任公司",投资4000多万,在新源县吐尔根乡建立了现代化的符合中国和国际现行GMP标准的孕马尿结合雌激素原料药及其制剂生产基地。孕马尿结合雌激素研制成功是新疆自主研发的第一个生物制品,标志着新疆生物制药进入了一个全新阶段。这个项目的成功,蕴含着极大的社会效益和经济效益。按每匹马每天3~4升马尿、年可收集150天计,牧民在每个采集期可从每匹孕马中增收1500元。一个冬牧场可以养500匹孕马,能容纳20~30户牧民。孕马尿提取过程无污染,马粪、马尿等可以制造有机肥,500匹马为500亩农田提供有机肥,农田秸秆又可作马饲料。把产业链再延伸,孕马血清、马奶都是医药、保健品、原辅料。再加上马肉、马脂肪的深加工,养一匹孕马年收入近万元。发展马产业让牧民增收致富,是一项富民强县的工程。②

3.酒业

代表新疆酒高端品牌的伊力特酒业和代表中低端品牌的肖尔布拉克酒业都位于新源县肖尔布拉克镇。新疆100余家白酒企业年产白酒约为7万吨,而伊力特和肖尔布拉克酒业的年产量加起来约为4万余吨,已占新疆白酒年产量的50%以上,肖尔布拉克正在成为新疆白酒的产业中心。

① 新源县国民经济和社会发展第十三个五年规划纲要(征求意见稿)[EB/OL].http://blog.sina.com.cn/s/blog_8eede4bf0102vyta.html.

② 梁可君.新疆新源县资源优势及产业发展分析[J].实事求是,2009(2):64-66.

4.亚麻业

新疆伊犁天一实业有限责任公司新源分公司地处新源县则克台镇,其前身是新源亚麻厂,始建于1987年。2001年新疆德隆集团收购天一实业并与另外三家亚麻企业联合组建了新疆伊犁天一实业有限责任公司,新源分公司为其下属分公司。2007年伊犁天一实业有限责任公司再次重组,加盟浙江金鹰集团,属原料初加工的劳动密集型企业。产品主要有长麻纤维、短麻纤维、麻棉、麻屑板,年生产能力为长麻2600吨、麻棉1800吨、麻屑板10000立方米。

(二)"糖畜药酒麻生态工业园区"生态产业链

1.产业链构成

园区产业链的第一个层次是糖厂系统内各车间之间的价值流。进入系统的有甜菜、煤、新鲜水、石灰石等;输出系统的物质包括四类流向社会的商品,两类流向自然的达标废气和废水。

第二个层次是糖厂与其他企业的生产耦合。糖厂将处理后的生产用水提供给麻厂;向酒厂出售部分糖蜜生产白酒,白酒厂向牧场提供酒糟饲料;糖厂向牧场提供颗粒粕饲料,牧场则将牲畜提供给新资源等畜牧产品加工企业。

第三个层次是依照合同或协议,牧场向甜菜种植基地和农户提供粪肥,糖厂向甜菜种植基地和农户提供有机复合肥,基地和农户向糖厂提供绿色或有机甜菜。

2.3R原则的应用

根据物质集成、水资源集成、能量集成、技术集成、信息共享、基础设施共享等六项基本原则,以甜菜种植、制糖、酒精和白酒、颗粒粕、热电联供、畜牧养殖和加工、环境综合处理7大系统为框架,生态工业园区需要建设和完善11项关键工程来发展生态经济,这些工程可以概括3R原则的应用。

①资源的减量化(Reducing)

减量化或减物质化原则属于输入端方法,旨在减少进入生产或消费流程的物质量。具体到新源,就是减少进入系统的甜菜、水、草、谷物粮食、煤和石灰石等的用量。减量化途径包括三条,即建设现代产业化的甜菜园、实施热电连产节能技改工程、实施制糖新工艺改造工程。

②产品的再利用(Reusing)

再利用或反复利用原则属于过程性方法,旨在延长产品或服务的时间强度,它主要通过尽可能多次和多种方式地使用所购买的产品来实现。新源生态工业园建设中的再利用,可以通过尽可能多次、尽可能多种方式地使用各种"一手"或"二手"资源来实现,具体表现在以下几个方面:第一,中水处理输送工程。甜菜制糖生产对水的消耗量极大,糖厂每天的新鲜水消耗量在 2×10^4 立方米以上,一个生产期所用水足可以形成一个 1.5×10^6 立方米的小型水库。对这些水进行生物法处理,可以输往天一麻厂。第二,实施糖蜜资源化利用工程。这包括三种措施,一是将部分糖蜜出售给酒厂;二是减少酒厂对谷物粮食的消耗量;三是将糖蜜添加进颗粒粕中,提高颗粒粕的营养价值,这样出售给农户的颗粒粕可以减少牲畜对粮草的摄取量。第三,复合肥制造工程。将炉渣和水处理烟气后所得灰渣进行混合,采用发酵法生产复合肥。

以上几个工程的实施有以下几个特点,第一,技术创新。减量化和再利用技术决定着生态工业链的物质基础。第二,产品再利用的动力来自市场需求。颗粒粕、酒用糖蜜、糖蜜酒精、轻质碳酸钙等的市场需求较为旺盛,可以拉动副产品再利用项目。第三,产品再利用以园区行业内贸易为基础。通过与亚麻厂、酒厂企业发展贸易,副产品得以价值升值。

③废弃物的再循环(Recycling)

资源化或再生利用原则属于输出端方法,是把废弃物再次变成资源以减少其最终处理量。这一原则的实现,有赖于生态工业园的有机糖技改工程建设。绿色或有机糖生产的基础是甜菜,需要大量有机肥,因而有机肥的获得对实施有机糖技改工程至关重要。有机肥的获得有两条途径,一是建设现代化甜菜种植基地和以可饲资源为主的养殖基地,即首先给羊、牛、马等进食颗粒粕以及其他作物的秸秆,而后依靠其粪便来肥田;二是机制生产有机复合肥。针对市场上对有机糖的需求,只要以市场为导向,通过技术攻关,将发酵废醪液蒸发浓缩后制取有机肥,而后将其施于农田来生产有机甜菜,以农保工,以工促农,必将有效解决新源的废蜜再利用问题,很好地实现区域经济与环境的共赢发展。甜菜中的有机质经制糖、发酵等工业处理,最终以有机复合肥的形式重又服务于甜菜生产,从而完成了新源生态工业园制糖生产的闭路循环。这一循环的显著特点是工业与农业生产的闭路耦合,耦合的基础是市场对有机食品的需求,推动力是有关环境保护的法规和行政约束,而耦合最终能否实现决定于有无创新技术。

④3R 原则应用顺序

循环经济的发展以减量为先。制定规划时,新源生态工业园的发展应以建设 10 万~15 万亩高产高糖的现代化甜菜种植园为基础,促进单位糖品所需的原料资源的减耗,有效地节约耕地、水和煤,减少废弃物的排放。

3R 原则必须综合运用。一方面,3R 原则本身就具有在可持续发展上的同质性。例如,闭路环链既是对水和煤使用的减量化,也是对它们的再利用,同时也是水和汽的再循环使用。另一方面,孤立地使用 3R 原则中的某一种方式,实践证明其结果是不可持续发展。例如,糖蜜被众多糖厂高度专一地酒精化再利用,并将大量废醪液直接外排而无资源再循环时,制糖厂一度严重污染环境,曾是环境治理的重点整治对象。

再循环原则的应用具有关键性。废醪液制复合肥使得农田有机质再循环,正是这一循环闭合了新源生态工业园中的工业生态链,它将有效带动生态工业和现代农业的持续发展,有效预防和消除农村种植、养殖和加工过程对环境的污染。

基于资源环境管理的"糖畜药酒麻""种养加"型组织结构分为三个层级:最高一级为县环保局、质量技术监督局和绿色产品认证机构,中间一级为各企业,最下一层级是农民专业合作组织。环保局向企业下达环境保护指令,检查企业生产过程对环境的影响是否在法律允许范围之内;质量技术监督局检验企业产品是否安全卫生;绿色产品认证机构验证工业产品的绿色化等级。加工企业依据环境保护部门的"三废"排放标准、自身所拥有的生产技术和市场需求,确定是否对"三废"进行无害化治理后排放,是否将"三废"加工成产品,或将"三废"直接出售;企业同时依据绿色或有机产品标准,向农牧民专业合作组织提出对绿色农产品的质量要求,并定制绿色种植和畜牧产品收购标准。农民专业合作组织要想售出农牧产品,就只能按照至少是绿色农业的生产方式进行种养殖。

第二节　综合类"种养加"型生态工业园生态产业链建设 ●●➡

在新疆,比较适合建设综合类"种养加"型生态工业园的地区是石河子垦区。

一、石河子垦区经济社会概况

石河子垦区(兵团农八师、石河子市)地处天山北路中段,面积 7 529 平方千米,总人口 72 万人。这块区域是昔日的荒漠戈壁,但是经过 50 年的开垦建设,它已经变成了绿洲新城。实际上,石河子的发展史就是一部生态经济发展史。[①]

2013年,石河子市生产总值351.07亿元,其中:第一产业增加值74.68亿元;第二产业增加值150.12亿元,第三产业增加值17.22亿元,人均生产总值57 634元。农业是农八师、石河子市的基础产业。石河子地区现有耕地278万亩,是全国大面积推广现代节水灌溉的示范区。石河子地区农业机械化程度达到85%以上,精准农业发展迅速,是新疆农业现代化、集约化水平最高的地区之一。石河子地区农作物以棉花、小麦、玉米为主。同时,石河子地区大力发展畜牧业和果蔬园艺业,已建成了全疆规模最大的优质奶牛养殖基地,绿色蔬菜基地和优质葡萄基地。石河子工业企业的创新能力和市场开拓能力不断增强,化工、棉纺、食品、建材、农业技术装备、能源六大支柱产业格局业已形成,天业集团已经成为全国最大的氯碱化工企业之一。目前,石河子地区已形成"以大型农牧团场为依托,以石河子市为中心,农林牧副渔全面发展,工交建商服综合经营,工农结合、城乡结合、贸工农型"的新型经济联合体。[②]

二、石河子垦区经济发展面临的生态挑战

近年来,石河子坚定不移地实施优势资源转换战略,尽全力开展招商引资工作,借助国内外知名企业推进新型工业化进程,主动承接东部地区产业转移,引进产业的总量和质量不断实现突破,对经济的快速发展起到了积极的促进作用。但是需要注意的是,引进的企业中,对自然生态资源如水、土、草等消耗型的占了相当的份额。例如,仅石河子开发区引进的十几个项目中,食品加工企业占了一半左右,如江苏雨润集团、浙江娃哈哈集团、台湾顶新康师傅方便食品和旺旺乳制品、内蒙古伊利乳制品、北京燕京啤酒、河北华龙日清今麦郎等;其结果是,石河子开发区食品生产加工能力在2007年已增加到100万吨以上。之所以有大量我国东部资源强力消耗型企业进入石河子,是因为我国东部地区既是中国承接国际产业转移的主要转入地,又是向中西部地区转移产业的主要转出地。在这个双转移过程中,受产业结构升级、土地和能源紧

---

① 农八师、石河子市政府.石河子生态工业园区建设与发展的工作思路[A].∥冯之浚主编:《中国循环经济高端论坛》[M].北京:人民出版社,2005:583-590.

② 八师石河子市2013年国民经济和社会发展统计公报[EB/OL].http://tjj.shz.gov.cn/structure/xinweb/xinwebtjgb/New_Page_2? infid=81.

张、劳动力成本上升等因素制约,东部地区目前正加速将其内部不再具有比较优势的能源资源型、劳动密集型和部分资本密集型产业向中西部地区转移[①]。

但是,石河子缺水、耕地质量堪忧、草场退化严重。石河子垦区处于亚欧大陆腹地,干旱少雨,多年平均降水量在 200 毫米以下,蒸发量在 1500 毫米以上,水供需矛盾突出。事实上,垦区全年水资源径流量 1.34×10^9 立方米,农业灌溉用水就占去了 1.24×10^9 立方米。垦区耕地面积约 2×10^5 公顷,其中 85％是棉地,剩余的耕地以种植小麦、玉米为主。[②] 在耕作过程中,土地重用轻养,地力下降,次生盐渍化日益加重;作物长期单一,苜蓿等养地作物日益减少;大量增加化肥、农药、地膜等使土壤有机质和营养元素逐年下降,肥力状况日益恶化,表现在土壤养分失调与衰竭、土壤有机质含量降低,团粒结构被破坏,土壤发生板结、土地资源退化。[③] 畜牧业增速过快,牲畜存栏数已经超过 50 万头(只),天山草场和石河子市周围数百千米的草场植被得不到休养生息和自然恢复,草场退化严重。

三、石河子垦区生态经济基础及格局

为了提高经济社会可持续发展能力,农八师、石河子政府曾于 2001 年委托中国环境科学院进行了"新疆石河子国家生态工业(造纸)示范园区的建设规划",该规划是我国最早的全新型有关"种养加"型生态工业园区的设计,它通过了专家论证。但由于种种原因,该规划没有被实施。

2005 年,新疆天业集团成为全国第一批国家循环经济试点单位;2006 年,新疆宏新生物科技有限公司成为新疆循环经济试点单位;2007 年,新疆西部牧业和石河子北工业园区成为新疆循环经济试点单位。2007 年 9 月,温家宝总理亲临新疆石河子,提出要把新疆石河子市建成循环经济试点城市。2007年 11 月,全国循环经济工作试点会议在重庆市召开,新疆天业集团有限公司作为全国化工行业试点单位代表做了典型经验介绍。有关专家认为新疆天业通过发展循环经济,废水、废气和废渣得到有效循环利用,为做大、做强聚氯乙

① 张明.新疆石河子经济技术开发区承接东部产业转移的对策[J].俄罗斯中亚东欧市场,2007(8):12-16.

② 任政,郑旭荣,罗明.石河子地区水资源时空合理配置模型研究[J].水土保持研究,2007,14(5):160-167.

③ 张美环.石河子垦区绿洲农业经济发展的策略研究[J].石河子科技,2009(1):8-9.

烯产业提供了坚强的支撑,为我国煤化工产业的发展提供了有益的借鉴①。

石河子垦区循环经济发展格局应依托三大上市企业,形成农业节水灌溉、工业资源与废弃物循环利用,即天业集团处理"渣"、西部牧业及宏新生物处理"粪"、天富电力清理"灰"、天宏纸业治理"水"的循环经济格局。

1.石河子垦区以现代农业节水滴灌为核心,已形成规模化节水农业、绿洲生态农业。垦区农作物播种面积约 1.8×10^5 公顷,节水滴灌面积约 1.2×10^5 公顷,年节水量近 3.5×10^8 立方米。

2.以新疆天业集团龙头企业为核心,石河子地区已经形成"煤—电力—电石—节水器材—水泥—高效农业—食品加工"产业链。新疆天业集团已经成为新疆发展循环经济的领头羊,现已形成以化工行业、塑料行业为主,热电行业、冶炼行业、食品行业、建筑房地产行业、机械制造行业、商贸流通行业、采矿行业、水泥行业十大行业共同发展,产学研相结合、贸工农科型的大型企业集团。天业集团拥有年产 52 万吨聚氯乙烯、40 万吨烧碱、64 万吨电石、470 兆瓦热电、6 万吨塑料节水器材、1.6 万吨柠檬酸、8 万吨番茄酱及 110 万吨水泥的生产能力。天业集团采用国内先进的工艺技术,使废水、废气及产生的灰渣得到综合利用。天业集团开发的"一次性回收滴灌带"技术将农业废旧滴灌带全部得到回收利用,利用率高达 90% 以上,彻底解决了农业白色污染问题。天业集团食品产业副产品全部供应饲料加工企业。天业集团利用天业化工园区聚氯乙烯所产生的电石渣等工业废渣及现有水、电、汽等基础设施,采用先进生产工艺生产水泥,使几大产业循环式组合,形成了良性、和谐的生态经济发展轨道。

3.依托养殖龙头企业西部牧业和宏新生物科技有限公司,可发展涉及养殖业的循环经济。新疆石河子西部牧业是集养殖、加工、贸易为一体的国有畜牧业产业化龙头企业。公司现有优良种繁育、万头奶牛、万只羊及万头猪集约化养殖能力,建成有 5 万亩牧草生产基地、3 万吨苜蓿颗粒(块)加工生产线及 6 万吨有机复合肥料厂,具备了发展循环经济的基础条件。

4.以石河子天富电力集团为核心,已形成原煤—发电、供热产业链,炉渣、粉煤灰制水泥及制浆造纸产业链,为石河子市循环经济发展起到了强有力的支撑作用。天富热电公司开展热电联产、集中供热工程建设,其供热面积约占石河子市供热面积的 87%,公司在进行电力生产时所产生的炉渣、粉煤灰被

① 王立新.新疆石河子垦区发展循环经济的几点思考[J].兵团教育学院学报,2008(18)4:8-10.

用于水泥制砖。公司同时已采用国内先进成熟技术开发生产粉煤灰制浆造纸板，计划形成 30 万吨/年的粉煤灰制浆造纸生产能力，每年可消化粉煤灰约40 万吨。

四、石河子垦区综合类"种养加"型生态工业园生态产业链建设

在当前天业的"煤炭—热电—化工—塑料加工—建材—高效农业—食品加工"产业链基础上，放眼石河子垦区的水资源节约、耕地保护和企业绿色竞争力提高，必须将西部牧业和石河子市污水治理厂融入石河子垦区综合类"种养加"型生态工业园建设。

1.产业链构成

在如图 5-1 所示的生态工业园系统中，生态经济分为两个层次。

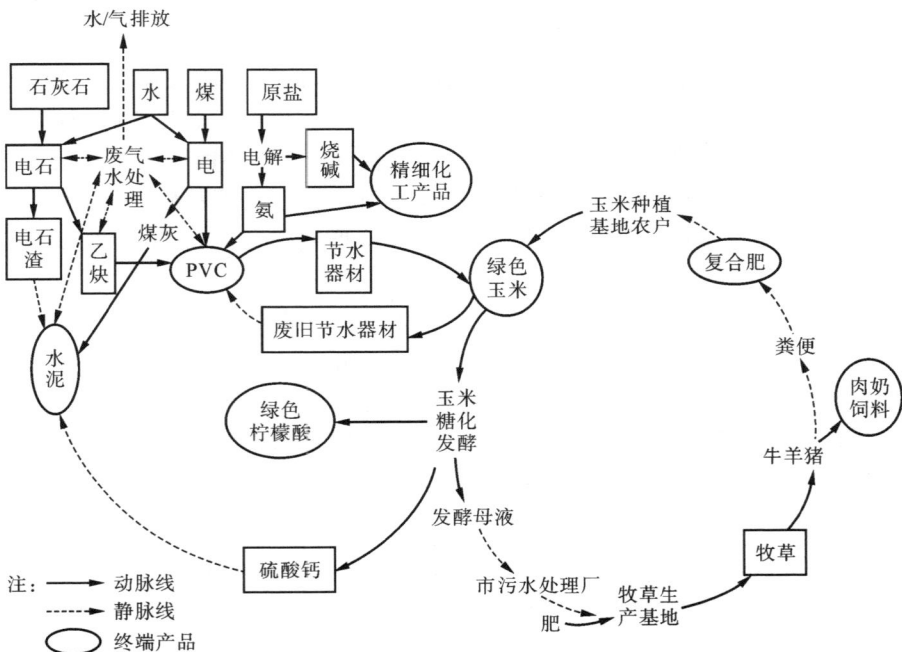

图 5-1　"天业—西部牧业—市污水厂"综合类"种养加"型生态工业园生态产业链

第一个层次是图中左侧的天业生态工业链、图中右侧的西部牧业生产链。

在天业集团,进入系统的有石灰石、煤、原盐、水等,它们在图中用方框表示;输出系统的物质包括四类流向社会的、用椭圆形标记的商品,两类流向自然的达标废气和废水。具体而言,三大主价值链条煤化工(石灰石、煤、氨→乙炔→PVC)、精细化工(原盐、氨→产品)、发酵(玉米→糖浆→柠檬酸)分别制取塑料、精细化工产品、柠檬酸;一条副价值链即生态工业链(电石渣、煤灰、硫酸钙)利用企业产生的灰渣制取水泥。三条主价值链和一条生态工业链在天业生产中形成网状结构,其结点是 PVC 厂、精细化工厂、柠檬酸厂、水泥厂(天业建材科技公司)、聚氯乙烯车间废水处理池。厂与厂可以串联耦合生产,如 PVC 厂和水泥厂、柠檬酸厂和水泥厂;厂与厂也可以并联耦合生产,如柠檬酸厂的硫酸钙和 PVC 厂的电石渣联合制造水泥,PVC 厂、水泥厂和发电厂的废水汇集到废水处理车间,被处理后回用[①]。天业集团共产出四类输出系统的商品,它们在图中用椭圆表示。在西部牧业,水肥被灌施于牧草基地,获得的牧草用于饲喂牛羊猪和做饲料,粪便被用来做复合肥,企业获得的产品有奶、饲料、肉等。

第二个层次是天业集团和西部牧业经污水处理厂形成的生产耦合。柠檬酸厂发酵母液(年排量约 150 万立方米)经处理后,进入城市污水管网,在石河子污水厂得到进一步净化,成为可灌溉的二级水。之后,净化水由管道输送至工农用水单位,包括西部牧业。西部牧业使用净化水浇灌牧草,同时将部分有机复合肥售予天业的玉米种植基地农户,农户施肥于田以生产绿色或有机玉米,而绿色或有机玉米被用来生产绿色或有机柠檬酸。

2.3R 原则的应用

建设"天业-西部畜牧"生态工业园区需要完善 4 项关键工程来发展生态经济,这些工程可被概括为如下的 3R 原则应用。

①资源的减量化(Reducing)

减量措施之一:建设现代产业化的牧草种植场。实现草种植、收割、收种、翻晒、集成草条、自动捡拾打捆、青贮裹包等的机械化,提高草地产出率。

减量措施之二:实施生产节水改造。天业集团要进一步完善发酵工艺,实现高浓度发酵生产。

②产品的再利用(Reusing)

第一,中水处理后输送工程。柠檬酸厂的发酵液经处理后,由城市地下管网进入市污水厂,污水厂出来的二级净化水需要经河道送往用水单位。

---

①　王喜梅."天业"零排放——记新疆天业集团打造绿色环保国企[J].今日新疆,2008(3):17-18.

第二,专用复合肥加工。牛羊猪的粪便已经被加工成了复合肥,但是需要进一步细化,按照种植的不同需要生产出专用肥。

③废弃物的再循环(Recycling)

一是滴灌用PVC管的回收再加工利用,二是粪肥还田。粪肥还田能够减少对化肥的使用量而护地,能够增强作物"体质",即增强作物抵御病虫害的能力,从而有利于农药使用量的减少。

需要补充说明的是,针对天业柠檬酸产品在国际市场上绿色竞争力的提高,如果瞄准市场上对绿色和有机食品的需求,通过技术攻关壮大西部牧业产能,就能够促进石河子地区"粮经草"种植结构的形成。

第三节 城镇型"种养加"型生态工业园的生态链建设 ●●➡

一、城镇型"种养加"型生态工业园主体功能

我国国民经济发展"十一五"规划的一项重要内容是依据可持续发展要求,将国土划分为优化开发区、重点开发区、限制开发区、禁止开发区四大类功能区。按照初步规划,新疆国土将被划分为重点开发区、限制开发区、禁止开发区三类,其中主要是重点开发区和限制开发区。

天山北坡经济带、塔里木盆地西北缘阿克苏—库尔勒地区是主要的新疆重点开发区。重点开发区的功能定位是:区域主体功能形成,工业发展滞后的状况得到较大改变,农产品深加工实现新的突破,现代服务业发展,领域逐步拓宽。要按照"工业园区化,园区产业化,产业集群化"的思路,加强各类工业园区的规划和基础设施建设。新建和在建的产业园区要按照循环经济的模式进行布局,全面推行清洁生产,发展环保型产业;全面推行各种节约措施,发展节约型农业、工业和服务业,逐步建立节约型社会。

新疆大部分地区属于限制开发区。限制开发区的功能定位是:农业生产水平和效益全面提高,农业现代化走在同区域前列;建成现代化农业示范区;第一产业实现增产增收,第二、第三产业所占比重逐年上升。稳定种植业,加快发展林果、畜牧业,提升工业,推进建筑业,促进公路运输、批发零售贸易及住宿餐饮、居民服务等社区服务业发展。新疆限制开发区经济社会的总体特

征是：社会经济发展水平相对较低，人口密度较小，河流蓄水能力差，旱涝自然灾害发生较频繁；农村与农业面源污染对地表水产生不利影响；系统稳定性较差，生态系统服务功能需要提高。新疆限制开发区经济社会的基本发展要求是：加强生态环境保护方面的宣传教育，人民群众生态环境保护意识需要增强；大力推进生态环境保护和建设，创建生态示范区，积极开展生态公益林建设、小流域治理、水土保持、农田保护、水资源和饮用水源保护；整治农村生态环境，开展生态乡镇和环境优美小城镇建设，推广农业农村废弃物综合治理，发展有机食品和绿色食品生产基地；植被覆盖率、水土保持面积、各类生态保护区面积、生态示范区面积、基本农田保护面积呈增长趋势。

新源和石河子"种养加"型生态工业园都分布在重点开发区，它们实际上是区域积聚工业的生态化改造。对于工业发展相对落后、企业较稀少的限制开发区，生态工业园的建设可以与乡镇建设结合起来。

二、"种养加"型城镇类生态工业园生态链建设

新疆乡镇级单位中，农十四师生产建设兵团二二四团是典型的、设计而成的城镇式"种养加"型生态工业园。

（一）二二四团概况

二二四团是国务院文件明确指出的南疆新建团场，是十四师的经济开发区，也是十四师工业布局的中心。按照规划，二二四团工业建设立足十四师、面向和田，要把二二四团建成和田地区食品加工业、建材业、药业、饲草加工业的聚集中心。

二二四团位于皮山县与墨玉县交界处 315 国道北侧的阿克兰干地区，东距和田市 75 千米，西距喀什市 400 千米，至自治区首府乌鲁木齐市约 1800 千米。该区域属极度干旱的暖温带大陆性气候，常年多风沙少雨雪，自然条件十分恶劣。该团是农十四师占地面积最大的团场，规划面积 2×10^4 公顷，农业以种植红枣为主。根据对二二四团的发展构想及开发进度，二二四团的道路建设按照"分步实施，逐步完善"的原则，"十五"完成了内部主要骨干路网建设及与四十七团联系道路建设，完成了果园内部配套东西及南北砂石路面建设；"十一五"完成了北部沙漠生态林区域道路配套建设，也完成了生态林及部分果园区域的联系道路建设。二二四团把修路放在第一位，规划了 9 条次干道，所有的干线道路依渠系干管而设，三纵九横，这样既利于干管和分干管的修

建、巡视、维护、管理,又方便了林果产品及生产资料的集散和运输。路和树在这里形成网格状,方格里的万亩良田生机勃勃,现代化大农业的布局已经完成。

自 2002 年开始,二二四团开始生态开发建设。经过十几年的努力,完成了全长 50.43 千米的皮亚勒玛引水干渠、$5×10^6$ 立方米的沉沙调节池、地下骨干输水管网和 $8.7×10^3$ 公顷田间(地下)微灌工程建设,实施了团部城镇基础设施建设和 8 个连队居民点的建设。二二四团开垦了 $1.3×10^4$ 公顷土地,其中以红枣为主的特色林果约 $0.84×10^4$ 公顷,各种生态防护林 $1.3×10^3$ 公顷。枣树种植采用节水灌溉技术。2006 年 9 月 8 日,胡锦涛总书记视察二二四团,他在讲话中说:"你们这个团现在条件差,但发展的前景非常大。"如今,昔日的戈壁荒漠已变成了一片醉人的绿洲,[①]并形成了二二四团模式,即:在国家政策和项目的重点扶持下,以科学发展观统领,按照屯垦戍边新型团场建设和农业现代化的总要求,统一规划,采用高新节水灌溉技术,集中连片利用荒漠资源,发展特色优势农业产业,实现社会、生态和经济的协调发展。[②]

建设二二四团是国家和自治区支持兵团农十四师发展壮大的项目工程,这源于以下六个原因。一是资源优势。二二四团地处素来就有"瓜果之乡"美誉的新疆和田,而和田有着丰富的农产品资源,如年产各类鲜果 500 万吨以上,各类肉产品 10 万吨以上,这为二二四团发展农产品加工业提供了丰富的原料资源。二是地理位置优势。和田距喀什口岸较近,交通便利,有利于开发国际市场,产品可直接出口。三是政策优势。二二四团的建设是国家和自治区支持农十四师发展壮大的项目,定位较高——要将二二四团建成和田地区乃至南疆地区经济开发的亮点。四是起点高。二二四团开发建设坚持高起点规划、高标准建设、高强度投入、高效能管理,走超常规跨越式发展的道路,尤其是农业灌溉全部采用高新节水灌溉方式。五是新疆及周边地区政治环境相对稳定,和平与发展仍是时代主题,维稳固边的历史使命与经济社会发展命脉相承。六是"十一五"和"十二五"时期的开发建设积累了很多宝贵的经验,进一步理清了思路,为加快发展奠定了必要的思想、物质、技术和人才基础。

在土地开发建设中,二二四团坚持以恢复、保护生态为前提,以林果业种植为主导,大力实施植树造林、天然林保护工程。具体包括,第一,二二四团在2003 年春季从陕西引种沾化冬枣,并建成枣树种植示范基地。第二,完善林

① 农十四师党委.突出特色农业履行维稳使命[J].兵团建设,2008(6 下):65-66.

② 新疆生产建设兵团第十四师二二四团简介[EB/OL].http://eest.btdsss.gov.cn/c/2015-12-17/513781.shtml.

地保护网络,高度重视国家重点公益林、常规林、退耕还林、宜林荒地造林的建设与保护。第三,保障土地的科学规划和生态保护,有效控制风沙、干旱危害,提高经济效益,防止新的生态破坏和污染。

农十四师把二二四团建成了独具特色的现代化农场,即通过实施优势资源转换战略,把二二四团建设成了集生产、加工、销售为一体的特色林果基地,尤其是建设成了以高新节水灌溉为标志现代农业示范基地,其本质是城镇型"种养加"生态工业园建设。

(二)生态产业链

二二四团坚持走生态开发建设的可持续发展道路,以林果业为主导产业,兼顾畜牧业发展,实施规模化、专业化生产,集约化、产业化经营,逐步形成了六大园区、七大产业,其布局如图 5-2 所示。在图中,城镇公路将枣林和职工居民生活区、工业区连接成整体。水库位于城镇西南方,大多数库水通过节水灌溉系统流向枣林,少部分流向职工居民区、工业园区,还有一部分流向公园。居民被枣林包围并不是偶然,而是刻意为之,就是要让枣林阻挡皮山和墨玉垦区风沙的屏障,并调节气候。也就是说,在二二四团的"种养加"型林果—畜牧—城镇中,农业、工业和职工生活密不可分,是一个生态共生体。为了使枣林土壤得到可持续利用,防止农药、化肥等对土质造成污染和破坏,畜牧业和居民沼气业得到了良好发展,获得了足够的有机肥。

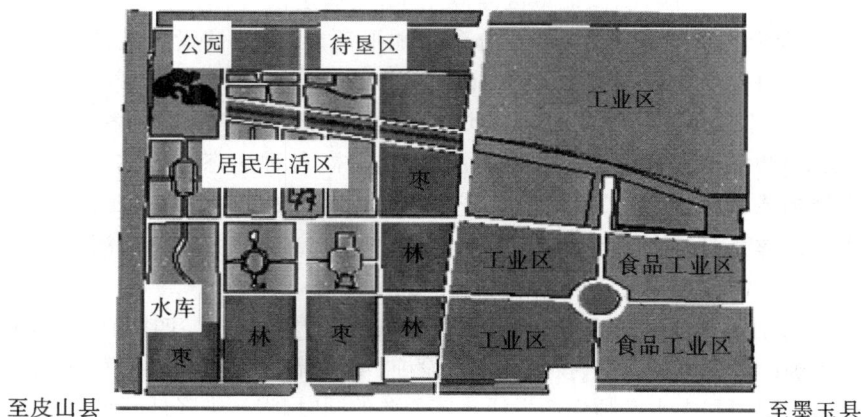

图 5-2 "种养加"型林果—畜牧—城镇

具体而言,二二四团"种养加"型林果—畜牧—城镇重点建设了五大工程。

第一是建好三大基地,即建设以红枣产业为主的果品生产基地、节水灌溉示范基地、现代农业示范基地;开发四大项目,即红枣深加工项目、以管花肉苁蓉为主的药材加工项目、有机专用滴灌肥料生产项目和畜牧养殖及加工项目。第二是推进"五化"。做大、做强红枣产业的产业规模化,推进以果品深加工为主的农业产业化,以有机食品生产销售为主的产品品牌化,以更优惠政策、更广的市场吸引投资者的"走出去、引进来"引资互动变化,以及实施科技兴团和人才强团变化。第三是建设六大园区,即建设特色林果园区、特色饲草畜牧园区、高新科技示范园区、生态观光旅游园区、中心苗圃园区和新型工业园区。第四是加强基础设施建设。加快推进城镇化建设,加强可持续发展能力建设,完善教育体系与建设与服务。

(三)3R 原则在城镇建设中的应用

二二四团职工生产生活需要水,垦区土壤改良需要有机肥,产业提高竞争力需要打绿色有机品牌。围绕这几个方面,团场主要运用减量化和再利用资源的方式建设城镇。

1.资源使用的减量化(Reducing)

第一,电能使用的减量化。二二四团的水源为和田河流域的喀拉喀什河,河水经乌鲁瓦提水利枢纽调蓄后下泄。垦区从喀拉喀什河渠首引水,经长达50千米的引水干渠输送到沉沙调节池。沉沙池容积 5.0×10^6 立方米,具有沉沙、调节的双重功能,既保证垦区灌溉用水,又满足人畜、工业用水。为节约能源、降低运行费用,水利设计者充分利用地形落差,通过铺设各级压力管道把水输送到每一块田间,并使 94% 的田间管网有 36 米以上系统压力。

第二,水资源使用的减量化。团场实施了地下骨干输水管网和 13 万亩田间(地下)微灌工程建设。以红枣为主的特色林、各种生态防护林全部采用节水灌溉模式种植,取得了较好的经济、社会和生态效益。值得指出的是,这一节水灌溉体系是国内甚至国际农田水利行业中控制面积最大的灌溉系统之一。

第三,工业排放物减量化。新疆青松建材化工集团(二二四团)股份有限公司采用国内最先进的工艺、技术和环保设施,年产新型干化水泥 80 万吨,在完全满足二二四团和农十四师生产生活建筑需要的同时,将污染降低到最低限度。

2.资源的再利用(Reusing)

自 2005 年 3 月,二二四团在起伏流动的沙丘上栽植红柳,建设了 320 公顷人工红柳林。红柳同枣树一样,在二二四团起着改善和保护生态环境的作用,是城镇的"防沙卫士"。但是,红柳在二二四团还有另一个用途,那就是被用于生产大芸。

大芸又名肉苁蓉,被称为沙漠中的"人参",是多年寄生的草本植物,具有较高的药用价值和滋补功效。红柳定植到第 2 年,根系已经长达 3～4 米,自身营养充足,根深叶茂,此时接种大芸。从第 3 年开始,每年春秋各采集 1 次大芸。接种后,大芸第 2 年单产 200 千克(鲜)/667 平方米左右,从第 3 年开始单产达 600 千克/667 平方米左右。[①] 随着种植大芸技术的推广和大芸市场价格的一路走高,大芸种子供不应求。因此,二二四团有时不鲜卖大芸,而是待其开花后用于育种,一千克的种子能卖到近 2 万元,亩收益 5000 余元。[②]

3.资源的再循环(Recycling)

二二四团的主导工业是红枣深加工、管花肉苁蓉药材加工、畜牧养殖加工和有机专用滴灌肥料生产。如今,二二四团种植的红枣已摆上了国宴、走出了国门,昆仑山牌大枣的美名响彻了大江南北,红枣也成了农十四师调整种植结构、实现富民强师目标的龙头产品。[③] 但要注意的是,若离开了对绿色和有机的追求,没有 6.7×10^3 公顷取得绿色基地认证的枣林的支撑,二二四团的发展就不可持续。其中关键一点是,垦区的土壤为砂性,保水、保肥性均很差,这决定了垦区工作的一个核心是改良土地,为此决不能在农业生产中大量使用化肥,甚至就不能使用化肥。例如大芸接种红柳后,严禁施入化肥。

第四节　大区域"种养加"行业生态链建设 ●●➡

按照中央"十三五"规划建议精神,新疆产业的发展必须建立在有利于生态环境保护和改善的基础之上。新疆生态十分脆弱,"局部改善,总体恶化"的环境状况并未彻底遏制。出现这种局面的根本原因是,新疆工农业生产大量挤占和破坏生态用水与生态用地。许多涉农产业如制糖业、造纸业、发酵行业等都是当前新疆结构性污染最为严重的产业,是用地、用水和排水大户。不提高生态效率,单方面强调产量与产值的增加,新疆涉农产业的不断发展就等同于新疆生态压力不断加大、农村环境污染不断加剧。

---

① 刘多红.二二四团红柳大芸基地建设[J].新疆农垦科技,2006(6):20-21.

② 薛立秋,陈景平.荒漠变绿地沙丘变金山[J].新疆农垦经济,2009(7):84.

③ 何玮,李应良.交一份满意的答卷[J],兵团建设,2007(10):12-13.

一、农产品加工业生产集中化的必要性和可行性

　　必要性。世界范围内,农产品加工规模都有最低限值,只有超过这一限值,企业和区域的某一产业才能得到有序发展。但是,当前新疆特色涉农产业发展的基本和显著特征是小规模经济,如甜菜制糖厂有近15家,番茄酱厂有40多家,仅石河子乌昌地区就有乳品企业近10家,这些企业产能都在国际最低限值以下。企业规模小、布局分散的最大弊端在于产业抵御市场风险的能力差,极易引起各企业之间的恶性竞争。如甜菜制糖业。在指令性计划下,我国制糖业自1995年起连续约5年生产过剩。面对市场需求不足,企业如果不能开展多元化经营以分散风险,就只能考虑如何将风险损失降低到最低。在新疆,糖厂综合利用的收入平均只占到其总产值的约1/10,起不到化解风险的作用,各糖厂只能竞相低价以致亏本售糖,制糖行业负债总额迅速增加。现金流的严重不足又导致各糖厂普遍拖欠农民甜菜款,大批甜菜农放弃甜菜种植,新疆全区的甜菜供应量急剧减少。为了维持生产,糖厂反过来又被迫提高甜菜收购价以稳定和吸引农民种甜菜,这就形成了糖业经营的剪刀差。至2000年,新疆制糖企业平均负债率一度达到99.66%,曾面临着全行业从市场退出的风险。[①]

　　可行性。第一,随着新疆农田水利工程的基本完成,供水到户制度的持续实施,滴灌技术的推广普及,制约绿洲小块经济成规模种植和加工用水的瓶颈问题已得到较大缓解。第二,特色农经作物种植区发展不平衡,在单产、质量、病虫害和作物比较效益等方面存在比较优势。如伊犁地区具备甜菜种植优势,若羌、且末具有红枣种植优势等。第三,集中生产所需的中间产品和技术正在得到供给,如全国当前对新疆实施城市县镇点对点攻坚发展计划,企业在许多关键工序上有望引进国内或世界先进设备。第四,在某些相对集中的区域,某些企业已集团化,为集中生产创造了组织条件。

二、涉农产业生产生态化的必要性

　　以制糖业为例。

　　第一,制糖过程产生的"三废"种类多,数量大,污染严重。甜菜加工过程产生的"三废"种类多而且量大。如伊犁地区新源糖厂(日处理甜菜能力4500

---

　　①　新疆维吾尔自治区轻工厅.自治区制糖行业调整意见[R].内部资料,2000.

吨)在 2002—2003 年生产期产生滤泥、炉渣等固体废弃物约 8.5 万吨,烟气等废气约 4.8 万吨,废水总量则为 1.2×10^6 立方米。[①]

糖厂"三废"污染严重。制糖对环境的污染是结构性的,突出表现在制糖废水和酒精废醪液对水土资源的破坏上。制糖废水虽然含有机质高,但多数糖厂将其直接外排,其中排入河流的污水使河水溶氧量下降,导致水生生物尤其是鱼类的种群和数量减少;排入氧化塘的污水则产生臭味。酒精废醪液含大量极难自然降解的硫酸根,它随着废醪液外排而进入河流和土壤,后者的酸碱平衡随之严重失调,导致水质土质严重恶化。

第二,制糖业强力消耗水土资源。

甜菜加工大量耗水。每加工 1 吨甜菜平均耗水约 10 吨。一些城市的生态用水与制糖用水存在着较为尖锐的矛盾。如日处理甜菜 2000 吨的奎屯糖厂,平均每天耗去地下水 1.5×10^4 立方米,而奎屯糖厂所处的奎屯市地下水位在连年下降,个别年最大降幅达到 6 米以上。[②]

甜菜生产占用和消耗大量耕地。新疆糖业占用耕地 6.7×10^4 公顷,约为新疆耕地总量的 2%。如果按照黑龙江每公顷耕地产 1 吨糖来计算,新疆甜菜则要耗用约 5.0×10^5 公顷耕地(约占新疆耕地总量 9%)。显然,甜菜如果低糖低产,糖业发展对新疆维持和增加生态用地就十分不利。甜菜生长较拔地,如果不适度轮作,尤其是不维持和增加有机质,土壤肥力下降十分迅速。实践中,造成黑龙江糖业一个世纪以来衰退型发展的一个重要原因,就是土壤肥力被掠夺。对此,新疆和全国其他省区必须引以为戒。

三、生产集中化与生态化互动发展的目标、步骤与关键具体措施

(一)当前目标

第一,生产和加工实现"种养加"循环型生态运转。除了优选优育作物品种、科学管理种植之外,必须利用牲畜粪便和来源于工厂"三废"的有机肥肥田,大力减少种植过程的化肥施用量,消灭"无节制地使用化肥"这一造成新疆甜菜含糖量持续下降的"第一杀手"。[③]

---

① 李刚.屯河新源糖业公司"三废"处理的思考[J].中国甜菜糖业,2004(4):37-41.
② 王龙江.奎屯市地下水开发利用浅析[J].地下水,2012,34(4):58-60.
③ 陈漠.低糖甜菜预警糖业[N].新疆经济报.2003-03-11(2).

第二，实现以中水回用为核心的清洁生产。农产品加工企业的生产特点是：第一，耗水率一般较大，废水的有机质含量较高。对此，首先要加大中水回收利用力度，其次是对废水进行生物氧化处理。第二，固体副产品基本上是良好的饲料，应加大它们对当地畜牧业的反馈支持力度。

（二）主要步骤

第一阶段，构筑纵向闭合的生态产业链，稳定生产，保证现有生产能力的实现。该链集"种养加"为一体，以节地、护地和养地高效生态农业的形式来保证生产达产。

第二阶段，实施产品的规模化升级换代，扩大生产规模。近年来，市场对优级农产品的需求逐渐变得强劲。在这种情况下，通过产品的规模化升级换代，可以有力地提高市场占有率，增加企业利润，为企业扩大生产提供资金保证。新疆不仅要规模化生产优质农产品及其加工品，还应当高瞻远瞩，紧盯市场潮流，利用"种养加"生态链的优势，努力提高产品的有机化水平。

第三阶段，推进区域企业基于废物集中处理的生态化联合，实现产业共生。生态产业能够以产业共生的形式实现清洁生产，达到生产者之间、生产与消费之间、生产活动与资源环境之间共赢。规模集中生产将使作物种植与废渣、废液等的再利用，尤其是"三废"制有机肥具备规模效益。这种规模效益一方面提高壮大已有的"种养加"纵向产业链；另一方面又造成规模化企业同周边小企业在废物综合利用上的规模差，规模差产生效益差，效益差驱使小厂的副产物流向规模化企业，区域基于废物综合利用的横向共生耦合产业链由此形成。这为"种养加"型生态工业园建设奠定了良好基础。

第四阶段，实现产业集中化与生态化互动。当纵向和横向生态产业链建成之后，以工哺农，以农护工，在产业集中化与生态化良性互动的基础上，积极开拓市场。

四、实现"贸工农"联动

开拓国际市场是新疆涉农产业基于发挥地缘优势、后发优势，着眼于生存与发展所要做出的合理、现实的选择。通过开展绿色贸易、实现"贸工农"联动，并着力推行绿色生产管理和灵活运用贸易政策，新疆涉农产业的生态化、集中化发展就有了体系保障。

(一)推进和拉动生态化发展

第一,绿色制品生产的战略意义。其一,生产绿色制品能够启动和促进新疆农产品加工业的生态化建设。这是因为生产绿色制品的必要和前提条件,是作物的种植和加工要实现生态化。其二,生产绿色制品,新疆就能够利用生态化建设的优势,变成长洼地为成长高地,为自身的生存发展开辟空间。在世界范围,绿色涉农制品的销售量年增加率为30%,其售价是普通制品的3~5倍。绿色农产品需求量在美国、德国及日本等经济发达国家不断增长,将使绿色农业加工品成为未来市场最具竞争力的产品。

新疆具有生产绿色农业制品的后发优势。首先,新疆绝大多数作物种植区多为传统农业经济区,生态环境受工业污染轻。其次,作物生产是农户择地分散种植,这一方面提供了生产绿色原料所需的关键要素——大量劳动力,另一方面又为在作物生长过程中少用或不用人力物资如化肥、农药、生长剂等,提供了有利条件。只要在目前基础上加强生态化建设,新疆农产品加工业的相对滞后将高效率地转变为生产绿色制品的后发优势。

第二,开拓国际市场,实施绿色制造行动计划,推进和拉动产业生态化发展。

由于我国当前的绿色产品生产水平较低,眼前的首要任务还是制定和完善绿色产品生产、消费方面的相关法律,尤其是建设与国际接轨的绿色产品监测法律体系,因此,现阶段的主要任务是准备和启动绿色生产,实施绿色工业加工品行动计划。

各级政府环境管理部门要着手对企业实施绿色生产管理考核。考核内容应包括企业是否实施了清洁生产,是否进行了ISO14000环境管理体系认证。考核应从开拓国际市场、积极准备绿色外贸的角度出发,督促和指导企业从预防污染、减少资源消耗入手去建立环境管理体系,使企业从"自我决策、自我实施、自我控制"到"自我管理",以此将环境管理融入企业的全面质量管理当中。实施绿色制品行动计划能够促进行业实现"贸工农"联动发展,取得生产国际化、生态化的双赢。

绿色行动计划也是一种激励手段,用以调动企业生态化生产的积极性。这需要环境管理部门联合行业协会协调行动,推荐和协助已实施了清洁生产、建立了环境管理体系的企业申请ISO14000环境管理体系、危害分析与关键控制点(HACCP)以及相关出口国家和地区需要的体系认证,以期这些企业的产品质量标准和生产技术规范尽快与国际接轨,力促其产品进入世界市场如期货交易市场,提高其产品的国内国际竞争力。通过这种方式,其他企业追求生态效率的积极性将被调动起来,从而有力地推进新疆绿色农业的发展。①

(二)推进制糖业集中化发展

第一,新疆具有开展农产品及其加工品外贸的地理优势和外部市场条件,应当加以利用。首先,新疆地处亚欧大陆腹地,农业制品"西出"可以变区位销售劣势为优势。其次,与新疆接壤国的农业及涉农产业市场空间大。以俄罗斯糖业为例,其食糖年消费量约为 700 万吨,但该国当前的食糖自给率仅为 20%～25%。实际上,俄罗斯制糖业在很大程度上依赖原糖进口,近几年,其年进口量均在 100 万吨以上。

第二,灵活运用"绿箱"和"黄箱"政策,将对外贸易与企业整合、集中化建设相结合,实现由生产集中化而引起的有序竞争。应积极将出口贸易政策向国内支持方向转变。尽管贸易对象可能并不是 WTO 成员(如俄罗斯),但是应当从长计议,积极落实"着力提高对外贸易的质量和效益"、"增强特色产业自我发展能力"的对外贸易方针。其重点是在金融(如信贷、信贷担保、出口保险、出口市场拓展基金等)、税收、财政、出口基地建设、科技投入等方面制定以激励为主的政策,鼓励龙头企业积极对作物种植、加工工艺及设备、产品等进行研发与改造,协助其提高作物种植水平、工业精深加工水平和产品质量,扩展和增强其产品出口的渠道与能力,以此推进和造就新疆农产品加工业"贸工农"联动成长和集中化发展,最终形成大区域内行业企业联合运行的"种养加"生态产业链。

本章小结

以新疆园区经济为例,本章探讨了"种养加"型生态工业园生态产业链建设,这些生态产业链分属特色行业类、综合类、城镇型和大区域"种养加"行业类四种类型的"种养加"型生态工业园。它们的共同特点是,各种生态产业链类型的园区都必须有 3R(Reducing,Reusing,Recycling)原则的充分体现。所不同的是,特色行业类园区的 3R 主要依靠行业的纵向链接来实现,综合类园区的 3R 主要依靠不同行业的横向共生来实现,城镇型园区的 3R 直接将居民工作生活纳入产业链来实现,大区域"种养加"行业类园区的 3R 则需要有远距离物料运输来实现。

---

① "绿色农业基本理论的研究与探讨"课题组.绿色农业基本理论的研究与探讨[A]. // 刘连馥主编.绿色农业初探[C].北京:中国财政经济出版社,2005:14-36.

第六章
"种养加"型生态工业园
生态价值链建设

　　对生产与服务组织而言,价值的传统定义是一种狭义定义,如利润或生产力。然而,从政府的宏观调控看,可持续发展正日益成为焦点调控目标。由于可持续发展的核心内容之一是资源环境价值的维持和增加,随着政府不断强化对可持续发展的管理,价值的内涵和外延势必扩展到资源环境保护。[①] 事实上,Handfield 等人在 1997 年就指出,为了更好地环保,环境管理策略必须纳入到产业价值链。

第一节　生态环境价值是园区产业系统
　　　　价值的基础

一、资源环境的间接服务功能

　　当个人的消费对象是市场中的商品或劳务,而影响这种商品或劳务的质量与数量、并进而影响消费者对该商品的需求量的因素包含资源环境服务功能的大小时,个人对资源环境服务的需求就是一种间接需求,需求函数是:

$$\begin{cases} x_i = f(P,M) \\ p_i = MC \\ C = f(q,o_i) \end{cases}$$

---

　　① 邓伟,李楠希,索晨霞.绿色价值链的框架分析[J].商场现代化,2008(11)上旬刊:88-89.

该式表明,当个人购买某项商品或服务时,决定商品或服务的数量 x_i 的因素,除了所有商品的价格向量 P、消费者的收入预算 M 外,还包括环境质量 q。MC 表示商品的边际生产成本,o_i 代表影响商品生产的其他因素如资本、劳动等。与对资源环境服务的直接需求函数不同,间接需求函数中资源环境对生产或劳务的服务是商品或劳务价格的影响因素,即 q 的变化将导致生产成本的变化,进而影响到产出的价格和数量。这在农产品加工业中体现得尤其明显。

实际中,生产与服务组织对资源环境的服务往往表现不出明显的需求,其原因在于生产的其他人为要素可完全或不完全替代着资源环境的服务功能:当资源品质、环境质量在一定可支持生产的范围内恶化时,厂商可以投入资金,采取种种人为措施消除不利的资源环境影响因素,减轻其不利后果,以获得消费者所需要的产品质量。

然而,资源环境对社会生产的支撑、服务功能是不能被无限削弱的,如果被过度削弱,生产与服务组织将很难实现持续的赢利。换言之,在资源枯竭、生态恶化面前,社会经济单位的正常经营将难以为继。对农产品加工业,这意味着,农业种养殖条件不存,农产品加工何以为继?

二、农业生态环境价值支撑产业利润

农业生态环境服务功能若进入生产函数,它就演变成农业生态环境价值,当它被持续削弱后,或者形成"资源屏障",或者是环境质量跌破底线,无论哪一种情况,相关的农产品加工组织都会亏损。这可以用利润增量模型来说明。

(一)模型成立的主要条件

农产品加工企业内部条件:组织以存货生产方式大量生产;生产要素包括农产品原料、劳动、资金和管理;产品制造费用包括物耗、人工工资和税金等[1]。

农产品加工企业外部条件:面对的产品市场和要素供应市场是现实的不完全竞争市场;劳动力、燃料市场为完全竞争市场;缴纳固定税[2]。

---

[1]　葛素洁,杨洁.现代企业管理学[M].北京:经济管理出版社,2001:405-430.
[2]　高鸿业主编.西方经济学[M].北京:中国人民大学出版社,2000.

(二)利润增量模型的建立

由利润＝产品收入－成本－税金,可得利润公式:[①]

$$\pi = PQ - pq - K_1Q - K_2Q - F - T$$

式中 π 为利润;Q 为一定数量的产品;P 为产品价格;q 为得到 Q 量的产品所消耗的原材料量;p 为原材料价格;K_1 为生产单位产品所支付的人工工资总额;K_2 为生产单位产品所支付的易耗品的价值量,包括燃料、动力等;F 为当期固定资产折旧;T 为税额[②]。

令 β_1 为产品提取率,即最终产品量与对应的农产品原料中所含产品成分量的比率;β_2 为单位农产品原料中的产品成分量,则有 $Q = \beta_1\beta_2 q$。再令产品的需求价格弹性系数 $e_D = (dQ/Q)/(dP/P)$,原料供给的价格弹性系数 $e_s = (dq/q)/(dp/p)$。将 Q、e_D 和 e_s 代入利润公式并进行全微分,可得农产品加工企业利润增量模型为:

$$\pi'_{(Q)} = 2P(e_D^{-1} + 1) - \frac{2p}{\beta_1\beta_2}(e_s^{-1} + 1) - K_1 - K_2 \cdots\cdots\cdots\cdots\cdots\cdots (※)$$

式(※)中:e_D^{-1} 为产品需求的反价格弹性系数,e_s^{-1} 为原料供给的反价格弹性系数。

模型(※)表明:农产品加工企业利润关于产品销售量的变化率,是产品价格 P、产品需求反价格弹性系数 e_D^{-1}、原料价格 p、原料供给的反价格弹性系数 e_s^{-1}、生产单位产品所支付的易耗品价值量 K_1 和人工工资 K_2 的函数,在数值上它等于:由于产品供应量变化而形成的新的产品价格、新的产品价格和新的产品需求反价格弹性系数乘积的代数和的 2 倍,减去由于原材料需求量变化而形成的新的原材料价格、新的原材料价格和新的原材料供给的反价格弹性系数乘积的代数和的 2 倍,再减去生产单位产品所支付的易耗品价值量、人工工资。

利润通常被认为是反映生产水平高低的一项重要指标,利润的增长能反映组织在一定程度上的成长性,表现为它满足社会需要的能力的提高。要持续获取利润,只需 $\pi'_{(Q)} > 0$,此时要求 $2P(e_D^{-1} + 1) - \frac{2p}{\beta_1\beta_2}(e_s^{-1} + 1) > K_1 + K_2$,

---

① 吴德庆,马月才.管理经济学[M].北京:中国人民大学出版社,1996.

② 陈兴滨.公司理财[M].北京:中国人民大学出版社,2003:4-76.

由于 $K_1>0,K_2>0$,所以要使 $\pi'_{(Q)}>0$ 必须使:$2P(e_D^{-1}+1)-\dfrac{2p}{\beta_1\beta_2}(e_s^{-1}+1)$
>0,即

$$(e_D^{-1}+1)/(e_s^{-1}+1)>\frac{p}{P\beta_1\beta_2}\cdots\cdots\cdots\cdots\cdots(\circledcirc)$$

式($\circledcirc$)为组织连续获取业务利润的约束性条件或必要条件。

因为 $\pi''_{(Q)}=4(\mathrm{d}P/\mathrm{d}Q-\mathrm{d}p/\mathrm{d}q)+2Q[\mathrm{d}(\mathrm{d}P/\mathrm{d}q)/\mathrm{d}Q-\mathrm{d}(\mathrm{d}p/\mathrm{d}q)/\mathrm{d}q/$
$(\beta_1\beta_2)]$

$\mathrm{d}P/\mathrm{d}Q<0,\mathrm{d}(\mathrm{d}P/\mathrm{d}q)/\mathrm{d}Q>0$,而 $\mathrm{d}p/\mathrm{d}q>0,\mathrm{d}(\mathrm{d}p/\mathrm{d}q)/\mathrm{d}q/(\beta_1\beta_2)>0$,
所以有

$\pi''_{(Q)}=4(\mathrm{d}P/\mathrm{d}Q-\mathrm{d}p/\mathrm{d}q)+2Q[\mathrm{d}(\mathrm{d}P/\mathrm{d}q)/\mathrm{d}Q-\mathrm{d}(\mathrm{d}p/\mathrm{d}q)/\mathrm{d}q/(\beta_1\beta_2)]$
<0

所以,当 Q 增大到一定数量,使得 $\pi'_{(Q)}=0$ 时,确定的生产期内农产品加工企业利润存在最大值。

(三)"资源屏障"、环境质量下降使得生产经营亏损

1."资源屏障"与其危害

正常生产性原料供给曲线特性是:$\mathrm{d}q/\mathrm{d}p>0$,有 $e_s^{-1}=(\mathrm{d}p/\mathrm{d}q)(q/p)>0$。

因为 $e_D^{-1}<0,e_D^{-1}+1<1$,所以要使式 $(e_D^{-1}+1)/(e_s^{-1}+1)>\dfrac{p}{P\beta_1\beta_2}$ 成立,必须有 $[1/(e_s^{-1}+1)]>\dfrac{p}{P\beta_1\beta_2}$ 成立。此时,要求 $e_s^{-1}<[\dfrac{P\beta_1\beta_2}{p}-1]$ 成立。随着 Q 的增大,产品价格将达到一个均衡价格,即 P 趋于一个固定值;同时,随着 Q 的增大,对原材料需求量增大,由供给理论,要增大供给量就必须使原材料价格 p 上升。因此,在 β_1、β_2 一定的条件下,随着 Q 的增大 $[\dfrac{P\beta_1\beta_2}{p}-1]$ 的数值减小。

但另一方面,随着 Q 的增长,继而对原料需求量 q 的增加,$e_s^{-1}=(\mathrm{d}p/\mathrm{d}q)(q/p)>0$ 却始终成立。因此,随着对原料需求量的增加,即 q 的增大,在原材料供给曲线上必有一点 (p_0,q_0) 使得 $e_s^{-1}=[\dfrac{P\beta_1\beta_2}{p}-1]$;而在 (p_0,q_0) 点以后,即 $p>p_0,q>q_0$ 时,$e_s^{-1}>[\dfrac{P\beta_1\beta_2}{p}-1]$。

当 $e_s^{-1} > [\frac{P\beta_1\beta_2}{p} - 1]$ 时,$\pi'_{(Q)} < 0$,利润下滑,它是因生产所需的原材料的供给价格弹性 e^s 的下降所致。将农产品原料的供给价格弹性 e^s 持续下降、边际利润持续下滑的生产区域,定义为利润的"资源屏障"。既是屏障,就有障高和障宽。当 e^s 持续下降且趋于零,则利润的"资源屏障"高度为无穷,此时农产品原料的供给极限必趋于常量 q^*,则组织销售利润的"资源屏障"宽度即障宽为 $|q^* - q_0|$。e^s 持续下降后如果又持续回升,其值可能等于原材料供给曲线某一点 (p_1, q_1) 处的 $e^s = 1/[\frac{P\beta_1\beta_2}{p} - 1]$,即 $e_s^{-1} = [\frac{P\beta_1\beta_2}{p} - 1]$。当继续生产,$p > p_1$、$q > q_1$ 时,一定生产区域(设为 q_1 至 q_2,与 q_2 对应的原料的供给价格为 p_2)内 $e_s^{-1} < [\frac{P\beta_1\beta_2}{p} - 1]$ 成立,销售利润递增。此时的资源障高和障宽分别为 $|p_1 - p_0|$、$|q_1 - q_0|$。当 q 为 q_2 时,再一次出现 $e_s^{-1} = [\frac{P\beta_1\beta_2}{p} - 1]$;当 $q > q_2$ 时,再一次出现 $e_s^{-1} > [\frac{P\beta_1\beta_2}{p} - 1]$。此时,组织利润又一次被资源屏障困扰。

将销售利润的"资源屏障"相对应的障前销售利润递增区,如 $(0, q_0)$,(q_1, q_2) 定义为利润的"资源平台区"。该区内 $e_s^{-1} < [\frac{P\beta_1\beta_2}{p} - 1]$,如图 6-1 所示,s 为原料供给曲线。

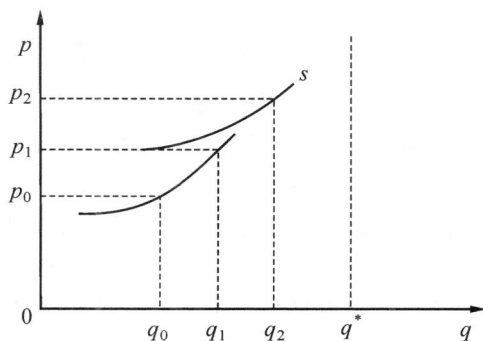

图 6-1 资源屏障区与平台区

在屏障区,农产品原料的反价格供给弹性系数 $e_s^{-1} > [\frac{P\beta_1\beta_2}{p} - 1]$。整理

后有$[(P\beta_1\beta_2-p)/q]<(dp/dq)$。此式中,量纲$[P\beta_1\beta_2]=$(货币/单位产品)(产品/单位原材料)=货币/单位原材料,即对组织来说,$P\beta_1\beta_2$为原料的卖出价。则$[(P\beta_1\beta_2-p)/q]$为平均每一单位原料对其卖出买入价格差的贡献率。因此,$[(P\beta_1\beta_2-p)/q]<(dp/dq)$意为:企业购买的一单位原料所需多支付的费用,大于平均每一单位原料的卖出买入价格差,即在dq原料的卖出买入上形成了逆差,即原料比产品稀缺。所以,销售利润资源屏障形成的原因,是由于农产品原料的稀缺度大于了其加工品的稀缺度。

对于甜菜、玉米、牲畜、大枣、牧草等农产品,它由不稀缺$e_s^{-1}<[\frac{P\beta_1\beta_2}{p}-1]$,变得稀缺$e_s^{-1}>[\frac{P\beta_1\beta_2}{p}-1]$,中间经过$e_s^{-1}=[\frac{P\beta_1\beta_2}{p}-1]$所对应的原料供给曲线上的点$(p_0,q_0)$就是屏障的起点;随着生产的进行,当它由稀缺$e_s^{-1}>[\frac{P\beta_1\beta_2}{p}-1]$,又变得不稀缺$e_s^{-1}<[\frac{P\beta_1\beta_2}{p}-1]$时,中间经过$e_s^{-1}=[\frac{P\beta_1\beta_2}{p}-1]$所对应的原料供给曲线上的点$(p_1,q_1)$就是一个"源屏障"区的结束。障高$|p_1-p_0|$和相应的障宽$|q_1-q_0|$是由什么决定的呢?显然,$p_0$是随着$e_s^{-1}=[\frac{P\beta_1\beta_2}{p}-1]$的出现而出现的。之所以有$e_s^{-1}\geqslant[\frac{P\beta_1\beta_2}{p}-1]$,是因为对原料的需求超过了对它的供给;而可再生原料的需求量超过它的供给量,只有在各生产期内原料需求量的增长率超过了各相应时期内再生的原料量的增长率的情况下才能发生。当生产期内原料需求量的增长率等于或小于各相应时期内再生的原料量的增长率时,资源给又变得富有弹性,使得$e_s^{-1}<[\frac{P\beta_1\beta_2}{p}-1]$成立,这样组织就度过了销售利润的资源屏障区,接着进入销售利润的平台区。

由于前平台区能否维持和后平台区能否出现,都取决于生产期内原料需求量的增长率是否等于或小于各相应时期内再生的资源增长率,而(p_0,q_0)是前平台区不能维持的起点,(p_1,q_1)是后一平台区出现的起点,两点之间正是障高$|p_1-p_0|$和相应的障宽$|q_1-q_0|$,因此障高和相应的障宽取决于生产期内农产品原料需求量的增长率是否等于或小于各相应时期内再生的原料量的增长率,即决定于资源消耗率和再生率比例的变化。这对于牧业来说尤其具有重要启发意义。

2.环境质量下降的危害

β_2的大小也是决定销售利润能否增长即式(※)能否实现的关键变量。

农产品原料品质的好坏,即原料中所含待提取成分也就是有用成分的高低,在人力因素和原料品种不变的情况下,唯一性地是环境因子的函数。此时,$\pi'_{(Q)} > 0$ 要求 $\beta_2 > \dfrac{p}{P\beta_1}[(e_s^{-1}+1)/(e_D^{-1}+1)] > \dfrac{p}{P\beta_1}[(e_s^{-1}+1)/(e_D^{-1}+1)]_{\min} = \dfrac{p}{P\beta_1}$,即 $\beta_2 > \dfrac{p}{P\beta_1}$。

当水、大气、土壤肥力及光照等因素中的全部或部分质量指标下降,合格的农产品原料无法在公司可以承受的价格范围购得,β_2 下降以至出现 $\beta_2 < \dfrac{p}{P\beta_1}$,生产或服务单位出现亏损。

一个极端的情况是:当 β_2 趋于 0、其他因素均不变的情况下,$\dfrac{p}{P\beta_1\beta_2}$ 趋于无穷大;而 $[(e_D^{-1}+1)/(e_s^{-1}+1)]_{\max} = 1$,因此 $(e_D^{-1}+1)/(e_s^{-1}+1) > \dfrac{p}{P\beta_1\beta_2}$ 成为不可能事件,即再生产无法继续进行,这就是土壤沙化、土壤板结造成的种植业荒废、其对应的加工业被迫停产的原因。

第二节 绿色价值链要素构成 ●●➡

价值链的概念由美国哈佛大学商学院教授迈克尔·波特于 1985 年提出,其核心观点是:一个组织产生的最终价值是通过货币来计量的,如果这一价值超过了总成本,则存在于该组织中的上下游就构成了一个价值链,彼此相互关联,形成价值系统。在《竞争论》中,波特又指出:价值链是一个交互依存的活动系统,由联结点衔接。当执行某项活动的效益会影响其他活动的成本效益时,联结点就会出现,并造成原本应该形成最大效果的个别活动出现取舍效应。[①]

在"种养加"型生态工业园中,传统价值链转化为绿色价值链,构筑起园区价值系统。绿色价值链的构成框架见图 6-2。

"种养加"型生态工业园价值链由环境管理导向和环境保护技术两部分构成。管理导向是指寻找工农业生产组织与自然和谐的、对环境负责的价值和文化取向,从"农业种植、畜牧养殖、农产品加工、市场消费、包装管理、废品处

---

① 迈克尔·波特.竞争论[M].北京:中信出版社,2003:72.

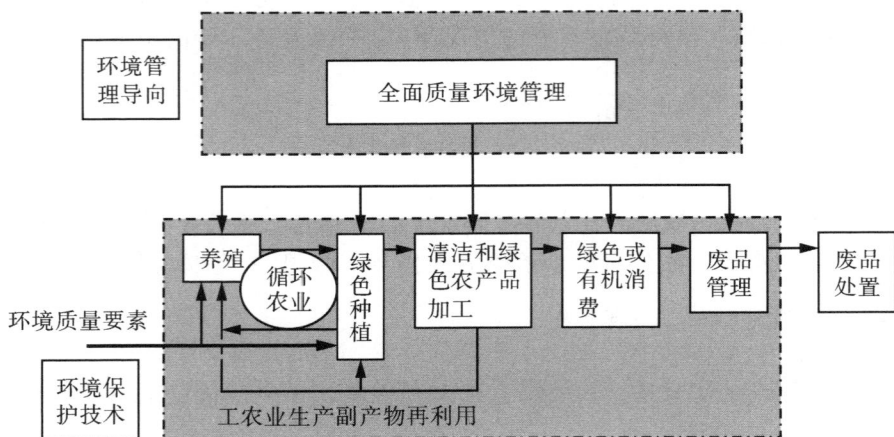

图 6-2 "种养加"型生态工业园绿色价值链

理"的生命全周期各个环节综合管理农业和工业生产活动。这种价值管理的形成迫于政府严格的行政和法律环境管制,顺应于市场渐趋明朗的绿色消费,得益于绿色技术的创新,它的目的是获取绿色利润,增强组织整体竞争力和持续发展能力。这种管理将农业新品种和工业新产品的研制、物质投入产出的转换、产品或部件的再使用、工农产品的处置等纳入到环境价值管理体系中,因而又被称为全面质量环境管理(The total quality environmental management)。

环保技术也可以是指获取绿色利润的生产过程,这一过程要将工农业生产活动带来的环境负担最小化,将能源和自然资源的利用效率最大化,包括工农产品设计、生产方式和设备、生产工艺参数以及物料运送和产品运输等。

绿色利润价值链需要有绿色管理、绿色技术等创造活动。绿色技术既是环境管理导向的结果,也是环境管理得以实施的载体。环境管理和环境保护技术二者相辅相成,构成生态工业园潜在的战略资源,如果将其加以有效利用,它们就能够在"种养加"价值链的每个阶段给企业提供独特的、难以被模仿的竞争优势。

一、绿色价值基础——循环农业

此处请参阅第四章第三节"提高区域农业生产的生态效率,实现高产优质"内容。

二、绿色价值链运转的决定因素——绿色消费

经济活动中,决定经济运行是否生态化的根本因素,是人类对自然界的行为是否能够始终被环境伦理道德所规范和约束。戴斯·贾丁斯(Joseph R. Des Jardins)认为,尽管在人与自然关系的指导标准问题上,人类中心论和非人类中心论都需要得到拓展和修正——前者要说明人对自然界有没有直接的责任,后者要阐述个体(比如生物)与整体(比如生态系统)哪个更应当得到尊重——但环境伦理的基本信念与态度已基本形成,即资源环境既要得到开发也要得到保护,物质消费应当适度,维持和保护生态系统持续正常运转是人类对自然界的义务,人类应当担负起诸如阻止生物多样性减少、土地退化、生态异常和贫困、环境法西斯主义等现象和行为发生的责任。[①] 绿色消费意味着用绿色思想武装人本身,力求减小生产、交换、分配各个经济环节的资源环境负荷,以期从根本上带动和保证整体经济活动朝着追求生态效率的方向发展。

在国内市场,北京、上海、天津、哈尔滨、南京、西安、深圳等国内大中城市相继组建了绿色农产品(目前还主要是绿色食品)专业营销网点和流通渠道。在这些城市,绿色农产品的出现使食物消费结构发生了明显的变化,绿色食品越来越受到人们的欢迎。一些绿色食品价格虽然高出普通食品的50%甚至一倍以上,但仍供不应求。据调查,在这些城市,80%的消费者希望购买到绿色食品。预计到2020年前后,全国绿色食品消费在食品消费总量中将占3%。在国际市场,消费者喜爱绿色食品的国内人数占比值,日本为91.6%,美国为77%,欧盟各国平均为40%。这些国家绿色食品的工业产值已相当于种植业产值的3~5倍,但其消费量仍然大大超过本国的生产能力。[②]

我国绿色消费能力总体偏弱,在这种情况下,要构筑起"种养加"绿色价值链,除了需要企业积极寻找国内外绿色农产品需求旺盛的市场外,政府还必须要力促绿色农产品消费本地化,尽快在大中城市推行绿色农产品准入制度。具体内容请参阅第五章第四节。

---

① 戴斯·贾丁斯.环境论理学[M].北京:北京大学出版社,2002:3-141.

② 李平,胡晶.中国绿色食品产业集群发展中的问题与对策[J].商业经济,2008(5):3-5、95.

第三节 壮大农民专业合作组织,稳定园区 绿色价值链 ●●➡

　　"种养加"型生态工业园区的核心成员是一个或几个龙头农产品加工企业,而且,它们必须是规模企业或者是集中度较高的企业群。就区域情况来说,涉农企业不好做强做大的重要基础性原因是,企业要面对相对庞大而分散的农户,原料种植仅数量就难以控制,更何况品质。几十年的实践证明,"公司＋基地＋农户"的农工合作模式中,合作的双方——企业人和农民经常闹得不愉快:要么是公司有意压低农民的原料品质等级,要么事农户单方面违约播种他物或售卖作物给第三方。问题的症结在于企业同农户没有结成为"经济联合体",企业和分散农户之间的经济势力相差悬殊,利益链条不牢固。

　　在绿色农产品生产、加工、销售、利润分配利益链条中,有两点最为关键:其一是基于农作物种植规模化和农产品品质均一化之上的农产品全生命周期绿色化,其二是源于市场需求的绿色利润在企业和农户之间的合理分配。前者要求农作物经营集团化、企业化,后者则意味着作物种植者或经营者法人化。在当前的农业经济制度条件下,要实现区域农业向生态经济转型,壮大并完善大宗农业农民专业合作组织是基础条件。

　　以下以新疆为例加以说明。

一、农民专业合作经济组织发展历史和现状

　　新疆农民专业合作经济组织的发展经历了三个主要阶段[①]:第一阶段,20世纪80年代中期至90年代初期。这一时期,农民专业合作经济组织被称为"农民专业技术协会",由政府领导,从事技术交流和推广活动。第二阶段,90年代中后期。伴随着农业产业化发展,农村中开始出现农民自己成立的合作组织,合作领域涉及产、加、销等各环节。第三阶段,21世纪以来,中央、自治区鼓励和支持农民成立专业合作经济组织,并于2007年颁布实施《农民专业合作社法》,新疆农民专业合作经济组织进入了自主独立、依法发展的新阶段。

---

　　① 张建江,王淑民,张霞.新疆农民专业合作经济组织发展问题研究[J].农村经营管理,2008(6):42-44.

2007年之前,农村专业合作组织主要表现为专业协会。目前,新疆专业协会在农村经济发展过程中仍发挥着重要作用。但农民专业合作社的快速增加主要得益于《农民专业合作社法》的颁布和实施,其数量的增加主要表现为新建设的农民专业合作社。

新疆农民专业合作经济组织的组建形式主要有以下几种类型:①专业大户牵头型。即由种养殖大户或经营能手牵头,积极吸纳农户参加。这种类型组织的业务以从事农产品购销为主,形成"协会+农户"的运行机制。②龙头企业带动型。即以龙头企业为依托,由农民组建专业合作经济组织,形成"龙头企业+专业合作组织+农户"的产业化运行模式。③基地带动型。以某类农产品为主,成立专业协会,连接分散农户,形成"基地+专业合作组织+农户"的运作形式。④股份合作型。引入股份合作机制,由农户、合作组织和企业自愿联合,按"风险共担,利益共享"原则建立农民专业合作经济组织。⑤政府有关部门牵头兴办。

二、壮大农民专业合作组织,稳定绿色生产链

(一)农民专业合作组织的发展有利于农业生产规模化、稳定化

分散的个体种植具有很大的随机性。单个农户的劳动力、技能、资金、销售渠道等都很有限,对市场的预测和把握准确度低,种什么、种多少大多是凭经验,购种、购肥、用地等都只能在对市场变化"或许可知"的状态下进行,[①]这同"种养加"、"贸工农"型的农业产业化发展趋势在本质上是不匹配的。

农民专业合作组织可以有效地整合农业资源,实现农业规模化、集约化经营。农民通过承包地入股、租赁等流转方式,使土地向农民专业合作组织集中,并实行统一经营,这就提高了土地利用率和产出率。如沙湾县通过农民专业合作组织引导、农户间协商,土地互换12.5万亩,以此将各家原先零散分布的土地互换成条田,为农业规模经营创造了条件。

农业生产一旦形成规模,其生产的稳定性就会相应提高。这是因为规模生产会迅速导致专业分工,而这种分工又强化个体的技能,这种被强化的技能逐渐使劳动者获得相对于非专业农户的竞争优势;与此同时,农户在非专业领

---

① 谢应钦.乌鲁木齐县萨尔达坂乡农民专业合作组织—马铃薯协会研究[J].中共乌鲁木齐市委党校学报,2008(3):63-66.

域的技能会被逐渐弱化,该农户脱离已有专业领域的可能性将逐渐降低,组织的生产稳定性因而一步步增强。

如呼图壁县大丰镇的泰丰养殖合作社。泰丰养殖合作社吸纳农牧民个人入股,积累资金,为农牧民建设高标准的养殖基地。泰昆集团提供鸡苗和饲料,进行养殖管理技术指导,并负责回收合格成品肉鸡、承担无公害肉鸡品牌的创立、市场销售等工作;养殖户只需要按照无公害操作规范饲养肉鸡。该合作社稳定壮大,已吸纳社会和农牧民股东 1 000 户以上。①

(二)农民专业合作组织有利于绿色利润合理分配

"种养加"型生态工业园经济是集工农生态效率、竞争优势和规模经营为一体的区域经济,要求经营者具有较高生产技能,尤其是要求农业生产人员要有技术、懂经营、会管理。农民专业合作组织有利于克服农业边缘化、老龄化、兼业化现象,实现专业化经营,提高农业生产力和劳动生产率。组建农民专业合作组织后,高素质农业劳动者负责生产和经营,原有的传统农民可以在组织内当农业工人。这样分工使农业生产专业化提高,并涌现了一批农业专业经营者,大大提高了农业的经营管理水平和农业的经济效益。

农民专业合作组织能够保障"绿有绿报",即绿色或有机产品所产生的利润能够在农、工之间合理分配。一方面,对于一个愿意种植绿色或有机工业原料农产品的分散农户而言,他的绿色异质农产品"势单力孤",混入庞大的非绿色农产品中后,完全不能使最终加工制造品"绿化",企业不会对他的产品按绿色价格收购;另一方面,对于一个愿意以绿色价格收购农户绿色产品的企业而言,如果它面对的是"浅绿"和"深绿"都存在的原料采购市场,有相当一部分提供"深绿"产品的农户会得到"浅绿"产品的价格。总起来看,分散的农户要么难以形成有规模的绿色品质,要么无力和企业讨价还价,他在与企业形成的农工型经济合作中,被动的成分多。但是,循环经济本身是一种资源使用方式创新的经济,离开农民的主动参与,农产品的绿色或有机生产就会缺乏动力保障,工农双方长期博弈而不共生双赢,结果只能是大家都只顾眼前利益,生态效率等长期性问题很难被彻底考虑。事实上,新疆有代表性的特色产品番茄酱在国际上就一度被称为垃圾酱,其主要原因不在加工环节,而是指在番茄种植过程中化肥被超量使用、农药被超标使用、矮壮素被违规使用。

农民专业合作组织的成长,使农民"增势",也带动了他们向生态效率农业

---

① 王伟.呼图壁县发展农村经济合作组织的思考[J].实事求是,2007(4):66-67.

进军。如昌吉市榆树沟镇组建了民心专业合作社,该合作社统一组织番茄的生产和销售,一举取得了被收购番茄的定价权,并促成企业为社员预付生产资金达 500 多万元,这其中,仅提高价格一项,合作社就为社员实现增收 480 万元。在番茄连片种植之后,"社员"们不仅提高了机械化种植程度,而且实现了高效节水滴灌技术的全面普及。①

市场绿色需求引致企业采购绿色原料,生产绿色产品引致合作社农户实施绿色或有机种植,而绿色或有机种植又引致"种养加"型生态工业园式生产经营。在农民专业合作经济组织成立后,"贸工农"三方各自分工明确,又各受牵制,每一方的行动计划都是供需双方协商后的产物,绿色利润由此得到合理分配。

三、推进大宗农业农民专业合作经济组织发展壮大

新疆"种养加"型生态工业园区所涉及的生产主要是棉花、玉米、甜菜、番茄、林果、牛羊牲畜等大宗农业生产,这些大宗农业生产及其农产品加工业的生态效率化,对新疆生态环境改善所起的作用较大。

(一)"种养加"型中的龙头企业参与兴办农民专业合作经济组织

新疆农民专业合作经济组织尚处发展初期,自身组织结构和功能还处于完善和壮大阶段,随着实践的进行,它在自治区农村经济发展和农民增收中必将发挥越来越重要的作用。对于"种养加"型生态工业园区建设来说,龙头企业可以以入股的方式参与农民专业合作组织。

入股以后,龙头企业借助自身组织结构和发展经验,除了在农民专业合作组织中构筑科学的产权制度、有效的内部治理结构、合理的分配制度外②,还应引导农民专业合作组织朝以下方面发展:第一,推进种植基地建设,发展"种养加"循环型生态产业链。通过种子繁育、种植、加工、饲料、养殖、肉食加工、运输等多个产业群的发展,使合作经济组织综合收益大幅度提高。第二,实行订单生产制,巩固种植基地,推进种植规模化、标准化和有机化。第三,以有机肥的获得为核心,建立"种养加"副产物横向耦合再利用生态链。第四,在经济

---

① 孟戈,杨引官.新疆农民专业合作组织发展研究[J].中共乌鲁木齐市委党校学报,2008(6):6-10.

② 梅付春.农民专业合作经济组织制度缺陷及创新[J].现代农业科技,2009(14):362-363.

合作组织内培训农户,使其掌握作物高产优质技术;建立行业信息网,使合作组织成员能方便地获取种植信息。第五,与政府部门协调,加强种植区的水利、道路等建设,敦促政府部门制定有利政策以保证各县、乡等作物种植的规划、面积、种子、机耕、农资和服务措施全面落实。第六,政府部门安排作物生产农业事业费、扶持费、技术改进费、扶贫发展基金等。

(二)农民专业合作组织的建设应得到国家财政、金融政策的大力支持

对于政府来说,在财税信贷支持方面,可以考虑实行以农民专业合作经济组织为单位的农村财税信贷支持政策,将原来对农民的各项补贴和优惠政策,转变为以专业合作经济组织为扶持对象的惠农政策,以大大提高财税信贷支农资金的使用效率。

具体来说,自治区党委、人民政府作出了加快发展农业产业化的重大战略部署,每年拿出 5 000 万元使其成为农产品加工企业发展资金。与此同时,自治区围绕棉花、粮食、畜牧、林果等主导产业和优势特色产品业的发展壮大,将农民专业合作经济组织的发展作为农业产业化的重要内容实施统一规划,提出了使全区 50％以上的农户加入农民专业合作经济组织的目标任务。在金融方面,自治区也在通过建设多元化农村金融体系加大对农村各项事业的发展。这些都为自治区农民专业合作经济组织的发展提供了良好的保障。[①]

本章小结

资源环境的间接服务功能只能被有限削弱。农业利润增量模型显示:资源环境服务功能被持续削弱后,或者形成"资源屏障",或者是环境质量会跌破底线,无论哪一种情况,相关的生产与服务组织都会出现亏损甚至破产。

"种养加"型生态工业园价值链由环境管理导向和农村污染整治技术两部分构成。在绿色农产品生产、加工、销售、利润分配利益链条中,有两点最为关键:其一是基于农作物种植规模化和农产品品质均一化之上的农产品全生命周期绿色化,其二是源于市场需求的绿色利润在企业和农户之间的合理分配。这要求发展壮大大宗农业农民专业合作经济组织。

① 张敏,马建荣,郑杰等.农民专业合作组织建设:新形势下农民的理性选择——新疆农民专业合作组织发展情况调研[J].新疆农垦经济,2009(9):5-8.

第七章
"种养加"型生态工业园区
评价指标与监测体系建设

第一节 生态效率评价指标的意义

一、采用生态效率指标重要性

实现全面建设小康社会的宏伟目标,必须使可持续发展能力不断增强、生态环境得到改善、资源利用率显著提高,促进人与自然的和谐,推动整个社会走上生产发展、生活富裕、生态良好的文明发展之路。党的十六届三中全会提出"坚持以人为本,树立全面、协调、可持续的科学发展观",并要求"五个统筹"。党的十六届四中全会提出要形成全体人民各尽其能、各得其所而又和谐相处的社会。由于构建和谐社会不仅要实现人与社会、人与人的和谐,还必须实现人与自然的和谐——后者是前者的条件,所以,实现环境与经济的双赢在此事实上已被列为我国的基本国策。党的十八大提出"五位一体"发展理念,既是以经济社会与环境协调发展为核心的可持续发展观的继续,又是中国社会主义市场经济理论体系的一次重大升华。新的发展观产生新的政绩观,就需要新的政府官员考核标准与考核机制。

2002 年颁布的《党政领导干部选拔任用工作条例》规定,考察政府领导职务的拟任人选,必须依据任用条件和职责要求,全面考察其德、能、勤、绩、廉,尤其要注重考察工作实绩。新的"五位一体"发展观的提出,要求进一步明确"工作实绩"的具体内容,在生态工业园建设方面,它应当同时包括经济增长、区域发展、生态环境保护三个方面。

第一,没有 GDP 的增长,个人的生活水平就无法提高,政府也将不具备诸如兴办教育、建设基础设施等的能力,因此发展道路仍然要坚持以经济建设为中心。但是,单纯地强调 GDP 增长,确实会造成社会失衡、生态破坏,无法实现可持续发展,和谐社会更无从谈起。

第二,没有环境的建设与保护,个人的生存权将受到破坏。实际上,"考核官员的环境保护责任"在国际上已形成趋势,如 2002 年在南非召开的可持续发展世界首脑会议,强调各国各级政府建立"环境保护问责制"。但是,过分地强调环境质量的重要性,也是不可取甚至是有害的,如著名的罗马俱乐部事件。其实,以环境保护为纲,就是实行经济零增长,放弃人的生活质量的提高,最终必然是社会的衰退。

第三,在我国,社会的发展就是所有个人充分发挥自己能力的空间不断扩大,这种扩大的持续进行,必然不能没有人造资本的不断增加和维持这种增加的最低自然资本存量,前者就是经济增长,后者则是环境保护与建设。

可见,在新的发展观下,政府官员的"工作实绩"一要有经济效益,二要有资源环境效益,二者的综合就是生态效率。

二、采用生态效率指标必要性

1973 年 8 月在北京召开的第一次全国环境保护会议,是我国环境保护工作的里程碑。自那以后的约十年间,我国以治理污染的思想建立了"三同时"制度、环境影响评价制度和排污收费制度,即老三项环境管理制度。进入 80 年代后,我国提出了将环境保护工作的重点由治理转向管理、以管促治、强化环境管理的思想。至今,我国陆续出台了环境保护目标责任制、城市环境综合整治定量考核、排污许可证制度、污染物集中控制和限期治理等新五项环境管理制度。

在这新老八项环境管理制度中,环境保护目标责任制是环境管理体制的重大改革,对环境保护具有全局性的影响。这项制度已在全国广泛实施,取得了良好效果,标志着我国环境管理进入了一个新的阶段。

环境保护目标责任制是一种地方各级人民政府和有污染的单位具体落实对环境质量负责的管理制度,它确定一个区域、部门、单位环境保护的责任者与其责任范围,并运用目标化、定量化、制度化等管理方法,使贯彻执行环境保护这一基本国策成为各级行政领导的行为规范。

可见,当前将生态效率纳入官员政绩考核标准,就是在环境管理制度改革已经启动的基础上,在对环境保护责任实行"党政同责、一岗双责"行政问责的背景下,将改革措施具体化和落到实处。只是生态效率标准强调通过资源利用率的不断提高,或单位生产与服务资源消耗的不断降低,来减少以至消除环境污染,强调经济效益与环境效益双赢,这同建设包括生态文明、节约型社会内容在内的和谐社会的宗旨是完全一致的。实践中,从 2001 年开始,各省、直辖市和区每年年初都与各地州、市主要领导人签订"环境保护目标责任书",年底对落实情况进行考核。责任书范围包含各级水利、林业、农业、畜牧、国土、旅游等部门和辖区重点污染企业的环境保护建设。

三、传统成本效益分析在判断生态效率方面的不足

传统成本效益分析的实质是投入产出分析。本节应用传统投入产出分析法,对某省制糖业 1999—2000 年生产期进行投入产出分析,判断这种分析是否能反映环境成本与环境效益,以此说明传统成本效益分析在判断生态效率方面存在的不足。

由 Lieontief 投入产出模型:$X-AX=Y$,

$$A=\begin{pmatrix} a_{11} & \cdots & a_{1j} & \cdots & a_{1n} \\ \vdots & \vdots & \vdots & \vdots & \vdots \\ a_{i1} & \cdots & a_{ij} & \cdots & a_{in} \\ \vdots & \vdots & \vdots & \vdots & \vdots \\ a_{n1} & \cdots & a_{nj} & \cdots & a_{nn} \end{pmatrix}$$

A 为直接消耗系数矩阵,X 为某经济系统中各部门总产出列向量,Y 为各部门最终使用列向量。$a_{ij}=x_{ij}/X_J$ 为直接消耗系数,表示每生产单位 j 部门产品(或 j 部门提供单位劳务)要消耗 i 部门产品(或劳务)的数量,是反映两部门间依存关系最基础的系数,a_{ij} 越大则两部门间的直接依存关系越紧密。综合消耗系数(或投入系数)$a_{cj}=\sum_i a_{ij}$ 反映了部门 j 对所有部门的直接依存关系,其值越大,说明物质消耗程度和资金密集度越高。混合直接消耗系数 $a_{ie}=\sum_j a_{ij}$ 反映一部门生产对全社会各部门生产的直接感应程度,其值越小,感应程度越强。[①]

以 1997—1998 年、1998—1999 年榨期生产报表统计值为计算依据[②],结合实际情况,用投入产出法进行计算,以 1999—2000 年榨期共产糖 529609 吨、甜菜共收购 4375258.83 吨,每吨平均 267.24 元计,得到表 7-1。

---

① 邵汉青等.投入产出法[M].武汉:武汉大学出版社,1990.
② 某省轻工厅.1997/1998、1998/1999 制糖生产期各糖厂技术经济指标完成情况[R].内部资料.

表 7-1 某省制糖行业投入产出表

(单位:万元)

投入 \ 产出			中间产品						最终产品			总产出
			水 1	汽电 2	白糖 3	粒粕 4	酒精 5	合计 6	销售额 7	库存增量 8	合计 9	
自产产品	水	1		857.43	1659.83	72.34	165.12	2790.73	—	—	—	2790.73
	汽电	2	1153.89		10456.15	2032.17	504.37	14146.57	643.99	—	643.99	14790.56
	白糖	3				2910.19	10898.12	13808.31	9400.00	168880.24	178280.2	192088.55
	粒粕	4							10557.79	—	10557.79	10557.79
	酒精	5							10993.18	1697.52	12690.70	12690.70
	合计		1153.89	857.43	12151.98	5014.71	11567.61	30745.62	31594.96	170577.76	202172.7	232918.34
外购产品	煤	1		8563.26	1706.77	2387.38		12657.41				
	盐	2		100.77				100.77				
	环脂	3		121.41				121.41				
	甜菜	4			116924.46			116924.46				
	滤布	5			842.44			842.44				
	石灰石	6			4266.92			4266.92				
	硫黄	7			96.28			96.28				
	糖袋	8			1641.12	723.45		2364.57				
	其他	9		222.19	218.94	19.29	255.45	715.87				
中间投入	合计			9007.63	125696.95	3130.12	255.45	138090.15				

续表

			中间产品						最终产品			总产出
投入 产出		水	汽电	白糖	粒粕	酒精	合计	销售额	库存增量	合计		
		1	2	3	4	5	6	7	8	9		
最初投入	工 资 1	286.20	680.63	2552.10	756.26	251.40	4526.59					
	福利费 2	29.33	95.29	357.29	105.73	35.18	622.82					
	折 旧 3	214.26	892.75	1785.50	357.10	142.84	3392.45					
	大修费 4	35.71	357.10	357.10	40.35	45.43	835.69					
	检期检修费 5	749.91	2228.38	2101.89	714.20	321.39	6115.77					
	日常修费 6	26.83	78.56	142.84	35.71	3.57	287.51					
	低耗品费 7	1.79	35.71	17.86	7.14	1.79	64.28					
	生活服运费 8	35.71	357.10	357.10	142.84	7.14	899.89					
	公务费 9	0.71	3.57	3.57	1.43	1.07	10.35					
	劳保品费 10	5.36	12.50	46.42	7.14	3.57	74.99					
	机料费 11		142.84	178.55	124.99	28.57	546.35					
	其 他 12	251.03	41.07	**46339.4	48.66	25.70	46705.86					
	合 计	1636.84	4925.49	54239.63	2412.96	3867.65	64082.57					
总投入		2790.73	14790.56	192088.55	10557.79	12690.70	232918.34					

* * 包括制造成本、管理费用、销售费用。

对表 7-1 进行分析:第一,价值型投入产出表只反映能以货币形式体现出的物质及产品价值流动。1999—2000 年该省制糖生产期消耗的主要资源价值是:水 2790.73 万元,煤 12657.41 万元,石灰石 4266.92 万元。制糖业是一个资源环境依赖型产业,这意味着环境对制糖产值的贡献要占据相当的比重。然而从表中并不能直观地发现生态系统对制糖经济系统提供的服务价值量大小。

第二,资源环境服务的重要程度可以得到体现。对表 7-1 进行矩阵运算,得到表 7-2,可知除水外,糖厂所有最终产品的中间投入系数都大于最初投入系数。尤其是主导产品白糖,其中间投入系数是最初投入系数的(0.7176/0.2824)2.54 倍,即制糖行业属于原材料加工型或资源环境依赖型产业。原材料中以甜菜消耗量为最大。

表 7-2　直接消耗系数矩阵(A)、中间投入系数、最初投入系数表

投入＼产出			中间产品				
			水	汽电	白糖	粒粕	酒精
			1	2	3	4	5
自产产品	水	1		0.05797	0.008641	0.006852	0.01301
	汽电	2	0.4135		0.05443	0.1925	0.03974
	白糖	3				0.2756	0.8587
	粒粕	4					
	酒精	5					
中间投入／外购产品	煤	1		0.5790	0.008885	0.2261	
	盐	2		0.006813			
	环脂	3		0.008209			
	甜菜	4			0.6087		
	滤布	5			0.004386		
	石灰石	6			0.02221		
	硫黄	7			0.0005012		
	糖袋	8			0.008544	0.06852	
	其他	9		0.01502	0.001140	0.001827	0.020130
中间投入系数			0.4135	0.6670	0.7176	0.7715	0.6952
最初投入系数			0.5865	0.3330	0.2824	0.2285	0.3048

对表7-2进行运算,得表7-3(I为单位阵)(完全消耗是直接消耗系数与全部间接消耗系数之和)。至此,我们可以清楚地看到,砂糖、颗粒粕和酒精在价值形成链上对甜菜的依赖程度,它们分别是60.87％、16.78％和52.27％。甜菜是农产品,除去必要的人工管理之外,影响其生长快慢、含糖量高低的最主要因素是气候、土壤、水质水量等资源环境条件。通过投入产出分析,得出了资源环境服务对新疆制糖业的发展至关重要,但这种重要性没有被价值量化。

第三,现行成本效益分析掩盖着随生产与服务而生的环境破坏、工业污染、生态失衡等问题。在2000年前后,正是制糖业生产造成的结构性污染最严重的时期,这种污染主要表现为:糖厂制糖废水、对废蜜进行综合利用所产生的酒精废醪液对河流、地下水源以及耕地造成污染与破坏。在表7-1中,制糖过程所造成的环境损失没有得到计量,但收益即酒精产值单方面得到反映,为12690.70万元。

表7-3 列昂惕夫逆矩阵$(I-A^d)^{-1}$和外购产品完全消耗系数矩阵$A^g(I-A^d)^{-1}$

投入	产出	1	2	3	4	5
自产产品	1	1.02456	0.05939	0.01208	0.2178	0.02606
	2	0.4237	1.02457	0.05940	0.2165	0.09723
	3			1	0.2756	0.8587
	4				1	0
	5					1
外购产品	1	0.2453	0.5932	0.03439	0.3539	0.06393
	2	0.002887	0.006980	0.0004047	0.001475	0.0006624
	3	0.003478	0.008411	0.0004876	0.001777	0.0007982
	4			0.6087	0.1678	0.5227
	5			0.004386	0.001209	0.003766
	6			0.02221	0.006121	0.01907
	7			0.0005012	0.0001381	0.0004304
	8			0.008544	0.07087	0.007337
	9	0.006364	0.01539	0.002032	0.005393	0.02257

第四,现行投入产出分析不反映环境治理带来的效益。生产当中产生废蜜、废丝、滤泥、废气、废水等"三废",其中的废蜜和废丝被再利用为酒精和颗粒粕,并通过市场以价值形式得到表现;剩余的滤泥、废气、废水,以及新增的酒精醪液、压粕水等,成为最终的废物并被排弃。根据当时的环境保护制度,制糖企业均设有氧化塘以吸收废水。维持氧化塘运转的设备、人工等费用,构成相对于制糖效益而言的环境保护支出,它的上限是环境保护部门在糖厂直接排放废液时对其收取的排污费。投入产出表只反映环境治理措施给企业带来的成本——在设备及人工工资中反映,不反映治理后给社会环境带来的效益。

第二节　完善环境影响评价法，推行环境成本核算 ●●➡

第四章第一节有关"环境保护法规驱动力"的论述表明,对环境影响进行一定的价值评估是必需的。以某省中国石油股份公司委托某具有甲级资质的环境影响评价机构所完成的"输油管道工程环境影响评估报告"为实战案例,本节讨论如何完善环境影响评价法以推动环境成本核算。

一、环境影响评价制度

环境影响评价是一种分析和预测拟议中的活动,主要是建设项目可能造成的环境影响的科学方法.其中包含着环境经济损益分析。1978年,中共中央在批转《国务院关于环境保护工作汇报要点的报告》中,首次提出进行环境影响评价工作的意向。随后,国务院陆续颁布了一系列法规和政策,如在1998年11月,对国家计委、建委、经委、国务院环境保护领导小组联合于1981年颁发的《建设项目环境保护管理条例》中的第二章,做了要有环境影响评价内容的规定。2003年9月1日起,我国正式施行《中华人民共和国环境影响评价法》。20多年来,环境影响评价为经济建设和环境保护保驾护航,在为实施可持续发展战略、预防建设项目对环境污染、促进经济社会与环境协调发展方面发挥了积极作用,成为空制环境污染和制止生态破坏最富成效的措施之一。

但同时需要看到的是,环境影响评价的环境经济损益分析仍是一个较为薄弱的环节。实际上,环境经济损益分析的基本原则是,在对一个项目进行选择时,加入环境成本因素后,该项目纯收入的净现值必须大于零。要提高环境经济损益分析为项目决策提供科学支持的力度,就需要从环境成本核算的角度,对环境成本核算具体的实施及纳入项目费用效益分析的过程、方法和结果进行分析,以探求提高环境经济损益分析的质量、完善环境影响评价的理论与方法,更好地推动可持续发展战略的实施。

二、环境成本核算是环境影响评价的重要内容

环境是指各种天然因素以及人工创造的人类生活的各种客观条件的总体。根据劳动价值论思想,环境的经济价值可以是其所提供的所有服务的价格。[①] 依据其提供的服务所依赖的经济路径,环境价值分成使用价值和非使用价值两部分,它们可以通过租金或预期收益资本化法、剂量—反应法、防护支出法、直接评估法和恢复费用法等方法加以计量。当前环境价值的科学计量在实践当中有四种形式,环境影响评价的环境经济分析是其中的一种。

环境经济损益分析,确切地说应当是环境成本核算,是建设项目环境影响评价的一项重要内容,它是站在国民经济分析的立场,在评价过程中考虑环境保护措施的费用效益比例关系与效果,从环保角度对项目直接和间接的环境、经济与社会效益进行评价,衡量建设项目的环保投资在经济上的合理水平。由于环境保护措施带来的效益是与环境改善紧密相关的收益,而要进行费用效益评价就必须把项目中各种各样的费用和效益转换成同一尺度的货币形式,所以,要评价环保费用与其环境效益的比例关系与效果,就需要计量环境成本。

环境成本核算是环境经济损益分析的基础和前提条件,而环境经济损益分析是环境影响评价不可或缺的重要组成部分,因而环境成本核算必定包含在建设项目环境影响评价的过程当中。实际上,构成环境影响评价的环评法规定的七个步骤,同时也构成一个系统的环境成本核算及其应用过程,[②]即(1)项目概况介绍:分析拟建工程处理和占用环境的特征,描述建设项目对环境影响的共性和特性;(2)环境现状调查:调查现有环境的使用情况,计量其效益;(3)环境影响的分析、预测和评估:分析、预测和评估拟建项目环境影响给环境相关的人们的收益带来的必然的和可能的损失;(4)提出污染防治对策与措施及,并其技术和经济进行论证:提出进行环境保护的对策与措施,论证它

---

① 钱津.劳动价值论[M].北京:社会科学文献出版社,2001:9-106.

② 李艳芳,唐芳主编.环境保护法典型案例[M].北京:中国人民大学出版社,2003:53-60.

们是否保护了环境效益的价值及保护的程度,在此基础上比选环保对策与措施,优化工程方案;(5)环境经济损益分析:将环境成本和收益纳入项目的工程经济分析,从资源环境、经济和社会角度分析项目的环境、经济和社会效益;(6)对建设项目实施环境监测提出建议:即制定"环境保护行动计划",为保护环境价值的行动提供准则和框架;(7)评价结论:以环境、经济与社会效益的协调度大小、人们是否接受已经降到最小但仍然存在的环境风险为依据,判断项目是否具有环境可行性。可见,在成本核算维度,环境影响评价过程是一个核算建设项目施工运营前后的环境成本变化,并将该核算结果应用与工程经济分析,来评价项目是否和如何具有生态环境可行性的过程。

三、环境成本核算维度的环境影响评价

(一)"建设项目环境影响评价报告书"

依《环评法》第 16 条,项目可能造成重大环境影响的,建设单位应当编制环境影响报告书。与此同时,行政命令和经济利益也驱使建设单位进行环境影响评价,它是人们偏好现有环境服务的表现,实例如下。

国民经济的迅猛发展、西部大开发力度的不断加大,使某省越来越成为中国 21 世纪重要的能源接替区。为了保障国家油气安全,不断提高省内炼化装置的处理能力,中油股份确定将下属的两大石化公司的原油加工能力大幅度提高,某省成品油的东向输送量为此增大了近 1.5 倍。在油源稳、运距大、单向流的情况下,与每年外运约 860 万吨汽油和柴油相匹配,最高效、安全、经济的成品油输送方式是管道输送。为此,某建设单位向某省发展计划委员会递交了"关于申请批复成品油管道输送工程项目可行性研究(代项目建议书)的请示",后者批复认为:第一,管道工程对"促进我省石油石化工业的发展具有十分重要的意义,建设是必要的";第二,"本工程采用常温密闭输送,生产过程不会产生污染。固体废弃物及污水经过处理后达标排放,机泵产生的噪声经采取措施后对周围环境影响不大。省环保局已原则上同意项目建设"……批复同时认为下一步工作应当:"1.在初设阶段对工程方案进一步优化和完善,优化路径走向,尽量少占耕地,节省投资。2.在穿越工程设计中,要认真做好环境和地质勘探,确保管线运行安全。"批文显示,计委对项目的经济、社会效益是认可的,而某省环保局对项目的环境可行性"原则上"认为可行,其具体环保措施还需"优化和完善"。在这种情况下,在可行性报告中提出的预计投资

39437万元、6.98年收回投资的基础上,为了确定与建设项目有关的主要环境敏感点,分析这些敏感点现存的主要问题和项目建设运营会对它们带来怎样的影响,以便提出技术可行、经济合理的防治污染、降低环境风险的措施和对策,实现社会、经济与环境的协调发展,同时为设计和环境保护管理部门提供科学的行动依据,建设单位又增支15万元,委托某具甲级资质的环境影响评价机构编制完成"工程环境影响评价报告书"。

从价值增值过程看,建设项目环境影响评价是建设单位投资活动的一个有机组成部分,环境影响评价费属于间接费用范畴。从内容看,环评书必须阐明项目对生态环境有没有影响;如是不良影响,应当采取怎样科学有效的防范治理措施以消除它或使之降低到最低程度。① 因此,环评费的本质作用是保护生态环境,是由建设单位支出的、用于项目前期生态环境影响调查、预测与评价的环保投资。再则,环评书所提出的环保措施也有利于保护建设单位自身的利益,如环保措施之一的适当绿化管线上方的土壤措施,一方面保护了环境,防止了土壤流失,另一方面亦可防止因管道裸露而导致的管道腐蚀所造成的油品泄露,确保管线安全运行。

法律、行政和经济都要求对环境进行保护,而被保护的是环境为人们提供的服务,所以"环境影响评价报告书"是人们偏好现有环境服务的表现,建设单位增支的15万元揭示出人们对现有环境实施保护的支付意愿大小。

(二)工程处理和占用环境的特征

工程处理和占用环境的特征对应着环评法规定的第一项内容即建设项目概况。此处需重点描述工程本身必须要占用的环境和对它们的加工处理方式。接前述的成品油管道工程,它拟建3条成品油管线和中间泵站一期,主要的工程量是:管道挖沟填埋铺设,一般不设管堤,施工完毕后恢复原貌;管道拟穿越国道3次,专用输油大道1次,公路1次,油田油区内公路4次,高等级公路2次,铁路2次,专用作业线3条,河流(用于灌溉)7次,拟穿跨越水渠(用于灌溉)166处;沿途经过4市3县;施工作业带宽16米,施工便道宽6米;站场占地总面积为18300平方米,建筑物占地面积7000平方米。总之,项目要求环境为其长久提供一条总体上长329千米、宽2米、深1.8米的土壤带。

拟建工程在地下铺设管道,土壤被挖掘和沟壑被填埋,意味着一定的土壤环境会被影响,土壤带上的植物(如庄稼)、动物(如牲畜)、河渠、交通运输线及

---

① 环境保护常用法律法规司法解释新编[M].北京:中国检察出版社,2003,34-42.

生态景观等也有可能受到影响。本例中成品油管道工程的这两种环境影响表现为对环境的损害,前者是管道工程对环境损害的共性,后者是此处的成品油管道工程对环境损害的特性。环境受到损害使其提供的服务减少,造成人们福利损失,这个损失由建设单位补偿,补偿费构成项目成本中的环境成本。

因为工程方案不同,项目占用和加工处理环境的方式亦不同,由此环境受到损害的特性和程度就不同,相应地,造成的人们福利损失、损失的补偿费直至项目的环境成本也就不同,所以核算环境成本可以促使建设单位比较和选择出环境成本最低的工程方案。本例中,在对环境成本进行比较后,建设单位确定了最低环境成本,与之相对应的工程方案是:选择具有本节所述主要工程量的管线地址,选择强度高和韧性好的 S320(X46)和 S360(X52)管材,减少管道裂断而造成漏油爆炸的可能性,选择减少环境污染的少弯头弯管和有弹性敷设的地质断裂带管道敷设工艺,构建 HSE(健康、安全、环保)管理体系等。可见,通过环境价值核算,建设单位能够在环保层面上对工程项目处理和占用环境的特征进行比较选择,完成项目审核批复者对其下达的"在初设阶段对工程方案进一步优化和完善"的任务。

(三)现有环境的使用价值与非使用价值

这是环评的第二步,对应着环境现状调查。拟建项目相关环境当前的使用情况是:土壤带中,有 222 千米属于农田段,77 千米属于荒漠草场段,30 千米属于荒漠戈壁段;泵站工程占用荒地 34100 平方米。

1.现有环境的使用价值

拟建项目所经区域是某省重要的粮棉糖油生产基地,其中粮食作物、经济作物、蔬菜饲料等分别占 20%、63%、17%。粮食作物中以小麦为主,其次为玉米、豆类;经济作物中以棉花为主,其次是油料、甜菜。以 2002 年统计的管线所经市县作物单位农田年产量为计算依据,工程永久和临时占用(占用一年)的 495.6 公顷农田的小麦、棉花和油料的单季产量损失分别为 624 吨、562 吨和 189 吨。在草场段,95.9% 为 8 级草场,其余为 6 级草场。管线施工会破坏施工带范围内的土壤、植被,彻底清除 2 米管沟范围内植物根系。6 级、8 级草场单位面积的年鲜草产量分别按 3000 千克/公顷和 750 千克/公顷计算,载畜量按一年约一个 1 公顷 6 级草场可载一个羊单位计算,工程永久和临时占用的 155.8 公顷草场的单季载畜量损失为 44 个羊单位。这些与工程施工相关的农田和草场环境的预期实物收益折合现值 557.6 万元。

由于施工扰动使被占地土壤结构、组成和理化性质等发生较大改变,造成土壤肥力下降,致使管沟上方覆土层的农业生产力随之下降(约经 3 年不断耕作培肥,农田管沟上方覆土的生产能力才能逐渐恢复至施工前的水平;受到破坏的草场自生自长,需 3 至 5 年恢复),由此造成的损失为暂时损失。451.2 公顷临时占地的小麦、棉花和油料的暂时损失分别为 41 吨、37 吨和 15 吨,133.9 公顷临时占用的草场的载畜量损失为 93 个羊单位。这些损失由与它们对应的环境质量发生改变,导致农田和草场青苗产出量下降而造成,其货币现值是 44.4 万元。

根据上述分析和计算,现有环境的使用市场价值总计为 602 万元,其中557.6 万元是农田和草场预期收益的自然资本化,而另外的 44.4 万元则由剂量—反应法推算而来。

2. 现有环境的非使用价值

荒漠草场段是重要的植被资源和具有重要生态价值的景观,其中有荒漠植被保护区。该段地表植被有甘草等 70 余种,平均覆盖度超过 30%;有成林生长的国家Ⅲ级濒危物种胡杨、梭梭;有省Ⅲ级保护植物柽柳。戈壁荒漠段总体上植被稀疏,生长有平均覆盖度小于 5% 的柽柳、梭梭、骆驼刺和一些短命植物和类短命植物,这些植被与电厂、国道沿线的一些小饭馆共同形成荒漠戈壁背景上的工业及城镇商业居住生态景观区。在荒漠草场和戈壁段共同分布着 103 种野生动物,其中有国家二级保护动物三种——草原周鸟、红隼、长耳鸮,省二级保护动物一种——鹅喉羚。

生长在气候干旱、降水较少、蒸发强烈的荒漠区的这些植物和动物,防风固沙,丰富着生物多样性,为人类提供着药材、居住地和生态景观等,总体上体现出一种重要的生态价值。这里的生态价值是一种非市场价值,可以通过直接评估法计量。支付意愿(WTP)或接受赔偿意愿(WTAC 或 WAC)是环境价值评估法的中心概念。环评法对公众参与环评的规定的目的之一,是要通过从法律上保证当地居民和社会各界对环评进行参与,[1][2]来准确揭示人们对因环境损害而造成福利损失愿意接受的赔偿额,进而评估出难以由市场定价的环境服务价值及其损失。环境影响评价机构对管道沿线及站场所在区域周围、受工程影响的 30 名土地经营者和当地的居民进行了调查,主要以电话咨

---

① 张传秀.建设项目环境影响评价中有关问题的探讨[J].上海有色金属,2003,24(4):185-190.

② 李苏玲,刘金吉.浅析建设项目环境影响评价中的公众参与[J].中国环境管理,2003(6):66、52.

询和分发调查表的方式进行,问卷内容为:"该工程的建设是否有利于本地区的社会经济发展?工程施工期对您影响较大的是什么?工程运营期对您影响较大的是什么?您认为项目的建设与运营是否会对当地的自然环境和景观产生影响?您是否担心项目运营期间发生事故?您认为哪些方面还需进一步加强和改善?"当地群众对环境质量变化最敏感,他们有机能动地参与环评,评估建设项目给环境服务带来的变化并赋予这种变化以货币价值,将有助于提高计量环境价值尤其是"非市场"价值的准确度。在下述环境价值保护对策和对策措施的费用效益分析中,通过恢复费用法和避免支出法,受成品油管道工程建设影响的环境生态价值得到揭示。

(四)项目对现有环境必然和可能的损害

环评的第三步,一般是建设项目环境影响评价的重点之一,现有环境为人们提供的服务随着项目的建设与运营可能发生怎样的变化,又怎样得到保护,要在这一部分做详细科学的分析、预测和评估。

本例中,工程泵站对荒地的占用会使原生态系统被分割、缩小以致功能降低,其结果可能是某些动物因被阻隔而导致其生存境况恶化以至绝迹;管线工程分别占用农田 495.6 公顷,林地 1.44 公顷,荒漠草场 149.16 公顷,荒漠戈壁 54 公顷,这将造成农业和牧业减产;部分胡杨和梭梭被毁(根据技术要求,管线两侧各 5 米范围不能有任何生长着的树木)。来自管沟开挖和平整、材料运输和堆放等过程的临时占地、扬尘、噪声和建筑垃圾,以及建筑工人临时居住生活地的少量烟尘、废水和生活垃圾等,将造成农业暂时性减产,荒漠植被被清伐和分割,水土流失及动植物物种减少,脆弱的戈壁荒漠生态系统可能被破坏(沙丘活化,沙漠扩展,甚至系统崩溃),土壤结构被破坏以致其紧实度异常甚至沙化,树上栖鸟和洞中啮齿动物受惊吓而弃巢或迁徙,防洪受扰,客运和货运暂时性受阻,地表水水质与卫生状况恶化和水土流失(管线施工时,裸露的地表如遇暴雨和大风,水土流失加剧)。在运营期,一旦管道发生泄露,油品进入管线穿越地土壤、河流,将使地表尤其是地下水严重污染导致生态环境恶化。最后,油罐和管线泄露后的火灾爆炸属重大典型事故,不仅在瞬间排放出大量有毒物质、噪声等污染环境,还会造成严重的损失,如人员伤亡(在干旱区,对油品火灾爆炸极度和非常敏感的因子是:水资源,包括地表河流、灌渠和地下水;绿洲及农牧业用地;居民生活居住区和重要经济建设项目。这些环境要素的替代、恢复和重建花费非常昂贵,并且需 10 年以上的时间)。因此,如果建设单位对环境损害不采取切实有效的补偿、治理恢复和预防措施,项目实施和运营后所造成的损失将十分巨大,环境成本也将极高(如日本对其全国树木的生态价值进行核算,结果是该国全国树木1年生态价值相当于其国家全年财政预算,生态恢复和补偿费用之高,由此可见一斑)。

(五)生态环境保护对策

前述表明,本例中的工程项目对环境的损害分为三种:可以准确计量其带来的价值损失的环境损害,[①]如农牧用地的损害;不易准确计量其引起的价值损失的环境损害,如工业烟尘和废水造成的站场周围环境的损害;目前难以计量其造成的巨大价值损失的环境损害,如管道泄露造成的土壤、河流和水环境的损害。

第一种生态环境损害所造成的价值损失通过602万元经济赔偿得到补偿。

第二种环境损害所造成的价值损失不易量化,难以通过常规的经济赔偿法得到补偿。但是,通过采取一定的以环境影响评价标准的要求为治理原则、以环境影响评价技术导则为技术支撑的治理措施,建设单位可以使环境得到恢复。[②] 因为损害程度越深,环境要恢复到原来状态所需的费用就越高,所以恢复费用的大小代表着环境损害的程度的高低,其值225万元代表着环境价值的最低损失,也代表了对这一最低损失的补偿。与恢复费用对应的环境治理措施是:农田区挖土分层堆放回填、地表恢复、适当绿化、水土保持和污水治理等。

第三种环境损害的出现将导致极高的环境成本,需要避免,避免措施是加厚穿越河流的管道壁厚,建立泄漏监测系统,设成品油回收处理装置,河岸两侧设截断阀以防河流污染;加强巡检,大力宣传有关知识,立标志牌,加强风险事故应急教育或演习以预防风险事故的发生,施工期就进行环境管理、定期监测站场环境质量等,支出是540万元,这就揭示出至少不低于540万元的环境生态价值(项目运营后,每年还要追加49万元,用于包括预防爆炸和油品泄漏致使土壤、河流与水环境被污染而导致生态恶化的环境管理)。

上述一系列污染防治和环境监测措施对应着一系列环境效益,如表7-4所示。

表中的环境价值保护对策、对策措施的费用与效益、保护环境价值行动的

---

① 王菊,房春生,刘殊,于连生.生态环境影响价值核算[J].环境科学动态,2000(4):1-4、9.

② 阚玉梅,孙卓良.石油化工建设项目环境影响评价中应注意的问题[J].石油化工环境保护,2003(4):5-7.

准则和框架的内容,分别对应着"污染防治对策"、"环境经济损益分析"和"环境监测建议"这三项环评的内容;估算的环保投资中,包括在本管道工程可行性研究报告中已列入工程概算的 1142 万元和经环境影响评价后认为需要追加的 240 万元。追加投资以"*"号标示。

环境效益即为环境给人们直接和间接提供的服务,总体上表现出使社会稳定、生态平衡、水土保持、人体健康、河水洁净和生命安全。由于这些服务是在分别对工程项目给环境价值带来的损失予以补偿、投入资金采取措施使环境价值恢复并避免环境价值损失后而得到的,所以补偿费、恢复费和避免支出的总额 1382 万元及运营后每年追加的 49 万元,可以看作是环境所"收到的"服务费。对于建设单位来说,正是 225 万元恢复费用和 540 万元避免支出将这笔服务费降至最低,这样就由补偿费、恢复费和避免支出构成了环境成本。显见的是,环境成本核算得越精确,建设单位所"看见"的减少了的环境成本就越清楚和直观,投资主体就越有动力采取措施来恢复生态环境和避免环境损害,即恢复费用和避免支出在总环境成本中所占的比重就越大。环评单位建议追加 60 万元(运营后每年追加 49 万元)来避免成品油管道工程施工和运营期的风险事故,正是环评机构认识到因油罐和管道油品泄露爆炸造成的环境损害所带来的、需要补偿的价值损失十分巨大的结果。

表 7-4　污染防治对策、环境经济损益分析和环境监测建议

环境影响因素	环保措施	投资 (万元)	环保投资效益
选址、建设方案	前期环境影响调查预测与评价	15	预防了建设项目对环境的破坏
破坏土质结构	青苗损失补偿	602	减缓了不利的社会影响
	农田区挖土分层堆放回填	10 *	有利于农田生态功能和耕地价值恢复
地表原貌、植被破坏	地表恢复、适当绿化	50 *	减轻了水土流失、扬尘污染以及景观影响,也有利于管道安全运行
河流段水土流失	水土保持措施	100 *	降低了洪水的威胁,控制了水土流失的发生
水环境	施工营地生活污水处理	5 *	控制了水污染,防止了卫生环境恶化,保护了人体健康
	运营期站场污水处理	60	

续表

环境影响因素	环保措施	投资 (万元)	环保投资效益
河流污染	加厚穿越河流的管道壁厚	60	提高了管道强度和稳定性,将污染风险降至最低程度,对管道安全运营的重大隐患和事故能够作出快速反应并及时处理
	建立泄漏监测系统	15	
	设成成品油回收处理装置	90	
	河岸两侧设截断阀	300	
风险事故	加强巡检	20/年*	减少了事故发生的概率,降低了风险事故带来的人、财、物损失和对环境的影响
	大力宣传有关知识,立标志牌	20*	
	加强风险事故应急教育或演习	20/年*	
环境管理	施工期环境管理(监测、监理及人员培训等)	6*	增强了环境保护意识,预防了污染,避免了环境污染纠纷
	定期监测站场环境质量	9/年*	
合　计			1382 万元

1382 万元以及运营后每年追加的 49 万元是最低环境成本,它有效地保护着建设单位在运营 7.12 年收回投资。这种赢利实际上是经济、社会与环境的共赢。

(六)评价结论

总体来说,项目施工期和营运期会对周围环境产生一定的不良影响,但在投入 1382 万元和每年追加 49 万元,尤其是追加了 240 万元采取环保预防措施后,项目对环境造成的损害和环境风险被控制在最低程度,这种程度是人们可以接受的。由于项目的经济、社会和环境效益显著,建设项目可行(该成品油管道工程项目已于 2004 年 5 月施工)。

四、对所有生产与服务组织实施环境影响评价的意义

从内容上看,尽管准确计量环境成本在目前还有一定难度,但是,经济活动对环境造成的事实上和潜在的影响得到了量化的评价。基于这种将环境影响降低到了最低的评价,经济活动单位建立了一种制度,其内容是:要有水土保持的措施,运营期要对站场污水进行处理,建立泄漏监测系统,设成品油回

收处理装置,河岸两侧设截断阀,加强巡检,大力宣传有关环境知识,立标志牌,加强环境风险事故应急教育或演习,定期监测站场环境质量。这实际上是一套环境管理体系。

鉴于环境影响评价可以授人以渔,即帮助经济单位建立起环境管理制度,而在实施的环评中有实际的清洁生产内容,理论界也呼吁在环境影响评价中引入清洁生产的内容,[①]说明在时间和理论上,环境影响评价同清洁生产都能够有机融合。因此,可以在《清洁生产促进法》中,补充"生产和服务单位应当定期进行环境影响评价,并将评价报告呈报环保局"的条款。这同《清洁生产促进法》中第30条不同,定期的环境影响评价应具有强制性而非自愿性;也不同于第31条,评价结果不一定要向公众公布。

第三节　建立园区管理考核标准 ●●➡

环境成本核算除用于对生产与服务组织的环境影响进行评价,以判定项目可否进行施工之外,经过完善之后还可用来对组织所在地的政府官员进行政绩考核。

一、强化环境成本核算的意义

1.有利于提高建设项目环境影响评价中环境经济损益分析的质量

造成当前建设项目环境影响评价的环境经济损益分析较为薄弱的原因,第一是现有环境经济损益分析还不能为决策者定量提供准确的保护环境的费用与其环境效益之间的比例关系。在成品油管道工程项目中,通过环境成本核算,与项目相关的环境总成本被确认为是最低不低于1382万元及运营后每年追加的49万元的总和,也就是说环保措施的效益与费用比大于1,但其具体比值并不明确。在这种情况下,总体上环境受到损害的程度并没有得到量化,但是,总体上初始环境受到的损害程度(正如前一节中某省计委对该项目的可行性研究所做的批复所言)却是决策者评判建设项目"原则上可不可行"的标准之一。

---

① 刘东美.清洁生产的实施与环境管理制度的改革[J].环境研究与检测,2004,17(3):34-35,+48.

环保措施的效益费用具体比值不明确,也还体现在变化了的、与环保措施相对应的环境效益的价值不明确(尽管很显著),所以目前的环境经济损益分析较为薄弱的第二个原因,是因为强化环境成本核算也还不能为决策者提供项目准确的净环境成本——环境服务价格的增加值或减少值。但是,效益费用分析首先是用来评估工程项目的净经济价值的,由于项目的净环境成本未知,因而费用效益分析的基本原则是否得到了有力体现,即项目纯收入的净现值在何种程度上大于零,就尚欠实质上的精确量化说明。

要更进一步提高环境经济损益分析为项目决策提供科学支持的力度,首先就必须强化环境成本核算,前一节实例显示尤其是要强化环境非使用价值核算的理论与方法。在具体实践中,如果要用直接评估法判断环境生态价值及其变化,在目前就需要严格按照环评法的要求,保证在环评过程中有公众积极、能动和有效的参与,全面细致地听取、了解和分析对项目相关环境的社会属性有深刻认识的公众的意见和建议,注意当地居民对环境损害的补偿要求;同时在技术层面上,做到问卷设计科学合理,被抽样人数量符合统计学原理的要求,被抽样人有代表性并力争避免"偏见答复"。

2.强化环境成本核算有利于深化建设项目环境影响评价的作用,有助于加快环境影响评价制度的建设和明晰环境影响评价在具体实施时的分类应用标准

第一,强化环境成本核算,能够使建设单位选出环境成本最低的工程方案。由于选择环保型厂址、材料、工艺、产品和管理等工程特征,以使工程方案的环境成本最低即不良环境影响得到预防或减至最轻,是生产或服务生态化的一项显著标志,所以在环境影响评价过程中强化环境成本核算不仅有利于当前条件下最大限度地保护环境,而且也有利于促进生态效率型组织的建设。可见,强化环境成本核算强化和深化了环境影响评价的作用。

第二,强化环境成本核算还是加强环境保护建设的一个强有力的经济手段。它可以使建设单位或多或少地成为环境投资主体,因而积极主动地进行建设项目环境影响评价,最大限度地保护环境以提高经济效益就成了建设单位自身自觉自利的行为;而且,环境成本核算的科学性与精确度越高,这种自觉自利的程度也就越高。由此,强化环境成本核算有助于加快环境影响评价制度的建设。

第三,理论上来说,环境成本在工程总投资中所占比例越大、"非市场"价值在环境总价值中所占比例越高,项目对环境的影响就可能越大。在实例中,前者约为 1382/39677.16,超过了 3%;后者约为 525/1382,超过了 35%。它们为建设单位申报项目时,是应当呈报环境影响报告书,还是环境影响报告表,抑或是环境影响登记表提供了可以借鉴的判断依据。这样,强化成本核算有助于明晰环境影响评价在具体实施时的分类应用标准。

总体上说,强化环境成本核算将为项目决策提供更多科学准确的、关于建设项目环境可行性程度的信息,同时又将很好地促进微观经济的生态化建设与发展,这势必使环境影响评价在项目建设的全过程中、在我国可持续发展理论的建设和实践当中,起到更加重要和积极有效的作用。

二、建立能够反映资源环境影响的生态效率指标

1.我国的环境统计

我国于 1980 年建立了环境统计制度,它是指用数字反映并计量人类活动引起的环境变化、这种变化对人类的影响。

我国环境统计指标体系包括工业污染与防治、生活垃圾及其他污染防治、农业污染与防治、环境污染治理投资、自然生态环境保护、环境管理及环境保护系统自身建设等七个子系统。生产与服务过程的污染与防治情况,主要包含在前三项统计体系中。

在获得统计数据之后,环境保护部门要对数据进行分析。首先,针对统计数据反映的主要是污染物排放的绝对数量、被治理的污染物数量、治理设施与投资费用等特点,在分析判断经济社会活动对环境的影响和各行业的排放水平差异时,环境部门制定了单位产品或万元产值排污量、区域某污染负荷(某种污染物排放量/某地区面积)、污染物排放削减率或递增率、物料耗用率等 4 项相对指标。其次,分析研究环境污染治理水平和效益时,环境部门采用了处理率、达标率、综合利用率、竣工率、"三同时"执行率、污染治理资金的投资效益(万元投资"三废"处理能力、废物处理成本、万元投资综合利用产值)等 6 项指标。最后,当分析研究排污费征收及使用情况时,环境部门使用的是交费单位(或排污收费总额)变化率、环境保护补助资金使用率、环保工作人员工资占用率、环保仪器购置费占用率、万元投资污染物削减率等 5 项指标。

应用指标和典型调查资料、报表资料,环境保护部门可以分析半年或一年来的环境变化及其对经济社会的影响,并将结果用文字图表的形式向有关领导、部门汇报或通报,同时提出积极的建议。报告分为定期报告和专题报告两类。

从上述分析可以看出,当前,我国环境统计的主要作用是向各级政府及其环境保护部门提供各地区、全国的环境状况的数字资料和分析资料,为制定环

境保护方针、政策和计划提供科学的依据。二十几年来,环境统计工作在环境管理中发挥了重要作用,最重要的,是与环境统计工作相对应的环境统计制度得到了不断发展与完善。因此,将生态效率指标纳入官员政绩考核指标的关键点,除了转变体制,最重要的是如何建立起合适的生态效率型考核指标。

2.货币型生态效率考核指标

前文曾指出要对各种生产和服务组织进行环境影响评价,评价结果上报环保局。各级环保局根据环评报告可得出本地区总的环境成本——设为TEC,还可以得到环境质量的补偿成本 EC_C、恢复成本 ECr 和避免环境损失的成本 EC_A。

在公共政策指标中有货币化指标,其优点是容易被政府决策者所接受,并且使人们容易把握可持续性的状态或可持续发展的状态。货币化指标之一是可持续收入指标 SI(Sustainable Income),其数学表达式为:

$$SI = GNP - Dk - Dn - R - A - N$$

其中,Dk 表示固定资产等生产资料的消耗,Dn 表示环境资源的减少或损失部分,R 表示环境损失的成本,A 表示用来预防环境损失的开支,N 表示过量开采资源的价值。参考这一表达式,结合生态效率的定义,可以得到生产或服务组织的生态效率 EeI,其计算公式为:

$$EeI = GI / TC_E = GI / (EC_C + EC_R + EC_A)$$

GI 代表生态效率型组织的总收入。

第一,EeI 值越大越好。EeI 越大,说明单位环境成本的产出越大,即单位产出造成的环境经济损失越小。

第二,实施生态效组织的 EeI 起初可能会变小。这主要是因为避免环境损失的投入和环境损失预防投入一开始会增大,而这种增大是环境损失补偿费用上升的结果。

第三,一定时间后,EeI 会增大。避免环境损失的投入和环境损失预防投入增大到一定数值后,环境损失补偿费用开始降低。由于在现行的污染者付费原则下,环境损失补偿费主要是排污费,因而环境损失补偿费降低就是排污费降低。排污费的降低在降低环境成本的同时,如果能够使组织因此而扩大绿色产品市场,则组织的总收入 GI 会提高,这就进一步提高了生态效率 EeI。就实例看,前一节成品油管道工程的生态效率第一年为 12377.57/1382 = 8.96,从第二年开始升至 12333.57/49 = 252.60。

从以上分析看,可以将 EeI 用作对生产或服务组织进行环境影响评价的指标,并且可以选年度作为单位。比较难确定的是避免支出。

3.实物型指标

实物目标可较准地反映某种现象,适于难于用货币量化考核的指标确定。

近几年,随着可持续发展理念的深入传播,我国各级政府的某些部门在其所管辖的行政单位领导的业绩考核指标中,加入了生态经济指标,以期在促进经济增长的同时,减缓资源的耗竭速度、减少直至杜绝环境污染。这其中,我国国家环保局制定的生态考核指标具有代表性,如表7-5所示。

表7-5　城镇型"种养加"生态工业园建设指标

指标	序号	名　　称	单位	数值
经济发展	5	单位 GDP 能耗	吨标煤/万元	≤1.2
	6	单位 GDP 水耗	m^3/万元	≤150
	7	主要农产品中有机及绿色农产品的比重	%	≥20
环境保护	10	退化土地恢复率	%	≥90
	11	空气环境质量		
	12	水环境质量近岸海域水环境质量		达到功能区标准
	13	噪声环境质量		
	14	化学需氧量(COD)排放强度	千克/万元(GDP)	<4.5 且不超过国家总量控制指标
	15	城镇生活污水集中处理率 工业用水重复率	%	≥60 ≥40
	16	城镇生活垃圾无害化处理率 工业固体废物处置利用率	%	100 ≥80 无危险废物排放
	19	农村生活用能中新能源比例	%	≥30
	20	秸秆综合利用率	%	100
	21	规模化畜禽养殖场粪便综合利用率	%	≥90
	22	农用塑料薄膜回收率	%	≥90
	24	化肥施用强度(折纯)	千克/公顷	<250

续表

指标	序号	名　　称	单位	数值
社会发展	35	环境保护宣传教育普及率	％	＞85
	36	公众对环境的满意率	％	＞95

注：表中省略了国家环保局制定的生态考核指标中与"种养加"生态工业园建设无关的指标，因而序号不连续。这样做，是为了方便读者对比阅读。

国家环保部制定的指标当前不是强制性的，并且带有实验性质。随着实践的进行，尤其是随着人们对资源环境服务需求的增强，随着对耗竭自然资源、污染环境行为处罚力度的加大，我国政府必然会对各级领导层进行可持续发展考核，而可持续发展的实质是提高生态效率。因此，可以将以上指标看作是生态效率考核标准的雏形，现阶段各省市县对它的执行则是对这一指标的实验。

需要强调的是，实物型指标必须是动态的，这由物质消耗与经济增长的"上升式多峰论"理论所决定。

第一，物质消耗与经济增长确实存在"脱钩"现象。最近30年来，西欧十几位科学家各自从不同角度，对西方20世纪七八十年代出现的物质消耗与经济增长负相关——而不是60年代以前的正相关进行了研究，得出了一个比较一致的结论：经济发达国家经济发展对物质的依赖程度逐渐降低，物质消耗降低的同时财富在增长，这些国家实现了物质消耗与经济增长的"脱钩"。受"脱钩"理论的激励，"罗马俱乐部"在1995年提出：借助技术进步，将资源使用量减少一半，同时将自然资源存量增加一倍，就可以使资源的生产率提高4倍，做到经济增长的同时使环境质量不低于现在。这就是资源生产率"四倍数"理论。同样基理的，还有1993年被提出的"十倍数"理论，它的提出者以此理论成立了"十倍数国际俱乐部"，中国是其会员国之一。

第二，物质消耗与经济增长"脱钩"后又可能"复钩"。根据段宁等人的研究，尽管发达国家能源消费与经济增长在20世纪七八十年代出现了"脱钩"，但期间也两次出现了"复钩"，并且在90年代中期又进入能源消费增长期，年消费总量超过七八十年代水平。从物质总需求方面来看，1988—1997年，欧盟成员国的人均物质消耗量在1990年、1992年、1994年均比前一年低，但同时又都比后一年低，总结果是上升了11.1％，可以说是"复钩"过程中有"脱钩"。

第三，在论证了"脱钩"与"复钩"交替出现后，段宁等人提出物质与经济之间的"上升式多峰论":人类社会经济发展过程中,总的趋势是物质消耗量不断增大,但期间会出现物质需求与经济增长负相关的现象。这种规律形成的原因,其一是因为产业会不断更新,而新产业本身又存在开创、成长、平稳和衰退等阶段,与这些阶段相伴的,是对相关物质的需求起步、加速、平稳和消退。其二是由于技术进步的两面性:一方面使单件产品的物质消耗量下降,另一方面又因降低了产品成本而使市场需求量增大,从而导致该产品的物质消耗总量增大。其三是产业更替和技术进步的综合作用结果。

物质消耗与经济增长之间的"上升式多峰论"的意义在于,它向我们揭示了:物质消耗与经济增长之间的"脱钩",第一不是可以"等"来的,第二不是必然的。在我国随着经济转型的进行,经济快速增长,但物质消耗急剧上升,尤其是能源与矿源危机现象非常突出,这就对资源环境管理的制度创新提出了迫切需求。对于具体的建立实物型官员考核指标来说,就是要依据我国具体的产业结构和技术水平,结合各地的实际情况,对指标体系进行动态管理。换言之,国家环保部制定的实物指标,更应突出指导性,不宜过于细致,也不能过于宽泛。[①]

本章小结

传统成本效益分析在提高生态效率方面的不足主要表现在四个方面。第一,只反映能以货币形式体现出的物质及产品价值流动。第二,只部分体现资源环境服务的重要程度,但重要性没有被价值量化。第三,掩盖了随生产与服务而生的环境破坏、工业污染、生态失衡等问题。第四,不能反映环境治理带来的效益。

对"种养加"型生态工业园建设的管理更强调实施环境成本核算。强化环境成本核算的意义在于:其一,有利于提高建设项目环境影响评价中环境经济损益分析的质量;其二,有助于加快环境影响评价制度的建设;其三,有利于明晰环境影响评价在具体实施时的分类应用标准。

可以考虑建立能够反映资源环境影响的生态效率指标。一是建立货币型生态效率考核指标,二是建立实物型指标。

---

① 刘勇.我国生态效率型组织发展的研究[D].乌鲁木齐:新疆大学,2006.

第八章
"种养加"型生态工业园低碳化建设

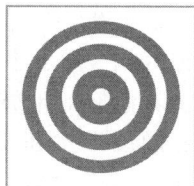

2009 年,中国生态工业示范园区领导小组办公室将低碳经济认定为园区经济发展的重点内容。随后,2011 年,环保部、商务部和科技部三部委进一步发文,明确在生态工业园区建设中推动园区集群式、循环型和低碳化发展。这似乎意味着,生态工业园理所当然会成为中国低碳经济发展的引擎。但是,在 2014 年 7 月国家发改委和工信部确定的首批国家低碳工业园试点园区名单中,已经冠名的 85 个国家生态工业园中只有 13 个入选。除去未申请和产业内容与国家设定的产业种类有出入等因素之外,生态工业园未入选低碳园的原因,有没有可能是因为若以低碳为纲,则循环与低碳存在某种冲突?纵观全球,考虑到各国的 EIP 目前总体上都还没有严格意义上的低碳管理目标,存在这种冲突是可能的。那么,如果存在冲突,程度如何?该怎样协调?

另一方面,党的十八大在关于"大力推进(中国)生态文明建设"中明确指出,要"推动能源生产和消费革命,支持节能低碳产业和新能源、可再生能源发展,确保国家能源安全"。近 30 年来,可再生能源的利用在全球经济发展中呈现出 2 倍增长的态势,而中国虽然超过德国已成为世界第二大可再生能源发电国,但与欧盟可再生能源发电占总量 12.9% 相比,我国的可再生能源发电总量占比约为 0.9%(不含大水利发电量)。为了保证能源安全,中国的可再生能源发展目标非常明确:到 2020 年,中国可再生能源利用量至少增长 5 倍,可再生能源发电占总量比值达到 16%。同时,作为对环境保护负责任的大国,2009 年 11 月,中国承诺到 2020 年单位国内生产总值二氧化碳排放量比 2005 年下降 40%～45%。这些宏观的可再生能源利用和碳减排指标自然需要分解落实到微观企业中,那么,我国生态工业园做得又如何呢?

自 2001 年以来,中国已经建立了 26 个国家示范生态工业园、59 个国家试验生态工业园,加上各省市区建设的,至今,中国的工业园数量超过了1500个,形成了世界上规模最大的工业园网络。通过发展生态工业园,经济竞争有效地转化为提高环境管理和绩效的刺激。但是,在能源管理方面,各园区虽然积极发展热—电—冷多联供,实施清洁能源和可再生能源替代,[①]但并没有设置相应的能对能源消耗强度、碳排放强度与经济循环程度进行宏观协调的指标。[②③] 由于生态工业园被认为是中国发展绿色经济的引擎,工业园的环境绩效和资源利用效率——包括可再生能源的利用效率,决定着中国工业的综合环境效率,[④]所以,急需在中国生态工业园建设中引入低碳管理方法。

第一节 生态工业园经济低碳化发展理论与实践 ●●➡

一、基本定义和内涵

低碳经济(Low-carbon Economy)最早见于 2003 年由英国政府发表的《能源白皮书》,其含义是:在可持续发展理念指导下,通过技术创新、制度创新、产业转型、新能源开发等多种手段,尽可能地减少煤炭石油等高碳能源消耗,减少温室气体排放,达到经济社会发展与生态环境保护双赢的一种经济发展形态。也就是说,减少高碳能源的利用是低碳经济活的灵魂。

生态工业园自其概念出现 20 多年来,还没有一个公认的定义。根据美国总统可持续发展委员会(PCSD)于 1996 年的定义,生态工业园是一个区域性

① 田金平,刘巍,李星等.中国生态工业园区发展模式研究[J].中国人口、资源与环境,2012(7):60-66.

② 王崇锋.生态工业园工业共生支持体系研究[J].中国软科学,2010(1):341-345,+387.

③ 陶金国,高觉民,王雪等.化工园区企业可持续发展能力评价研究——基于南京化工园区企业调查问卷数据[J].中国工业经济,2013(8):148-159.

④ Han Shi,Jinping Tian,and Lujun Chen,2012,"China's Quest for Eco-industrial Parks,Part II Reflections on a Decade of Exploration",Journal of Industrial Ecology,Vol. 16,pp.290-292.

的商业共同体,各成员互相协作以减少废弃物和污染,有效共享资源,包括原料、信息、水、能源、基础设施和自然资源等。[①] 中国生态工业园的建设标准则突出资源和能源的有效利用,发展生态工业园包括一系列的环境经济策略,如清洁生产、工业共生、"三废"循环利用、污染物集中处理、绿色供应链等,它通过企业内、园区企业间和区域层面的资源优化,提高企业的物流和能流效率。

对比中美两国对生态工业园的定义,不难发现,生态工业园必须是能源节约型的。这似乎意味着,生态工业园会自然而然地发展成为低碳经济。但是,实践效果并非如此。例如,为了应对气候变化,着眼于提升低碳竞争力,比利时的 Flanders 工业园制定了碳中性战略,期望通过能源效率型建筑和工艺的建设,激励园区企业生产和消费绿色电力。结果发现,上述措施并不能限制二氧化碳温室气体的排放,还必须针对产业集群和自主利用可再生能源,来进行园区产业结构调整。[②] 这实际上指出,园区循环经济和低碳发展需要花工夫人为去协调,减少碳排放重点在于自主利用可再生能源。

二、可再生能源利用

在可再生能源利用方面,目前的重点是如何鼓励电力企业利用风能、光能、生物质能、地热能、潮汐能、小水利等可再生能源发电,已经形成了可再生能源利用的技术创新理论、产业创新理论、运营模式创新理论和制度创新理论,具体政策措施主要包括:可再生能源电力上网时以固定价格收购,可再生能源电量全额收购,对发电企业利用可再生能源发电实施配额,对电价征收可

---

① Peter Lowitt,Raymond CÔtê,"Putting the Eco into Eco Parks",Journal of Industrial Ecology,2013,17:343-344.

② Tom Maes, Greet Van Eetvelde, E velien De Ras, Chantal Block, Ann Pisman, Bjorn Verhofstede, Frederik Vandendriessche, Lieven Vandevelde ," Energy Management on Industrial Parks in Flanders", Renewable and Sustainable Energy Reviews, 2011,15:1988-2005.

再生能源电力附加等。①② 其中,实施发电配额会受到较多因素的干扰。③ 未来,生物质能的使用会在众多企业和园区中展开,而生物质能的使用量预计会占总可再生能源使用量的 20%～50%,其中约有 75%是被当作燃料燃烧。④ 与鼓励电力企业相呼应的是鼓励自发电企业利用可再生能源发电,但实践效果并不理想。如西班牙曾鼓励企业利用可再生能源发电出台了一系列政策,其节能与效益计划设定为在 1991—2000 年期间,仅仅通过自行发电项目,西班牙达到 168MW 的风能装机容量和建设 779MW 的新小水利厂,结果目标并未实现。⑤ 其原因主要是公众对可再生能源电力的有效需求不足,其次是可再生能源发电成本较高。

在碳排放削减方面,制定和实施碳税、碳交易体系,落实《京都协议》所达成的清洁发展机制 CDM 已经成为减排主要措施。⑥⑦⑧ 碳税的碳减排作用得到一致肯定,但是基于较强的政治原因,政府在使用碳税政策时非常谨慎,取

① Zeng Ming, Liu Ximei, Li Yulong, Peng Lilin, "Review of Renewable Energy Investment and Financing in China: Status, Mode, Issues and Counter Measures", Renewable and Sustainable Energy Reviews, 2013, 31:23-37.

② Michael G. Smith · Johannes Urpelainen, "The Effect of Feed-in Tariffs on Renewable Electricity Generation: An Instrumental Variables Approach", Environment Resource Economics, 2014, 57:367-392.

③ Lucy Butler, Karsten Neuhoff, "Comparison of Feed-in Tariff, Quota and Auction Mechanisms to Support Wind Power Development", Renewable Energy, 2008, 33:1854-1867.

④ Andrew Agbontalor Erakhrumen, "Growing Pertinence of Bioenergy in Formal / Informal Global Energy Schemes: Necessity for Optimizing Awareness Strategies and Increased Investments in Renewable Energy Technologies", Renewable and Sustainable Energy Reviews, 2013, 31:305-311.

⑤ Valentina Dinica, "Support Systems for the Diffusion of Renewable Energy Technologies—An Investor Perspective", Energy Policy, 2006, 34:461-480.

⑥ Peters, G.P., Minx, J.C., Weber, C.L., Edenhofer, O., "Growth in Emission Transfers via International Trade From 1990 to 2008", Proceedings of the National Academy of Sciences, 2011, 108:8903-8908.

⑦ Olmstead, S.M., Stavins, R.N., "Three Key Elements of A Post－2012 International Climate Policy Architecture[J]. Review of Environmental Economics and Policy", 2012, 6 (Winter):65-85.

⑧ Reza Farrahi Moghaddam, Fereydoun Farrahi Moghaddam, Mohamed Cheriet, "A modified GHG Intensity Indicator: Toward a Sustainable Global Economy Based on a Carbon Border Tax and Emissions Trading", Energy Policy, 2013, 57:363-380.

而代之的是碳排放权交易在各国的广泛试点,中国已经于 2013 年在北京等七省市启动了碳交易市场。在金砖体系国家中,CDM 在中国减排二氧化碳的作用发挥得最好。[①] 在碳排放削减方面,工业生态即社会大循环的作用也非常明显。如果大力发展对废旧物资的回收利用,例如提高纸和纸板、钢铁、铝、玻璃、木材、水泥等物品的循环利用率,使这些消费品含有较高程度再生的、翻新的、再循环的种类和成分,则美国 2050 年的二氧化碳的排放量就可以轻松地比 2010 年降低 86%。[②]

在中微观层面,整合现有能源,尤其是利用可再生能源引导生态工业园低碳化发展的定性与定量研究正在展开。[③④⑤⑥] 在其中的算法优化模型(mathematical optimization model)中,通过对所有副产物都赋予价值,以收益最大化为出发点,可以引致出副产品的最大交换率,园区由此可以确定废物循环利用量以及能源消耗量。但是要这样做,园区就必须要实施碳捕获,以减少与之相对应的二氧化碳排放量。这种碳减排思路有"先污染后治理"之嫌,但是它代表了现实当中大多数生态工业园对低碳化发展的态度,即货币收益最大化、低碳适度化,并认为这就是循环与低碳的协调的实现途径。对此,Bruce Tonn 等人的 IR3(infinitely reusable, recyclable, and renewable industrial ecosystem)模型表明,不进行社会范围的大循环建设,工业园的能量消耗将失控。

① Isabel Maria Bodas Freitas, EvaDantas c.d.n., MichikoIizuka, "The Kyoto Mechanisms and the Diffusion of Renewable Energy Technologies in the BRICS", Energy Policy, 2012, 42:118-128.

② Bruce Tonn, Paul D. Frymier, Dorian Stiefel, Leah Soro Skinner, Nethika Suraweera, Rachel Tuck, "Toward an Infinitely Reusable, Recyclable, and Renewable Industrial Ecosystem, Journal of Cleaner Production", 2014,.66:392-406.

③ Munish KC, Lincoln FP, Eric Williams, "Potential Economies of Scale in CO_2 Transport Through Use of a Trunk Pipeline", Energy Conversion and Management, , 2010,51:2825-2834.

④ 李小环,计军平,马晓明,王靖添.基于 EIO－LCA 的燃料乙醇生命周期温室气体排放研究[J].北京大学学报(自然科学版),2010,47(6):1081-1088.

⑤ Mamoune A, Yassine A.Creating an Inductive Model of Industrial Development with Optimized Flows for Reducing Its Environmental Impacts[J].Energy Procedia, 2011, 6：396-403.

⑥ Chao GU, Sébastien LEVENEUR, Lionel ESTEL, Adnan YASSINE.Modeling and Optimization of Material/Energy Flow Exchanges in an Eco-industrial park[J].Energy Procedia, 2013, 36,243-252.

可见,生态工业园低碳化发展的关键问题是如何协调价值最大化、能源使用可持续化、碳排放最低化三者之间的关系,其管理本质是协调三种关键政策即能源保障政策、产业竞争力政策、环境保护政策的制定和实施,过于强调任何一项都是不协调的。

关于碳捕获。由于可以安全有效地将几十亿吨——主要是发电厂的二氧化碳储存上千年,碳捕获和封存(CCS)被一些研究者认为是通往可持续发展的一座真正桥梁。在世界上新增的2018-2020大规模集成CCS项目中,一半在中国。[①]

关于碳中性。碳中性是能源在生产及使用过程中达到二氧化碳排放平衡,一般多指生物燃料,例如甘蔗渣、玉米秸秆等工农业生产废弃物,它们在生长过程中能够把空气中的二氧化碳固定在土壤和作物中,中和了由它们本身或它们制造而成的燃料在燃烧过程中排放的二氧化碳。在有关生态工业园能源管理研究中,碳中性也指园区的碳排放和碳减排相等——如对比利时的包含92家中、小型企业的Herdersbrug工业公园的研究表明,要达到碳中性,园区就必须增大对可再生能源的利用比例。[②] 目前,因为缺乏足够的数据,学术界尚没有广泛认可的碳中性计算模型,导致对生物燃料碳中性与否存在争议。[③④⑤]

① Ruth Nataly Echevarria Huaman,TianXiuJun.Energy Related CO2 Emissions and the Progress on CCS Projects:A review[J].Renewable and Sustainable Energy Reviews,2014,31:368-385.

② C.Block,B.Van Praet,T.Windels,I.Vermeulen,G.Dangreau,A.Overmeire,E.D'Hooge,T.Maes,G.Van Eetvelde,C.Vandecasteele.Toward a Carbon Dioxide Neutral Industrial Park [J].Journal of Industrial Ecology,2011,15(4):584-596.

③ E.E.Powell,G.A.Hill.Carbon Dioxide Neutral,Integrated Biofuel facility[J].Energy,2010,35(12):4582-4586.

④ Chung-Yi Chung,Pei-Ling Chung,"Assessment of Carbon Dioxide Reduction Efficiency Using the Regional Carbon Neutral Model—A Case Study in University Campus,Taiwan",Low Carbon Economy,2011,12:159-164.

⑤ Giuliana Zanchi,Naomi Pena,Neil Bird "Is Woody Bioenergy Carbon Neutral? A comparative Assessment of Emissions from Consumption of Woody Bioenergy and Fossil fuel",Global Change Biology Bioenergy,2012,4:761-772.

第二节 生态工业园园区经济循环
与低碳的冲突 ●●➡

　　此处再次选取中国最早建设的生态工业园——贵港国家生态工业(制糖)示范园为观察对象,该对象的显著特点是,既有支撑核心竞争力的循环经济,又有较为显著的低碳经济运行成分。(1)完整的内部循环经济体系。园区利用甘蔗渣生产的文化用纸、生活用纸等综合利用产品已占全公司工业总产值的70%以上。制糖生产产生的蔗渣、废糖蜜等废弃物经过处理后全部实现了循环利用,生产废弃物利用率为97%以上,综合利用产品的产值已经超过主业蔗糖。园区根据自身主业的工艺特点,实现了工业污染防治由末端治理向生产全过程控制的转变。(2)良好的技术创新基础。园区拥有国家认定的企业技术中心和博士后科研工作站、广西首批自治区级人才小高地,获得多项具有国内领先水平的有关甘蔗制糖、蔗渣造纸过程的节能、环保技术专利。(3)主业突出,节能减排优势渐显。园区近年节能技改成效大,制糖综合能耗已达到行业内中国先进水平。(4)园区物质流带动的能量流和碳流中,既有传统化石能源发电,也有生物质发电;既有化石燃料制二次能源,也有生物质制二次能源;既有燃料燃烧性碳排放,也有生产性碳排放;既有工艺性碳捕捉,也有环保性碳捕捉,几乎囊括了发展低碳经济所要抑制和激励的所有"碳"元素。

一、研究方法的选取

　　工业代谢分析遵循的基本原理是质量守恒,其过程为描绘各种流动与储存的行进路线和复杂的动力学机制,基本要素为物质、过程、流量和流速分析,结果是要明确系统边界,确定与系统相关的流动、储存量及过程,为建立物质与能量收支平衡表、估算物质与能量的流动与储存的数量及性质奠定基础。[1][2] 对于生态工业园,在度量其能量消耗和碳排放强度随着物质流变化而

---

① 戴铁军.工业代谢分析方法在企业节能减排中的应用[J].资源科学,2009(4):703-711.

② 王越,王园,毕军,袁增伟.工业园能源代谢分析[J].环境科学研究,2009,22(8):990-994.

改变的数值时,鉴于当前的能量消耗和碳排放强度指标是"实物－价值"混合型的,研究过程就必须被分成两部分。第一部分是物质的消耗量,也就是实物投入量;第二部分是价值形成量,也就是货币产出值。对于第一部分的精确计算,首先要求实物投入的种类齐全,其次要求数量准确。在本研究中,具体的蔗糖工业代谢分析是以带控制点的制糖工艺流程图为基础,分析所投入的关键宏量原料种类和数量——包含燃料和动力,分析所有产品的种类和数量——包含坏产出二氧化碳、废水等。

在工业代谢分析的基础上,遵循"投入—产出"模型编制规则,本研究将贵糖5种最终期望产出、12种中间产出与2种坏产出、19种中间投入填入实物型投入产出表的主栏、宾栏构成的棋盘中。期间,为便于对碳流做较为透彻的量化分析,本研究尝试将二氧化碳和废水填入到主栏中,但这样做妨碍了质量守恒在行中的实现,只能在表注中做出特别说明。这是对以往物质流实物型投入产出表的一次尝试性突破。

对于第二部分即价值形成量的计算,本研究起初试图通过将实物型投入产出表转化为"能源－价值"混合型投入产出表来完成。[1][2] 但是,在实施过程中碰到了几个问题:第一是关键中间产品如自产蔗渣、自产滤泥等的价值难以量化;第二是关键坏产品二氧化碳的价值无法量化;第三是所有产品的最初投入如销售费用,尤其是管理费用、财务费用难以从总费用中细化分摊;第四是能源向二氧化碳转化时的质量守恒在投入产出表中难以表达。考虑园区产值由所有产品提供,且生产结构与产品率也比较清楚,因而本研究的价值分析就基于园区的实际财务报告进行。

在实物型投入产出表的基础上,结合园区经济产出的产值、成本和费用值,计算物质流、能流、碳流的流量,分析生产扩张对碳排放强度和总量的影响,判断循环与低碳之间的关系。在寻求减低碳排放、协调循环与低碳经济关系的措施方面,采用政策选用假设法,即通过对比选用不同政策所造成的碳排放效果及其效应,来检验不同低碳政策对园区经济低碳化发展的适用性,以期为决策者提供最优的既可持续利用能源,又巩固核心竞争力,还力促环境保护的能源管理方案。

① 王慧娟,陈锡康,王翠红.三种能源投入产出分析模型的分析与比较[J].系统工程理论与实践,2010,30(6):987-992.

② 徐盈之,吕璐.基于投入产出分析的我国碳减排责任分配优化研究[J].东南大学学报(哲学社会科学版),2014,16(3):15-22.

数据来源:(1)2011—2013 年《广西贵糖(集团)股份有限公司年度报告》；(2)《中华人民共和国轻工行业标准 QB/T1310—1991—甘蔗制糖工业企业综合能耗标准和计算方法》；(3)《中华人民共和国环境保护行业标准 HJ/T186—2006—清洁生产标准甘蔗制糖业(发布稿)》；(4)《中华人民共和国环境保护行业标准 HJ/T317—2006—清洁生产标准 造纸业(漂白碱法蔗渣浆生产工艺)》；(5)《中华人民共和国环境保护行业标准 HJ/T581—2010—清洁生产标准 酒精制造业》；(6)《广西贵糖(集团)股份有限公司"2013/2014 年榨季外包劳务项目招标公告"》。

基本假定:(1)蔗渣燃料存在碳中性；(2)各种产品和原料,包括燃料和动力的市场价格一定时期内各自存在均值；(3)物流、能流与碳流之间及其各自内部存在较为固定生产上的技术联系；(4)企业对碳减排等政策存在敏感性。

二、实物型投入产出分析

(一)贵港生态工业园产值及物—能—碳流代谢

2012—2013 年榨期,贵糖集团实现总产值116377.07 万元,其中砂糖产值47204.91 万元,纸与纸浆 65902.37 万元,轻质碳酸钙 1124.93 万元,酒精1894.86 万元,复合肥 250.00 万元。

各类产品在 2013 年的出厂销售价格均值分别为:砂糖 4281.28 元/吨,纸产品 4243.55 元/吨,轻质碳酸钙 615.29 元/吨,酒精 2900.00 元/吨,复合肥500.00 元/吨。创造产值的五种产品来源于三大物流:甘蔗糖分流、甘蔗纤维流和甘蔗胶体物质流。糖分流生产出白砂糖、酒精和复合肥,纤维流生产出纸浆和纸张,胶体物质流生产出轻质碳酸钙。三条主物流和三条生态工业链在贵糖生产中形成网状结构,其结点是制糖厂、制浆厂、造纸厂、酒精厂、甘蔗专用复合肥厂、烧碱回收厂、轻质碳酸钙厂、热电厂等近 10 个工厂,如图 8-1 所示。

伴随着甘蔗中糖分、纤维和杂质流动的是能流和碳流。能流分为两部分,一部分是在图中没有显示的外购电力,它被分配至各设备；另一部分是煤炭和蔗髓混合燃烧所产生的蒸汽、蒸汽做功所产生的电力,以及这种热电联供所产生的凝结水。

碳流分成五部分,第一是糖流所产生的二氧化碳,即酒精生产带来的生产性二氧化碳,蔗渣糖分制沼气供热燃烧产生的二氧化碳；第二是纤维流中蔗髓燃烧产汽发电所生二氧化碳；第三是煤炭与焦炭燃烧产生的二氧化碳；第四是制糖和造纸石灰石分别分解产生的生产性二氧化碳；第五是使用外电间接产生的二氧化碳。在这些排放的二氧化碳中,部分石灰石分解与酒精生产所产生的二氧化碳被轻质碳酸钙生产所捕获。

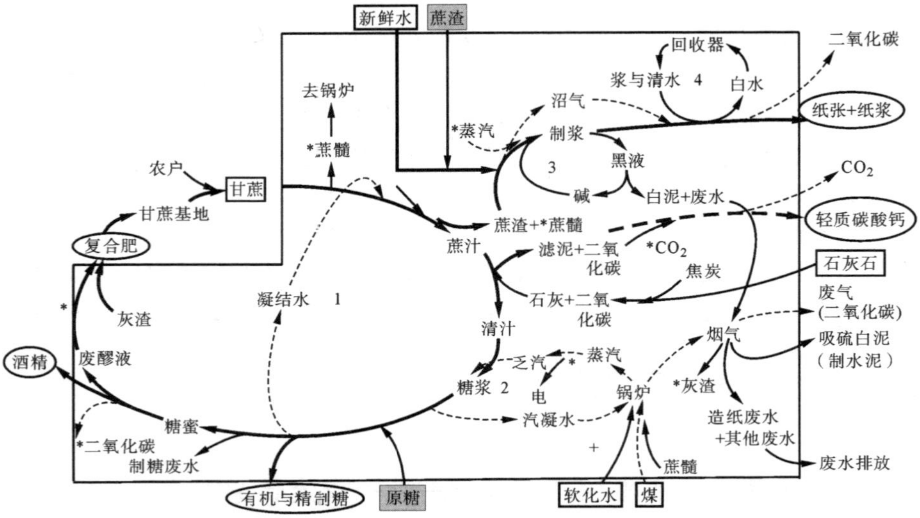

图 8-1　贵糖集团物流、能流、碳流代谢示意图

线段说明:1.所有实线与其箭头代表物流及其方向,内含电力流动。

2.粗实线与其箭头代表产品生产流与其关键控制点。

3.十字虚线代表能流中的蒸汽与热水流动。

4.双点虚线代表碳流。

5.缺角大矩形代表园区系统边界。

由图 8-1 划定园区的系统边界及其层次。进入系统的最初宏量投入有甘蔗、燃料、电力、水、石灰石以及原糖、蔗渣等,在图中它们用方框框出。输出系统的宏量物质包括五种流向市场的、用椭圆形标记的商品,以及达标排放的废气(二氧化碳)和废水。在制糖、制浆和造纸链中有 4 条物质原级闭路循环链,分别是:冷却水循环 1,热电连产凝结水循环 2,碱回收循环 3 和造纸白水与清水循环4,其中的循环 1 和 2 联合运转,形成了贵糖的核心节能模式——热、汽与电联产。

(二)循环将园区的能流和碳流强度推高

由以上园区生产过程代谢分析,在贵糖集团年度报告产量、成本、费用、能耗数据框架下,依据清洁生产标准和甘蔗糖业技术规范,得到表 8-1 所示实物型园区投入—产出表。

表8-1 贵港国家生态工业（制糖）示范园 2012—2013 年榨期实物型投入一产出表

中间产品列：1 自发电、2 标准蒸汽、3 沼气（能源产品）；4 白砂糖、5 纸与纸浆、6 轻质碳酸钙、7 酒精、8 复合肥、9 蔗渣、10 蔗糖、11 糖蜜、12 滤泥、13 其他（非能源产品）。环产出列：废水（1）、二氧化碳（2）、合计。最终产品列：销售量、库存量、合计。

投入＼产出	自发电	标准蒸汽	沼气	白砂糖	纸与纸浆	轻质碳酸钙	酒精	复合肥	蔗渣	蔗糖	糖蜜	滤泥	其他	废水	二氧化碳	环产出合计	销售量	库存量	最终合计	总产出
自产 能源产品																				
自发电(×10⁴kW·h) 1	984.50			2688.61	12191.05	417.80	31.36	14.97					7155.35	993.31						17678.68
标准蒸汽(×10⁴T) 2		180.95		31.80	38.83	2.31	3.07	0.74							1.27					76.75
沼气(×10⁴m³) 3			0.41		365.00									100.00						365.00
自产 非能源产品																				
白砂糖(×10⁴T) 4										5.39	2.43	3.02		314.41			11.02	−1.06	9.96	9.96
纸与纸浆(×10⁴T) 5									77.25					514.08			12.32	3.21	15.53	15.53
轻质碳酸钙(×10⁴T) 6																	0.55		0.55	0.55
酒精(×10⁴T) 7																	1.83	1.38	3.21	3.21
复合肥(×10⁴T) 8																	0.65		0.65	0.65
蔗渣(×10⁴T) 9		1456.70													3.67					77.66
蔗糖(×10⁴T) 10														1.21						5.39
糖蜜(×10⁴T) 11							0.65							1.29	0.63					2.99
滤泥(×10⁴T) 12			1.14			3.02		0.50				0.02		3.06						3.02
外购 能源产品																				
标准电力(×10⁴kW·h) 1															18.62					7.16
外购 非能源产品																				
甘蔗(×10⁴T) 2				10342.51		195.00			15.27				176.17	314.41	8.26					10518.68
石灰石(×10⁴T) 3				10.20									56.62							89.83
蔗渣(×10⁴T) 4					28.50								0.72		1.83					4.15
外购 能源																				
新鲜水(×10⁴T) 5				247.03	612.00	3.06							17.78	27.36						927.87
焦炭(×10⁴T) 6				48.00											1.37					0.42

注：1. 环产出栏中蒸汽是为分析碳流、能流而设置，其数值不参与质量衡算，非糖固形物、水分来分配。数值单位均为（×10⁴T）。
2. 甘蔗作为投入品以甘蔗分、非糖固形物、水分来分配。
3. 贵港集团 2013 年度报告中，概述中纸产品产量与主营业务收入中纸品销售量和库存量数值有出入，以前者为准。

1.副产品链将能耗和碳排放强度推高——过度循环系数的提出

由表 8-1 可见,贵糖集团的原始能量构成分为一次能源和二次能源,一次能源为煤炭、焦炭,二次能源为外购电力、锅炉用蔗髓、蔗渣糖分转化的沼气。碳排放源分别是煤炭、蔗髓、焦炭和沼气燃烧。表 8-1 显示,贵糖集团共产生 26.75 万吨二氧化碳,但由于工艺捕捉和减排捕捉,贵糖集团共向环境排放 25.56 万吨二氧化碳,将这些数据与各产品产值结合,得到各种产品的碳排放强度、标煤消耗强度如表 8-2 所示。

表 8-2 不同产品的能耗和二氧化碳排放强度

产品类别	白砂糖	纸和纸浆	轻质碳酸钙	酒精	复合肥	平均
能耗强度(包括所有能源)(吨标煤/万元)	1.050	1.302	2.318	1.827	3.336	1.22
二氧化碳排放强度(考虑括中性)(吨二氧化碳/万元)	1.967	2.913	6.62	2.963	7.180	2.575
二氧化碳碳排放强度/能耗强度	1.873	2.237	2.856	1.622	2.1522	2.111

注:1.碳排放估算方法基于 IPCC《国家温室气体排放清单指南》。

　　2.外购电力折算成碳排放时,电力—标煤折算系数以国家发改委 2007 年公布的 1 kW·h 电力使用 0.357 kg 标煤计。

表 8-2 显示,相对于砂糖生产的能源消耗和碳排放,四条衍生的能流和碳流均为"高能"流和"高碳"流,它们共同将贵糖的万元产值能耗从 1.05 吨标准煤推高到 1.22 吨标准煤,推高 16.19%;将万元产值碳排放量从 1.967 万吨推高到 2.575 万吨,推高 30.91%。

本文把发展循环经济之后园区各产品的平均碳排放强度(2.575)与核心主产品的碳排放强度(1.967)之比,定义为过度循环系数,它表征因为发展循环链而使园区碳排放强度被推高的程度。贵糖的过度循环系数为 1.309。这意味着贵糖集团在引入循环经济链,尤其是拓展了蔗渣造纸产量后,其万元产值碳排放量被推高。需要注意的是,过度循环系数的减低并不排斥发展循环经济时能源消耗强度的上升。这是因为某一生产所对应的特有技术对能源的消耗强度取决于一段时期内的要素生产率特征,它在特定技术创新周期中大体是个定值。发展循环经济,尤其是在综合利用副产物来延伸纵向产业链时,其新产品如果是相对的高能耗产品,企业的万元产值能源消耗量势必会被推高。在贵糖生产中,就是因为纸、复合肥、轻质碳酸钙、酒精都属于大化工产品的范畴,而化工恰恰是相对高能耗产业,因而贵糖循环经济必然推高能源消耗强度。从后叙中可以看到,过度循环系数的降低排斥相对高碳排放能源的使用。

2.各循环产品链对过度循环系数贡献率

贵糖循环而不低碳的经济主要由纸张生产贡献,其对煤耗和碳排放量增大的贡献度分别达到82.78％和88.10％。其后依次为复合肥、轻质碳酸钙、酒精生产,如表8-3所示。

表 8-3 贵糖各循环链对"高能"和"高碳"的贡献率

产品种类	白砂糖	纸张和纸浆	轻质碳酸钙	酒精	复合肥	合计
产值(万元)	47 204.91	65 902.37	1 124.93	1 894.86	250.00	116 377.07
能耗(吨标煤)	4.95	8.58	0.268	0.35	0.085	14.22
排放二氧化碳(吨)	9.24	19.20	0.75	0.56	0.18	29.97
对能耗增加的贡献率％	——	82.78	7.12	7.34	2.85	——
对碳排放增加的贡献率％		88.10	7.40	2.67	1.84	

随着能源消耗强度涨高到1.1619(1.22/1.05)倍,碳排放强度涨高到1.3091(2.575/1.967)倍,也就是说,相较于能耗强度被推高的程度,循环经济将碳排放强度推得更高。从表2的"能源消耗强度/碳排放强度数值"来看,除了轻质碳酸钙的"碳排放量与标准煤消耗量之比"为2.86(轻质碳酸钙生产过程有生产性二氧化碳排放),基本符合2.6倍法则之外,其余产品的"碳排放量与标准煤消耗量之比"都低于2.6。这是什么原因呢？这是因为假定了生物质燃料具有碳中性。在计算时,碳排放扣除了酒精生产产生的二氧化碳、蔗髓和沼气燃烧所排放的二氧化碳,也扣除了轻质碳酸钙生产所捕获的二氧化碳。四者共计5.55948万吨二氧化碳,占到总碳排放量的18.55％。换言之,由于有生物质发电以及碳捕获,贵糖生产的碳排放被降低了18.55％,否则贵糖万元产值碳排强度为3.04。也就是说,没有可再生能源的利用,贵糖生产的过度循环系数将为1.55。

相对于能源消耗强度的涨高值,贵糖的较之于2.6倍法则而言较低的过度循环系数值向我们表明,积极利用可再生能源是降低碳排放强度的有效手段。

第三节 降低过度循环系数的政策建议 ●●➡

发展低碳经济的本质是在充分节能的基础上,能源耗用总量的增长与碳排放脱钩。反映在循环经济上,就是企业在进行横向、纵向耦合合产品链的扩展时,能源消耗量增加,但碳排放强度要下降,也就是过度循环系数要小于1。

过度循环系数被推高是五条生产链耗用各种资源和能源共同排放二氧化碳的结果。各种能源在贵糖主营产品中的使用比例、碳排放比例如表8-4所示。

表8-4 不同产品能耗及碳排放比重

产品类别		白砂糖	纸张和纸浆	酒精	轻质碳酸钙	复合肥
能源利用量比重%		18.59	78.57	2.56	0.19	0.09
碳排放比重%	直接排放的二氧化碳2	42.27	49.09	5.16	2.64	0.84
	直接和间接排放的二氧化碳2	30.57	63.19	3.73	1.9	0.62
	考虑碳中性后直接和间接排放的二氧化碳2	30.98	64.06	2.49	1.87	0.60

如果假设各单位产品的能源消耗量已达到现有技术的最低值,那么在暂且不考虑技术创新节能的前提下,就只能通过产品结构和能源利用结构的调整,来降低过度循环系数。表8-4显示,较之于糖与纸而言,酒精、轻质碳酸钙、复合肥三种产品的能耗与碳排权重较低;而且这三条链是贵糖清洁生产的"特征链",它们分别解决着废蜜、滤泥和酒精废液严重的资源浪费和深度环境污染问题,可以说是不可撼动的。所以,重点需要和能够被改变的链条是纸张生产链。同时,投入产出表1显示,煤炭、外购电力、蔗髓构成纸张生产链的能流和碳流。因此,纸张生产的能流和碳流控制是调整过度循环系数的焦点。

另外,为了凸显政策实施的作用,假设广西103家糖厂目前的蔗渣销售和购买处于市场出清状态,纸张产品的生产和销售都处于非垄断市场。

一、可再生能源电力配额制对过度循环系数的降低效果及其效应

制糖生产是以汽定电,所以贵糖配备热电厂自发电,燃料使用煤炭和蔗

髓。由于纸张生产规模扩大,自发电不能满足生产需要,贵糖需要从国家电网购买电力。按照可再生能源电力配额制的本意,贵糖在发电时应当利用可再生能源产出一定比例的电力。依据投入产出表1,当前贵糖利用蔗髓发出的电力是煤炭和蔗髓总发电量的20.35%,该值似乎已经超过了"2020年我国可再生能源发电占总量比值达到16%"的目标。但是,由于向国家电网购买电力,所以贵糖实际的可再生能源发电量只占到总"发电量"的8.24%,也即还有近一半可再生能源电力缺口。

因此,在产值不变的情况下,园区需要再利用4.96万吨蔗髓来发电。虽然贵糖可以从周边糖厂购买,但是用专门购买蔗渣的方式来发电存在严重的收支倒挂——投入1元至多产出0.5元。因此,贵糖集团只能压缩纸品产量,被迫减产1.03万吨的纸品——这就是可再生能源电力配额制对纸张产品的挤出效应。挤出效应的出现,使纸张电力消耗减少,相应间接减排2.10万吨二氧化碳;使蔗髓代替标煤,直接减排3.56万吨二氧化碳。两种挤出效应共减排5.66万吨二氧化碳。与此同时,贵糖的纸品收益至少减少4 572.75万元。贵糖集团综合碳排放强度为2.174。这样,当配额定为16%时,过度循环系数从1.309降低为1.105。

二、碳税对过度循环系数的降低效果及其效应

在竞争型产品市场,征税对生产链的影响是前向的,它会促使企业降低对原料的采购价格。但是,中国甘蔗糖业长久以来存在严重的原料短缺问题,尤其在广西,原料收购大战长久上演,几乎年年白热化。在这种情况下,低价收购甘蔗、蔗渣是不可能的。因此,向生产过程排放的二氧化碳征税会压缩贵糖的利润,利润的减少会分摊到蔗糖和纸张、轻质碳酸钙、酒精和复合肥各产品中。

现在的问题是五种产品中,哪一种产品产量会被重点压缩。贵糖的财务分析报告显示,纸和糖的销售收入占到贵糖总收入的97.2%,所以贵糖会优先考虑压缩钙、酒、肥的生产。但是,钙、酒、肥的生产同糖的生产是刚性连接,压缩了钙、酒、肥的产量,一定会减少砂糖的生产。为了让分析的结果更加明显,假设对每吨二氧化碳的所征收的税是学术界所推荐值的上限,即100元/每吨,此时贵糖被征税是2 997.0万元,此值对应的是少收购甘蔗6.31万吨。由此,砂糖减产6 999吨,提取砂糖的连产品钙、酒、肥的减产额分别如表8-5所示。

表 8-5　碳税对不同产品产量、产值及碳排放量减少的影响

产品种类		砂糖	纸与纸浆	轻质碳酸钙	酒精	复合肥	合计
减少产量($\times 10^4$ T)		0.700	0.2307	0.225	0.0457	0.0350	——
减少产值(万元)		2996.899	1038.150	138.440	132.530	17.500	4323.519
减少碳排放 ($\times 10^4$ T)	煤炭燃烧	1.30754					1.935
	焦炭燃烧	0.096	——	——	——	——	
	外购电力	——	0.525	——	——	——	

注:假设对二氧化碳所征税额为 100 元/每吨.

此时,万元产值二氧化碳排放量为 2.501 吨,过度循环系数为 1.271 (2.501/1.967)。

三、碳交易对过度循环系数的降低效果及其效应

面对碳排放权交易,因为有蔗渣可用来自发电,所以甘蔗糖厂并不需要购买碳排放权,它只需要在蔗渣的燃料用途和造纸原料用途之间做出选择,抉择的关键是看市场的碳交易价格。

由投入—产出表 8-1 可见,贵糖采购甘蔗榨糖后所剩的蔗渣中,当前只有 25.94％的蔗髓充当了燃料,而有近 3/4 的蔗渣都用于造纸。这是因为用作燃料时,1 吨除髓蔗渣节约煤炭采购成本 176.91 元;但是,如果用于造纸,1 吨除髓蔗渣则可以实现产值 967.74 元。这意味着,用来造纸而不当煤燃烧,1 吨除髓蔗渣增值 5.5 倍。

实行碳交易时,如果全部蔗渣被鼓励用来生产生物质电,总的碳排放权交易量为 10.975 万吨二氧化碳。交易的代价是纸品利润损失 1439.636 万元,该值减去蔗渣用于燃料后所增加的利润为 326.103 万元。所以,贵糖碳排放权交易价格要求是 101.457 元/吨。此时,贵糖万元产值二氧化碳碳排放量为 1.63 吨。

但是,当前国内碳排放交易价格在 80 元/吨以下,所以,当制定一个目标为降低过度循环系数——例如系数降低为 1 的碳排放额度 1.967 吨/万元时,贵糖会以此为目标减少碳排放,一直减少到刚好没有超额的二氧化碳排放,以此将造纸利润的损失降低到最小。此时贵糖需要减排的二氧化碳量为 6.87 万吨,需要将 9.54 万吨蔗渣转为燃料,此时造纸减少产值 9234.00 万元,实际碳排强度为 2.156 吨/万元。这说明,在碳交易制度下,碳排放实际额度最低不能低于 2.156 吨/万元,此时过度循环系数为 1.096。

四、大循环即废纸回收利用对过度循环系数的降低效果及其效应

从表 8-2 和表 8-4 可以看出,当前贵糖的纸品碳排放总量已经是砂糖生产的 2 倍。实践中,这个数值具备继续扩大的条件。第一,依据 2014 年中国统计年鉴,2011—2013 年中国纸与纸板的年消费量平均增长 5.08％,而中国目前的人均纸品消费量只有约世界人均水平的一半,当前及未来的市场对纸品的需求极其旺盛。第二,因贵糖充分利用榨糖剩余物,纸浆、纸张、碳酸钙产品项目符合《产业结构调整指导目录 2011 年本》(国家发改委 2011 年第 9 号令)有关"三废综合利用及治理工程"的规定,依据国家和广西区相关税法,贵糖至 2020 年享受"减按 15％缴纳企业所得税"的鼓励政策。因此,贵糖集团的过度循环系数极有可能向 1.481(2.913/1.967)的峰值推进。

要阻止过度循环系数向 1.481 上涨,仅靠贵糖目前的循环链是很困难的。原因在于,贵港生态工业(制糖)示范园是区域性的,缺少大循环的支撑。从投入产出表 1 来看,复合肥的生产似乎完成了甘蔗从出田到种植的物质循环,但是因为被循环的物质绝大部分是甘蔗中的造蜜剂、胶体类等物质,而此类物质属于甘蔗中的微量成分,所以,甘蔗中的宏量成分蔗糖和蔗纤维、木质素等,实际上不存在于图 1 的物质流、能量流、碳流循环链。

然而《造纸工业发展"十二五"规划》规定了造纸中废纸浆的比例应达到 64％。对这一要求,如果贵糖不折不扣地执行,那么按照生产再生纸浆能耗是原来值的 50％计算,废纸浆全部代替外购蔗渣后,生产再生纸浆减排 6.144 万吨二氧化碳。以再生纸的价格是原浆纸的 70％计算,贵糖产值减少 8945.28 万元,贵糖此时的万元产值碳排放强度为 2.218 吨,过度循环系数为 1.128。

五、讨论

行业型循环经济的实质是以纵向为主、横向为辅,资源化利用原本的"三废",通过充分挖掘、利用原辅料中有效成分,实现多元产品价值最大化,同时消除区域环境污染或将污染水平降低到最低。在以低碳为能源管理要素引入过度循环系数后,对贵糖在发展循环经济、努力"变废为宝"、延伸产品流进行分析后,发现其能流和碳流强度被推高。其原因在于,相对于榨糖,另外的四条产品链均为高强度的能耗链、碳排放链。

汇总可再生能源电力配额、二氧化碳排放税、碳交易和废纸回收利用大循环四种政对降低过度循环系数的作用效果及其效应,如表8-6所示。

表8-6 降低过度循环系数的四种政策措施的效果与效应对比

政策措施种类	可再生能源电力配额	二氧化碳排放税	碳排放权交易		废纸回收利用	平均
			价格<101.46元/吨	价格>101.46元/吨		
政策标准或量化值	16%的配额	100元/吨	2.156吨二氧化碳/万元	1.63吨二氧化碳/万元	64%利用率	——
降低后过度循环系数值	1.105	1.271	1.096	0.829	1.128	1.117
过度循环降低率(%)	66.019	12.298	68.932	155.340	58.576	62.257
产值减少率(%)	3.929	3.715	7.935	0	4.924	4.134
产值减少/过度循环降低(%)	5.951	30.209	11.511	0	8.406	12.580

表8-6显示,四种政策的作用效果总体上比较明显,平均使过度循环系数降低至1.117,使过度循环率降低62.257%,使贵糖产值降低4.134%,降低一单位过度循环导致的产值降低率为12.58%。

1.碳交易

总体上说,减少碳排放似乎必然要减少园区产值。因为蔗渣两种用途的使用具有相斥性,即糖厂要么将蔗渣当作造纸原料,要么将其当作可再生能源来产汽发电。前者增加产值但增多碳排放,后者减少碳排放但减少产值。

但是,碳交易的效果值得注意。在这里,碳交易几乎产生了两种极端的情形。一种情形是,产值的过度减少率达到了7.935%,几乎多出产值平均减少率1倍,这在四种情形中是最糟糕的;另一种情形是,在产值不减少的情况下,将贵糖的万元产值碳排放量从最初的1.967吨,拉低到1.63吨,这在四种政策中是最好的。哪一种情形会在实际当中出现,取决于碳排放权的交易价格是否达到了真实值。当交易价格低于真实值时,企业实际上只是被动地完成"命令",碳排放额度实际上相当于环境标准,碳交易制也就成了行政手段。而当碳交易价格达到前述的101.457元/吨时,园区产值不减而碳排放量减少,导致碳排放强度迅速被拉低,园区经济也随之低碳化。

在此我们可以看出,碳交易的市场价格达到真实价格时,相当于蔗渣充当燃料减少二氧化碳排放的功能被市场购买,正是这一有效购买弥补了蔗渣退出造纸所减少的产值。

2.碳税和可再生能源电力配额

碳税和配额制的碳减排效力同样存在不确定性。

对于贵糖,当二氧化碳排放税达到每吨 100 元、可再生能源电力配额达到 2020 年的目标值 16% 时,碳税和配额的产值减少率基本一致,且均低于平均值,但碳税对过度循环系数的降低率非常低,不仅低于配额制的,也低于其他两种政策的。这其中的原因在于碳税通过价值杠杆发挥作用。如前所述,由于造纸属于五条产品链中的绝对主价值链,在总体制造成本增加的情况下,为了减少产值损失,园区保造纸链而压缩榨糖和其他副产品生产链,结果造纸这条主要的碳排放链也被保护,造成碳减排效果较差。在这里可以看出,碳税降低过度循环系数效果的强弱,取决于园区价值链和高碳链的结构组成。

配额制的作用效果比碳税明显,主要原因是配额制对可再生能源利用量的要求非常直接。但是,园区也可能采用不通过增大可再生能源使用量的方法,来增大可再生能源发电量的比例。从历史上看,在没有造纸链的扩张之前,广西的甘蔗糖厂一般都有电力外售,但当前,广西几乎已经没有外售电力的糖厂。这是因为扩张的造纸循环链不仅消耗了剩余电力,而且还促使企业购买电网电力。那么,相反地来看,随着纸和纸浆产量的增长,纸品的利润如果走低——实际上 2013 年贵糖集团造纸业净利润已经为负,贵糖就有可能通过减少外购蔗渣压缩纸品生产来减少总用电量,以此达到可再生能源配额发电的要求。但是,由于电力企业当前的发电效率约为甘蔗糖厂的 2~3 倍,因此在这种情况下,配额制实际减排的二氧化碳量将是表 8-6 显示值的 1/2—1/3。可见,对于已经有可再生能源用于自发电的园区来说,如果园区和电力企业的发电效率不同,配额制的碳减排效果就存在不确定性。这与 Lucy Butler 等人的"可再生能源发电责任制实施效果较为复杂"的观点相符。

3.废纸回收循环利用

在所有方法中,当发展"纸品生产—消费—回收利用—再生纸"这一大循环链时,纸品的终端实物消费量唯一地不被压缩,只是消费者要使用旧的、再生的和翻新的纸品。从表 8-6 来看,大循环对过度循环的降低率较低,低于平均水平。这是因为在计算过程中,假设废纸浆生产的能耗是原生浆的一半,而同时假设再生纸的价格是原生纸的 70%,正是后一"过低"假设使园区的纸品产值减少高于平均值。

4.碳捕获

生产性碳产出占总园区二氧化碳产生量的 6.96%,其中超过一半又被生产性捕获。生产酒精产出二氧化碳中,约 29.98% 被环保性捕获,用于补充生产轻质碳酸钙,它占二氧化碳总产出量的 0.55%。当前中国的碳捕获大多都是吸收填埋,二氧化碳实际上成了废弃物。贵糖的循环经济将二氧化碳进行增值利用,虽然量很少,也因为碳中性而没有对过度循环系数的减低做出贡献,但这种做法表明,循环经济与低碳经济能够很好地协调。

六、政策建议

发展区域循环经济确实能使园区的能源消耗强度上升。这其中的原因有两个:第一,环境治理的要求迫使企业进行"三废"资源化再利用,使其成为副产品,而副产品的生产过程是相对高能耗的。第二,不是因为环境保护,而是因为市场对其他副产品的需求旺盛,造成企业的能源消耗强度上升。当能源消耗强度上升必然造成碳排放强度增大时,副产品链的扩张就造成园区的总碳排放强度被推高——这同 C.Block(2011)、Bruce Tonn(2014)等人的观点相符合。可以把发展循环经济之后园区各产品的平均碳排放强度与核心主产品的碳排放强度之比,定义为过度循环系数,用以表征园区经济中循环与低碳的冲突程度。本研究案例的过度循环系数超过 1.3,即过度循环程度超过了30%,证明园区经济的循环与低碳存在不小的冲突。

积极利用可再生能源,使能源使用与碳排放脱钩,可以有效降低过度循环系数,使园区经济的循环与低碳协调发展。在促进可再生能源利用的政策方面,碳交易、电力配额、碳税在园区经济中的碳减排效果都存在不确定性,这同一般所认为的碳税具有较明显和直接的碳减排作用的观点有出入。碳交易的促进效果可能最好,也可能较差,它取决于碳交易价格是否达到了真实价格;碳税的促进效果可能很弱,也可能较强,它取决于园区价值链和相对高碳链的结构组成;配额制的促进效果可能很好,但也可能因园区自发电效率大大低于电力企业发电效率而较差。除了积极利用可再生能源之外,积极夯实园区之外的社会大循环,也同样能有效降低过度循环系数,只是降低率稍低于碳交易、碳税和电力配额政策所减低的平均值。

为此,要使园区经济循环与低碳协调发展,建议做到如下关键几点:第一,按行业深入细致地研究造成碳交易、碳税和电力配额等政策在促进可再生能源利用时效力不确定的因素(例如本案例中,影响因素包括政策对产值的挤出效应、相对高碳排放产品价格的变化、能源使用效率、产品产值结构、公众对低碳产品的有效购买力和制度完善程度等),选择较成熟的政策及其组合,避免其在执行过程中出现无效率、低效率和高成本。第二,强化循环经济中的社会大循环链建设,使园区受控的相对高碳代谢流中的碳排放降低率大于相对应产品产值降低率(例如在本案例中,二者的比值达到 7 倍以上)。第三,加大能源利用效率提高技术、节能技术、可再生能源利用技术的创新力度。研究显示,园区自发电与电力企业发电效率如果存在较大差距,会出现前后者之间较为严重的同电不同碳排放量现象,导致低碳政策如配额制的实施效果可能被大打折扣;同时,必须寻求对碳锁定技术的突破,否则,在园区内,过度循环系数的降低就只能依靠减少副产品的生产,即压缩循环链,而这将加剧循环与低碳间的冲突。在本案例中,正是由于生物质燃料蔗渣的利用能够实现对碳锁定技术的突破,园区内的循环与低碳经济才有了协调发展的可能,各种碳减排政策也才有了更好地被实施的技术条件。

需要进一步深入或仔细研究的问题有:第一,生产性尤其是碳中性二氧化碳的捕集该不该及如何计入减排效果。第二,实物型投入产出表中,坏产出尤其是二氧化碳放入宾栏后,它怎样才能参与衡算。如果此表转换成价值型,那么在实施低碳政策如碳税的背景下,二氧化碳放入主栏是否更能体现它对产业部门产值的负贡献率。第三,对于综合性工业园,过度循环系数的基准值该如何设定。

本章小结

建立在物流、能流、碳流代谢之上的园区实物型投入—产出模型与价值分析相结合,揭示出中微观循环产业链确实能推高园区经济的碳排放强度,其被推高的程度可以用过度循环系数来表征。促进可再生能源利用和强化循环经济的社会大循环都可以降低园区过度循环系数。碳交易、碳税和电力配额等几种能促进园区可再生能源利用的政策在被实施时,实际效果都存在不确定性。要使园区经济循环与低碳协调发展,就必须降低过度循环系数。为此,需要选择效果最优的可再生能源电力配额、碳排放权交易、碳税等政策,以弱化或消除政策效果的不确定性;需要强化社会大循环链建设,使受控的高碳流碳排放降低率若干倍于相对应产品产值降低率;同等重要的是,需要提高自发电园区的发电和能源利用效率,同时突破园区技术中存在的碳锁定。

参考文献

1.Adam B.Jaffe and Karen Palmer.Environmental Regulation and Innovation: A Panel Data Study[J].Review of Economics and Statistics.1997, (1): 610-619.

2.Adam B.Jaffe, Richard G.Newell, Robert N.Stavins.Environmental Policy and Technological Change[J].Environmental and Resource Economics, 2002, 22:41-69.

3.Adam B.Jaffe, Richard G.Newell, T.Robert N.Stavins.A tale of two market failures: Technology and environmental policy[J].Ecological economics, 2005, 54(3):164-174.

4.Andersen, M. M. Eco-innovation-towards a taxonomy and a theory [R].25th Celebration DRUID Conference 2008 on Entrepreneurship and Innovation-Organizations, Institutions, Systems and Regions, Copenhagen, Denmark.2008.

5.Andrew Agbontalor Erakhrumen, "Growing Pertinence of Bioenergy in Formal /Informal Global Energy Schemes: Necessity for Optimizing Awareness Strategies and Increased Investments in Renewable Energy Technologies", Renewable and Sustainable Energy Reviews, 2013, 31:305-311.

6.Bruce Tonn, Paul D.Frymier, Dorian Stiefel, Leah Soro Skinner, Nethika Suraweera, Rachel Tuck, "Toward an Infinitely Reusable, Recyclable, and Renewable Industrial Ecosystem, Journal of Cleaner Production", 2014,.66:392-406.

7.C.Block,B.Van Praet,T.Windels,I.Vermeulen,G.Dangreau,A.Overmeire,E.D'Hooge,T.Maes,G.Van Eetvelde,C.Vandecasteele.Toward a Carbon Dioxide Neutral Industrial Park [J]. Journal of Industrial Ecology, 2011, 15(4):584-596.

8.Carlos M.Correa.Innovation and Technology Transfer of Environmentally Sound Technologies: The Need to Engage in a Substantive Debate[J]. Review of European Community & International Environmental Law.2013, 22(1):54-61.

9.Chao GU, Sébastien LEVENEUR, Lionel ESTEL, Adnan YASSINE.Modeling and Optimization of Material/Energy Flow Exchanges in an Eco-industrial park[J].Energy Procedia, 2013, 36,243-252.

10.Chung-Yi Chung, Pei-Ling Chung, "Assessment of Carbon Dioxide Reduction Efficiency Using the Regional Carbon Neutral Model—A Case Study in University Campus, Taiwan", Low Carbon Economy, 2011,12:159-164.

11.Derek Eaton. Technology and Innovation for a Green Economy[J]. Review of European Community and International Environmental Law.2013, 22 (1): 62-67.

12.Driessen, P.and Hillebrand, B.Adoption and diffusion of green innovations.In: Nelissen, W.and Bartels, G.(eds), Marketing for Sustainability: Towards Transactional Policy-Making[C].Amsterdam: Ios Press Inc. 2002: 343-356.

13.E.E.Powell,G.A.Hill.Carbon Dioxide Neutral, Integrated Biofuel facility[J].Energy, 2010,35(12):4582-4586.

14.Fussler, C.and James, P.Driving Eco-Innovation: A Breakthrough Discipline for Innovation and Sustainability[M].London: Pitman,1996.

15.Giuliana Zanchi,Naomi Pena,Neil Bird "Is Woody Bioenergy Carbon Neutral? A comparative Assessment of Emissions from Consumption of Woody Bioenergy and Fossil fuel", Global Change Biology Bioenergy, 2012, 4:761-772.

16.Han Shi, Jinping Tian, and Lujun Chen.China's Quest for Eco-industrial Parks,Part II Reflections on a Decade of Exploration[J].Journal of Industrial Ecology.2012, 16(3):290-292.

17.Han Shi, Jinping Tian, and Lujun Chen.China's Quest for Eco-industrial Parks,Part I History and istinctiveness[J].Journal of Industrial Ecology.2012,16(1):8-10.

18.Isabel Maria Bodas Freitas，EvaDantas c.d.n.，MichikoIizuka，"The Kyoto Mechanisms and the Diffusion of Renewable Energy Technologies in the BRICS"，Energy Policy，，2012,42:118-128.

19.John A.Mathews and Hao Tan.Progress Toward a Circular Economy inChina The Drivers (and Inhibitors) of Eco-industrial Initiative[J].Journal of Industrial Ecology.2011,15(3): 425-457.

20.Klaus Rennings.Redefining innovation — eco-innovation research and the contribution from ecological economics[J].Ecological Economics.2000, 32: 319-332.

21.Lucy Butler，Karsten Neuhoff，"Comparison of Feed-in Tariff，Quota and Auction Mechanisms to Support Wind Power Development"，Renewable Energy,2008,33:1854-1867.

22.Mamoune A，Yassine A.Creating an Inductive Model of Industrial Development with Optimized Flows for Reducing Its Environmental Impacts [J].Energy Procedia，2011，6: 396-403.

23.Michael G.Smith Johannes Urpelainen，"The Effect of Feed-in Tariffs on Renewable Electricity Generation: An Instrumental Variables Approach"，Environment Resource Economics，2014,57:367-392.

24.Munish KC，Lincoln FP，Eric Williams，"Potential Economies of Scale in CO_2 Transport Through Use of a Trunk Pipeline",Energy Conversion and Management，，2010,51:2825-2834.

25.Olmstead，S.M.，Stavins，R.N.，"Three Key Elements of A Post-2012 International Climate Policy Architecture[J].Review of Environmental Economics and Policy" ，2012,6 (Winter):65-85.

26.Oltra，V.and Saint Jean，M.Sectoral systems of environmental innovation: an application to the French automotive industry[J].Technological Forecasting and Social Change，2009,76，567-583.

27.Organisation for Economic Co-operation and Development (OECD) (R).2009: 40.

28.Peter Lowitt，Raymond CÔtê，"Putting the Eco into Eco Parks"，Journal of Industrial Ecology，2013，17:343-344.

29.Peter Wells and Cl'ovis Zapata.Renewable Eco-industrial Development:A New Frontier for Industrial Ecology?.Journal of Industrial Ecology. 2012,(16)5:665-668.

30.Peters, G.P., Minx, J.C., Weber, C.L., Edenhofer, O., "Growth in Emission Transfers via International Trade From 1990 to 2008", Proceedings of the National Academy of Sciences,2011,108:8903-8908.

31.Reza Farrahi Moghaddam, Fereydoun Farrahi Moghaddam, Mohamed Cheriet, "A modified GHG Intensity Indicator: Toward a Sustainable Global Economy Based on a Carbon Border Tax and Emissions Trading", Energy Policy, 2013, 57:363-380.

32.Ruth Nataly Echevarria Huaman, TianXiuJun.Energy Related CO2 Emissions and the Progress on CCS Projects: A review[J].Renewable and Sustainable Energy Reviews, 2014,31: 368-385.

33.Stefan Seuring, Martin Müller.From a literature review to a conceptual framework for sustainable supply chain management [J]. Journal of Cleaner Production.2008, 16:1699-1710.

34.The Europe INNOVA.Eco-innovation-putting the EU on the path to a resource and energy efficient economy[R].2008:6.

35.Tim Schiederig, Frank Tietze and Cornelius Herstatt.Green innovation in technology and innovation management-an exploratory literature review[J].R&D Management.2012, 42(2):180-192.

36.Tom Maes, Greet Van Eetvelde, E velien De Ras, Chantal Block, Ann Pisman, Bjorn Verhofstede, Frederik Vandendriessche, Lieven Vandevelde , " Energy Management on Industrial Parks in Flanders", Renewable and Sustainable Energy Reviews, 2011,15:1988-2005.

37.Valentina Dinica, "Support Systems for the Diffusion of Renewable Energy Technologies—An Investor Perspective", Energy Policy,2006,34: 461-480.

38.Valentina Dinica, "Support Systems for the Diffusion of Renewable Energy Technologies—An Investor Perspective", Energy Policy,2006,34: 461-480.

39.Zeng Ming, Liu Ximei, Li Yulong, Peng Lilin, "Review of Renewable Energy Investment and Financing in China: Status, Mode, Issues and Counter Measures", Renewable and Sustainable Energy Reviews, 2013, 31:

23～37.

40.A.迈里克·弗里曼Ⅲ.环境与资源价值评估——理论与方法[M].曾贤刚译.北京:中国人民大学出版社,2002:53-60.

41.Arnulf G..技术与全球性变化[M].北京:清华大学出版社,2003：138-209.

42.马克思恩格斯全集(第1卷)[M].北京.人民出版社,1956:603.

43.马克思恩格斯全集(第20卷)[M].北京.人民出版社,1965:320-520.

44.马克思恩格斯全集(第26卷)(Ⅰ)[M].北京.人民出版社,1972:22-23.

45.马克思恩格斯全集(第26卷)(Ⅲ)[M].北京.人民出版社,1975:552-553.

46.马克思恩格斯全集(第3卷)[M].北京.人民出版社,1960:73.

47.马克思恩格斯选集(第3卷)[M].北京:人民出版社,1966:84.

48.迈克尔·波特.竞争论[M].北京:中信出版社,2003年第1版:72.

49.约瑟夫·M.朱兰(Joseph·M.Juran).朱兰质量手册(Juran's Quality Handbook)(第六版)[M].北京:人民大学出版社,2010:25-87.

50.马中主编.环境与资源经济学概论[M].北京:高等教育出版社,2013:9-64.

51.石河子政府网.八师石河子市2013年国民经济和社会发展统计公报[EB/OL].http://tjj.shz.gov.cn/structure/xinweb/xinwebtjgb/New_Page_2? infid=81.

52.白黎东.新疆发展循环经济的模式与重点[J].新疆社科论坛,2008(1):35-37.

53.鲍敦全.国际化竞争与我国民族地区工业化[J].新疆大学学报(社会科学版),2004,32(1):1-5.

54.曹立月,董和梅.资源综合利用在生态型企业中的作用与实践[J].中国资源综合利用,2002(3):25-28.

55.陈健鹏,李佐军.新世纪以来中国环境污染治理回顾与未来形势展望[J].环境与可持续发展,2013(2):7-11.

56.陈漠.低糖甜菜预警糖业[N].新疆经济报.2003-03-11(2).

57.陈锡文.环境问题与中国农村发展[J].管理世界,2002(1):5-8.

58.陈兴滨.公司理财[M].北京:中国人民大学出版社,2003:4-76.

59.戴锦.生态工业园发展模式与政策问题探讨[J].生态经济,2004(1):36-39.

60.戴斯·贾丁斯.环境论理学[M].北京:北京大学出版社,2002:3-141.

61.戴铁军.工业代谢分析方法在企业节能减排中的应用[J].资源科学,2009(4):703-711.

62.邓伟,李楠希,索晨霞.绿色价值链的框架分析[J].商场现代化,2008(11)上旬刊:88-89.

63.窦学诚.环境经济学范式研究[M].北京:中国环境科学出版社,2004:61.

64.段宁,邓华."上升式多峰论"与循环经济[A].//冯之浚主编.中国循环经济高端论坛[C].北京:人民出版社,2005:165-179.

65.冯之浚主编.循环经济导论[M].北京:人民出版社,2004:104-110.

66.高翠霞.新疆大力发展循环经济的战略思考[J].伊犁师范学院学报(社会科学版),2009(1):131-135.

67.高鸿业主编.西方经济学[M].北京:中国人民大学出版社,2000.

68.高岭.全国城市生态经济结构与生态企业问题研讨会综述[J].经济学动态,1992(2):18-20.

69.高志强,赵光年.中国小城镇生态工业园建设初探[J].企业家天地·下旬刊,2009(5):8-10.

70.葛素洁,杨洁.现代企业管理学[M].北京:经济管理出版社,2001:405-430.

71.龚奕丹,覃志彬.新疆确定环境保护和生态发展目标任务[EB/OL].http://www.xjdaily.com.cn/news/xinjiang/313434.shtml.

72.郭随华等.我国水泥工业"生态化"的研究现状和发展趋势[J].硅酸盐学报,2001,29(2):172-177.

73.国家农业功能区划课题组.农业功能区划专题调查表填报说明[R].北京:中国农业科学院资源区划所,2008.

74.国家统计局.新疆统计年鉴[M].北京:中国统计出版社,2015.

75.国家统计局.中国统计年鉴[M].北京:中国统计出版社,2004.

76.国土资源部.2013中国国土资源公报[EB/OL].http://www.mlr.gov.cn/xwdt/jrxw/201404/P020140422295411414695.pdf.

77.国务院.国发〔2010〕46号《全国主体功能区规划》[EB/OL].http://www.360doc.com/content/11/0925/13/1993072_151082700.shtml.

78.何玮,李应良.交一份满意的答卷[J],兵团建设,2007(10):12-13.

79.侯赟慧.逆向物流在企业建立生态化机制中的作用[J].现代管理科学,

2004(5):108-109.

80.胡豹.浙江省农业功能区划研究介绍[R].杭州:浙江省农业科学院区划研究所,2008.

81.胡隽秋,向龙.新疆可再生能源的开发前景[J].新疆社会科学,2009(4):27-31.

82.胡卫东.生态工业园价值链分析及协同管理研究[J].沿海企业与科技,2009(1):21-24.

83.环境保护常用法律法规司法解释新编[M].北京:中国检察出版社,2003,34-42.

84.黄贤金主编.循环经济:产业模式与政策体系[M].南京:南京大学出版社,2004:181-216.

85.江丹等.莱钢综合利用实践[J].山东冶金,2004,26(2):20-22.

86.江晓红,钟强.民族地区发展生态型企业的障碍与策略[J].银行与经济,2002(1):50-51.

87.蒋文莉.生态企业的基本要求和建设措施[J].生态经济,2000(11):54-55.

88.阚玉梅,孙卓良.石油化工建设项目环境影响评价中应注意的问题[J].石油化工环境保护,2003(4):5-7.

89.孔令英.循环经济技术创新研究——以新疆天业股份有限公司为例[J].科技管理研究,2009(1):24-26.

90.李传红,黄水祥,朱文转.论环境质量的消费性与环境意识[J].生态经济,1999(4):20-22.

91.李冬.日本企业环境管理的发展[J].现代日本经济,2001,118(4):33-36.

92.李刚.屯河新源糖业公司"三废"处理的思考[J].中国甜菜糖业,2004(4):37-41.

93.李桂林.农村环境污染现状成因与防治对策[J].环境科学动态,1999(1):9-12.

94.李桂林.我国农村环境污染现状成因与防治[J].黑龙江环境通报,2000,24(4):82-84,+67.

95.李红光.发酵工业的生态化研究[J].生态经济,2001(8):56-58.

96.李培哲.生态工业园规划设计与发展对策研究[J].前沿,2009(1):111-113.

97.李平,胡晶.中国绿色食品产业集群发展中的问题与对策[J].商业经济,2008(5):3-5、95.

98.李苏玲,刘金吉.浅析建设项目环境影响评价中的公众参与[J].中国环境管理,2003(6):66、52.

99.李小环,计军平,马晓明,王靖添.基于 EIO-LCA 的燃料乙醇生命周期温室气体排放研究[J].北京大学学报(自然科学版),2010,47(6):1081-1088.

100.李新英.新疆工业化进程中的环境问题研究[D].乌鲁木齐:新疆大学,2005:112-117.

101.李艳芳,唐芳主编.环境保护法典型案例[M].北京:中国人民大学出版社,2003,53-60.

102.李有润,沈静株,胡山鹰等.生态工业及生态工业园区的研究进展[J].化工学报,2001,52(3):189-192.

103.李悦主编.产业经济学[M].北京:中国人民大学出版社,1997:638-662.

104.李志德.中国产品质量发展的长效机制研究[D].武汉:武汉大学,2012:18-24.

105.梁可君.新疆新源县资源优势及产业发展分析[J].实事求是,2009(2):64-66.

106.刘东美.清洁生产的实施与环境管理制度的改革[J].环境研究与检测,2004,17(3):34~35,+48.

107.刘多红.二二四团红柳大芸基地建设[J].新疆农垦科技,2006(6):20-21.

108.刘会洲,何鸣鸿.绿色化学与生态化工的研究内涵[J].化工冶金,1999,20(4):405-409.

109.姚志勇,等.环境经济学[M].北京:中国发展出版社,2002:2-12.

110.刘新贵,任婷婷.新疆循环经济发展水平评价[J].经济研究导刊,2009(2):127-129.

111.刘勇,李缙.新疆生产建设兵团南疆垦区主体功能区划的原则和主要配套政策[J].生态经济,2008(10):71-75.

112.刘勇.我国生态效率型组织发展的研究[D].乌鲁木齐:新疆大学,2006.

113.柳杨青.生态需要的经济学研究[M].北京:中国财政经济出版社,2004:6-8.

114.陆松洲.遵循世贸组织环境规则构筑中国绿色贸易制度[J].生态经济,2005(10):56-59.

115.罗其友,陶陶,高明杰等.农业功能区划理论问题思考[J].中国农业资源与区划,2010,31(2):75-30.

116.罗其友.农业功能区划技术要点[R].北京:中国农业科学院资源区划所,2008.

117.绿色农业基本理论的研究与探讨课题组.绿色农业基本理论的研究与探讨[A].∥刘连馥主编.绿色农业初探[C].北京:中国财政经济出版社,2005:14-36.

118.迈克忠.论生态化工[J].自然辩证法研究,1996,12(5):21-24.

119.梅付春.农民专业合作经济组织制度缺陷及创新[J].现代农业科技,2009(14):362-363.

120.孟戈,杨引官.新疆农民专业合作组织发展研究[J].中共乌鲁木齐市委党校学报,2008(6):6-10.

121.苗泽华.工业企业生态工程研究现状与展望[J].生态经济,2005(10):53-55.

122.某省轻工厅.1997/1998、1998/199制糖生产期各糖厂技术经济指标完成情况[R].内部资料.

123.农八师、石河子市政府.石河子生态工业园区建设与发展的工作思路[A].冯之浚主编:《中国循环经济高端论坛》[M].北京:人民出版社,2005年:583-590

124.农十四师党委.突出特色农业履行维稳使命[J].兵团建设,2008(6下):65-66

125.潘海英,马福恒.水资源可持续利用的目标与对策分析[J].生态经济,2005(10):28-30、34.

126.潘伟光.经济全球化与中国农业企业跨国发展[M].北京:中国农业出版社,2004:72-94.

127.钱津.劳动价值论[M].北京:社会科学文献出版社,2001,9-106.

128.秦苏涛.基于免疫的生态工业企业集群可持续发展研究[J].财经论丛,2004(4):87-90.

129.曲格平.中国环境保护四十年回顾及思考——在香港中文大学"中国环境保护四十年"学术论坛上的演讲[J].中国环境管理干部学院学报,2013,23(3):1-5;23(4):1-5.

130.曲格平主编.环境与资源法律读本[M].北京:解放军出版社,2002:14-39.

131.全国主体功能区规划编制工作领导小组办公室.全国主体功能区规划参考资料[R].内部资料,2008.

132.任浩.莱钢创建生态型企业的探讨[J].莱钢科技,2002(2):1-6.

133.任政,郑旭荣,罗明.石河子地区水资源时空合理配置模型研究[J].水土保持研究,2007,14(5):160-167.

134.邵汉青等.投入产出法[M].武汉:武汉大学出版社,1990.

135.石磊,钱易.清洁生产的回顾与展望[J].中国人口、资源与环境,2002,12(2):121-124.

136.司明泊.新疆红色产业之——番茄产业发展分析[J].农产品加工业,2009(1):30-31.

137.宋杰书.投资环保效益可观——洋河集团着力打造循环经济型企业纪实[J].中国设备工程,2003(6):8-9.

138.苏现一.加强环境管理发展乡镇企业[J].河南财经学院学报,1989(3):54-56,+40.

139.苏杨,马宙宙.我国农村现代化进程中的环境污染问题及对策研究[J].中国人口、资源与环境,2006,16(2):2-7.

140.孙佑海.循环经济与立法研究[A].∥冯之浚主编.中国循环经济高端论坛[C].北京:人民出版社,2005:136.

141.陶金国,高觉民,王雪等.化工园区企业可持续发展能力评价研究——基于南京化工园区企业调查问卷数据[J].中国工业经济,2013(8):148-159.

142.田春秀,李丽平.循环经济发展的本质是提高生态效率[A].∥张坤主编.循环经济理论与实践[C].北京:中国环境科学出版社,2003:187-191.

143.田金平,刘巍,李星等.中国生态工业园区发展模式研究[J].中国人口、资源与环境,2012(7):60-66.

144.田野,肖煜,宫媛.生态工业园区规划研究[J].城市规划,2009,33(增刊):14-20.

145.王崇锋.生态工业园工业共生支持体系研究[J].中国软科学,2010,(1):341-345、+387.

146.王慧娟,陈锡康,王翠红.三种能源投入产出分析模型的分析与比较[J].系统工程理论与实践,2010,30(6):987-992.

147.王菊,房春生,刘殊,于连生.生态环境影响价值核算[J].环境科学动态,2000(4):1-4、9.

148.王立新.新疆石河子垦区发展循环经济的几点思考[J].兵团教育学院学报,2008(18)4:8-10.

149.王龙江.奎屯市地下水开发利用浅析[J].地下水,2012,34(4):58-60.

150.王倩,邹欣庆,葛晨东等.生态示范区内生态工业建设模式探讨[J].长江流域资源与环境,2001,10(6):517-522.

151.王伟.呼图壁县发展农村经济合作组织的思考[J].实事求是,2007(4):66-67.

152.王喜梅."天业"零排放——记新疆天业集团打造绿色环保国企[J].今日新疆,2008(3):17-18.

153.王瑜.可持续发展与企业生态化[J].计划与市场,2000(8):29-30.

154.王越,王园,毕军,袁增伟.工业园能源代谢分析[J].环境科学研究,2009,22(8):990-994.

155.王长征,刘毅.经济与环境协调研究综述[J].中国人口、资源与环境,2002,12(3):32-36.

156.吴德庆,马月才.管理经济学[M].北京:中国人民大学出版社,1996.

157.吴一平,段宁等.全新型生态工业园区的工业共生链网结构研究[J].中国人口、资源与环境,2004,14(2):125-130.

158.肖玲.中国城市生活垃圾管理模式探讨[J].干旱区资源与环境,2003,17(3):65-69.

159.谢凤华,缪仁炳.转型时期我国乡镇企业的发展特点及对策建议[J].农业经济问题,2004(9):60-62.

160.谢应钦.乌鲁木齐县萨尔达坂乡农民专业合作组织——马铃薯协会研究[J].中共乌鲁木齐市委党校学报,2008(3):63-66.

161.新疆阿克苏三江养殖有限公司企业介绍.http://xnc.zjnm.cn/zdxx/dytw/view.jsp? zdid=4650&lmid=15.

162.新疆兵团农业功能区划研究课题组.新疆生产建设兵团农业功能区划研究[R].乌鲁木齐:新疆生产建设兵团发展与改革委员会规划处,2009.

163.新疆环境保护局.2005年新疆环保局强制性清洁生产审核企业名单[EB/OL].http://www.xjepb.gov.cn/wrkz/01.asp? ArticleID=8417.

164.新疆生产建设兵团第十四师二二四团简介[EB/OL].http://eest.btdsss.gov.cn/c/2015-12-17/513781.shtml.

165.新疆生产建设兵团南疆垦区主体功能区研究组.新疆生产建设兵团南疆垦区主体功能区发展定位方向及相关政策[R].乌鲁木齐:新疆生产建设兵团发展与改革委员会规划处,2009.

166.新疆维吾尔自治区发展和改革委员会.昌吉州召开加工番茄、甜菜产业对接会.http://www.drc.gov.cn.2010.5.28.

167.新疆维吾尔自治区轻工厅.自治区制糖行业调整意见[R].内部资料,2000.

168.新疆维吾尔自治区统计局.中国新疆 2014[EB/OL].http://www.xjtj.gov.cn/sjcx/zgxj_3740/zgxj2014/201509/t20150902_478512.html.

169.新源县国民经济和社会发展第十三个五年规划纲要(征求意见稿)[EB/OL].http://blog.sina.com.cn/s/blog_8eede4bf0102vyta.html.

170.新源县统计局.2014 年新源县经济运行情况简析[EB/OL].http://www.xyccp.gov.cn/plus/view.php? aid=39312.

171.徐盈之,吕璐.基于投入产出分析的我国碳减排责任分配优化研究[J].东南大学学报(哲学社会科学版),2014,16(3):15-22.

172.许海清,杨丽华.对扩大我国有机农产品生产和出口的思考[J].经济论坛,2009(3):20-21.

173.许喜华.论中国工业的发展形态——产品化、商品化与生态化设计[J].中国机械工程,10(12):1413-1417.

174.薛立秋,陈景平.荒漠变绿地沙丘变金山[J].新疆农垦经济,2009(7):84.

175.杨海生,周永章,王树功等.外商直接投资与环境库兹涅茨曲线[J].生态经济,2005(9):41-43.

176.杨和荣.贵糖建设中国最大生活用纸生产基地的发展战略及构想[J].生活纸业,2003(18):10-11.

177.杨联丰,徐亚浓,王昌松.关于在绍兴市建立农产品市场准入制度的思考[J].现代农业科技,2008(22):362-364.

178.杨咏.生态工业园区述评[J].经济地理,2000,20(4):31-35.

179.叶文虎主编.环境管理学[M].北京:高等教育出版社,2000:205-206.

180.伊力哈木·沙比尔.大力加强农田水利 造福新疆各族人民[EB/OL].http://epaper.xjdaily.com/detail.aspx? id=173410.

181.尹小剑,刘黔川.论生态经济的"引擎"——生态工业[J].生态经济,2004(11):99-101、104.

182.岳媛媛,苏敬勤.生态效率:国外的实践与我国的对策[J].科学学研究,2004,22(2):170-173.

183.张传秀.建设项目环境影响评价中有关问题的探讨[J].上海有色金属,2003,24(4):185-190.

184.张建江,王淑民,张霞.新疆农民专业合作经济组织发展问题研究[J].农村经营管理,2008(6):42-44.

185.张良波,马元宝.创建循环经济型企业走可持续发展之路[J].山东企业管理,2003(7):25.

186.张美环.石河子垦区绿洲农业经济发展的策略研究[J].石河子科技.2009(1):8-9.

187.张敏,马建荣,郑杰等.农民专业合作组织建设:新形势下农民的理性选择——新疆农民专业合作组织发展情况调研[J].新疆农垦经济,2009(9):5-8.

188.张明.新疆石河子经济技术开发区承接东部产业转移的对策[J].俄罗斯中亚东欧市场,2007(8):12-16.

189.张明顺.环境管理(第二版)[M].北京:中国环境科学出版社,2005:206-347.

190.张鹏,魏邦亿.浅析新疆发展循环经济的措施[J].新疆环境保护,2008,30(3):01-03.

191.张雪绸,我国农村环境污染的现状及其保护对策[J].农村经济,2004(9):86-88.

192.张艳.新疆昌吉市循环经济发展现状、模式及对策研究[J].新疆财经,2007(3):46-50.

193.赵楠,李雪.关于乌昌地区农产品质量安全问题的调查和思考[J].新疆农业科技,2009(1):18.

194.中共中央马克思、恩格斯、列宁、斯大林著作编译局编译.马克思恩格斯选集(第二卷)[M].北京.人民出版社,1995:177-180.

195.中共中央马克思、恩格斯、列宁、斯大林著作编译局编译.马克思恩格斯选集(第二卷)[M].北京.人民出版社,1995:71-575.

196.中国农业新闻网.2011 年中央一号文件[EB/OL].http://www.farmer.com.cn/ywzt/wyhwj/yl/201502/t20150205_1011788_5.htm.

197.中华人民共和国环境保护部.中华人民共和国环境保护法[EB/OL].http://www.zhb.gov.cn/gzfw_13107/zcfg/fl/201605/t20160522_343393.

shtml.

198.中华人民共和国环境保护部网站.http://websearch.mep.gov.cn/was40/outline? page＝1&channelid＝36279&searchword＝％E7.

199.中日友好环境保护中心.中日环评 EIA026－2003［R］,2004.

200.中央电视台.居延海的重生—落实科学发展观［EB/OL］.http://www.cctv.com/news/china/20050805/102455.shtml.

201.朱凯莉.哈密长河工贸集团公司 从污染大户到环保效益双赢［N］.新疆经济报,2005-06-15(4).

202.朱凯莉.哈密长河集团被列入新疆循环经济试点［N］.新疆经济报,2005-08-25(3).

203.诸大建,朱远.从生态效率的角度深入认识循环经济［A］.//冯之浚主编.中国循环经济高端论坛［C］.北京:人民出版社,2005:181-191.

204.庄美琦.镇海炼化加快建设生态型企业［J］.宁波经济,2003(9):39-40.

205.祖星星,李从东.现代工业的生态化企业战略［J］.工业工程,1999,2(3):22-25.

后 记

本书是我主持的国家社会科学基金项目"农村环境污染整治由政府担责向市场分责推进对策研究"（16BJY096）的阶段性研究成果，除了自身的学术价值外，它还起到重要的启下作用，为后续研究趟路。本研究探究"种养加"型生态工业园承担的实然和应然污染整治责任是什么，更重要的是怎样才能承担好，即责任的承担需要导以什么样的政策与措施。通过本研究，农村环境污染整治的一条进路已经展现在我们面前，这条进路需要政府、企业、公众与"三农"联动建设。这其实也阐释了政府和市场在农村环境质量供给方面同时失灵现象及其成因。

坦诚地说，从对农村环境污染整治担责不够，到建立环境保护行政管理体系，到陆续出台和实施有关改善农业生态环境、建设新农村、发展绿色农业、整治农村小企业等方面的政策法规，农村环境保护领导和管理体制还没有彻底遏制我国农村环境污染。当前，随着我国污染物总量控制目标转向环境质量管理，包括农村环境保护领导和管理部门在内利益相关者所承担的农村环境污染整治责任将会发生怎样的转变？这种转变是否更需要各方责任主体的联动？最优或者更优联动路径如何选择？

本研究的一个有益启示是，相对于制度经济学、微观经济学等，公共经济学可能更适合于分析如何解决市场和政府同时失灵问题。第一，"搭便车"、"囚徒困境"、外部性等问题的出现，或者造成完全没有公共产品提供,或者造成公共产品的提供严重不足,公共经济学就是在研究这些市场失灵问题的过程中发展起来的,它主要研究公共产品的供给与消费问题。第二,公共经济学中的公共选择理论同时又研究政府在提供公共物品时的公共行政困境和失灵问题,主张政府、企业、社会组织和个人拥有平等的权利和责任去提供公共品。"作为政治体制的经济分析,公共选择似乎天生就是回答政府失灵问题的工具。"第三,整治农村环境污染,既是有关公共物品供给的经济问题,也是生态治理问题,而公共治理的基础理论之一是公共经济学。在公共经济学框架下对农村环境污染问题进行分析、寻找整治对策,通过消除政府失灵来解决市场失灵,可能就显得更全面又更深刻,因而更有说服力。

因此,下一步研究将主要在公共经济学框架内展开,工作内容主要包括:分析包括"种养加"型生态工业园在内的市场主体缘何在农村环境质量供给上举步维艰,引申出对"政府和市场在农村环境质量供给方面同时失灵问题"的剖析,之后重点梳理基于市场分责的农村环境质量供给责任联动机制,进而寻找农村环境污染整治由政府担责向市场分责推进的进路。这样做的较深远意义是,深化当前政府担责模式的农村环境质量供给侧结构改革,助推中央"十三五"规划所提出的提高公共服务共建能力和共享水平目标在农村环境污染整治中的实现。

我国"种养加"型生态工业园发展的历史较短,有关它对农村环境污染整治促进作用及机理研究得较少,客观上使得本研究可参阅和借鉴的资料比较缺乏;当然,更主要的原因是笔者水平有限,造成书中难免存在不少缺点甚至不当之处。对此,敬请专家、同仁不吝指正!

福建江夏学院科研处、福建江夏学院公共事务学院对本研究在各方面给予大力支持,在此深表感谢!

刘勇
2016 年 11 月于福建江夏学院笃志苑